퇴근 후 부업으로 1,000만 원 두 번째 월급 만들기

블로그·온라인 셀러·공간 대여로 시작하는 수익화 루틴

퇴근 후 부업으로 1,000만 원

두 번째 월급 만들기

강병곤, 최형갑, 이재이 지음

시원북스

나는 서울 여의도로 출퇴근하는 흔한 직장인이다. 출근길에 근처 카페에서 커피를 사고, 자리에 앉아 모니터를 켠다. 눈에 띄는 성격은 아니지만, 맡은 일은 빠르게 처리하고 불평 없이 주어진 업무를 깔끔하게 해낸다. 열정이 넘치는 직원은 아니지만, 적어도 '주어진 일은 잘하는 사람'으로는 비친다. 회의를 마치고 보고서를 작성하고, 지출결의서를 올리다 보면 어느새 6시다. 자연스럽게 부장님께 인사한다.

"먼저 들어가보겠습니다."

예전 같았으면 괜히 자리를 지켰을 것이다. 남아 있는 일이 없어도 남아 있는 모습이 성실함처럼 여겨졌기 때문이다. 초과근무수당은 시간당 2만 원, 한 달 최대 20만 원. 하지만 나는 그 시간을 회사에 쓰지 않기로 했다. 퇴근 후에 해야 할 일이 있기 때문이다. 회사 건물을 나서자마자 스마트스토어 앱을 켠다. 네이버 톡톡 문의에 답하며 집으로 향한다.

"오늘 주문하면 내일 받을 수 있나요?"

현관 한쪽에는 이미 포장해둔 박스가 쌓여 있다. 처음에는 서툴렀다. 퇴근 후 뽁뽁이로 포장하고, 편의점으로 나가 택배를 붙였다. 몸은 피곤했고, 손은 느렸다. 하지만 몇 년이 지난 지금은 다르다. 안전봉투로 간편하게 포장하고, 출근길에 문 앞에 두면 계약 택배가 일괄 수거해 간다. 누군가는 하루를 마무리하며 넷플릭스를 보지만, 나는 포장을 하며 또 다른 목표를 떠올린다.

부업은 처음부터 거창하지 않았다. 월급에 조금 보태면 좋겠다는 생각이 전부였다. 그래서 시작했고, 그래서 계속했다. 첫 주문이 들어왔을 때의 설렘, 월 매출 100만 원을 넘기던 순간의 긴장감. 매출은 생각보다 빠르게 쌓였다.

어느 순간 월급을 넘어섰다. 본업보다 더 벌었다는 사실보다, 그 돈이 회사와 아무 상관없이 쌓였다는 사실이 더 크게 다가왔다. 회사는 한 달에 한 번 월급을 주지만, 스마트스토어는 매일 조금씩 수익을 남겼다.

돈은 갑자기 늘지 않았다. 대신 생활이 먼저 달라졌다. 처음에는 기쁨의 치킨을 시켜 먹었고, 작은 명품 서류가방을 하나 사보았다. 사소해 보일지 몰라도, 그 소비에는 의미가 있었다. "나는 스스로 번 돈으로 선택할 수 있다"는 감각이었다.

부업으로 돈이 모이는 속도가 달라지자, 미뤄두었던 생각들이 현실적인 계획으로 바뀌었다. 그중 하나가 내 집 마련이었다. 처음에는 막연했다. 부동산 시세를 보는 것만으로도 숨이 막혔다. "여길 누가 사지?"라는 생각이 먼저 들었다.

하지만 분명한 변화가 있었다. 이제는 불가능이 아니라 시간의 문제처럼 느껴졌다. 부업이 나를 부자로 만든 것은 아니다. 다만 삶을 조금 더 앞당겨주었다. 선택지를 하나 더 만들어주었다.

몇 년이 흐른 지금, 나는 회사원이면서 온라인 셀러이고, 파티룸 사장이며, 카페 운영자이자 모텔 운영자다. 특별해서가 아니다. 거창한 결심을 해서도 아니다. 월급 하나에만 의존하지 않겠다는 작은 선택을 반복했을 뿐이다.

이 책은 대단한 사람들의 성공담이 아니다. 평범한 직장인이 할 수 있었던 선택의 기록이다. 부업은 일부 특별한 사람의 영역이 아니다. 방향을 알고, 작은 실행을 반복하면 누구나 시작할 수 있다.

2부에서는 온라인 셀러로 가장 현실적으로 첫 매출을 만드는 방법을, 3부에서는 블로그를 통해 자본금 없이 기록을 수익으로 바꾸는 구조를, 4부에서는 공간 대여를 통해 자는 동안에도 돈이 들어오는 숙박업의 가능성을 보여준다. 서로 다른 세 가지 부업이지만, 결국 핵심은 내 시간과 자본에 맞는 구조를 만들고 그것을 꾸준히 시스템화하는 데 있다.

월급은 시작이다. 그 위에 무엇을 얹을지는 당신의 선택이다.

목차

면책 및 안내

본 도서에 포함된 모든 내용은 저자의 실제 경험과 일반적인 정보 제공을 목적으로 작성된 것이다. 본 도서는 법률, 세무, 회계, 투자 또는 기타 전문적인 자문을 제공하기 위한 것이 아니며, 특정 개인이나 사업자의 상황에 적용되는 구체적인 해결책을 제시하는 것을 목적으로 하지 않는다. 저자는 본 도서에 수록된 정보의 정확성과 최신성을 유지하기 위해 노력하였다. 그러나 관련 법령, 제도, 정책 및 시장 환경은 시간의 경과에 따라 변경될 수 있으며, 독자의 개별적인 상황에 따라 적용 결과는 달라질 수 있다.

따라서 본 도서의 내용을 근거로 한 사업 진행, 투자 판단, 세무 신고, 법률적 의사결정 등으로 인해 발생하는 모든 직·간접적인 손해, 손실 또는 불이익에 대하여 저자와 출판사는 법적 책임을 지지 않는다. 세무, 법률, 회계, 의료, 인증, 인허가, 투자 등 전문적인 판단이 필요한 사항은 반드시 세무사, 변호사, 회계사 등 해당 분야의 자격을 갖춘 전문가와 상담한 후 진행해야 한다.

직장인 부업,
시작 전에
알아야 할 것

1장

요즘 직장인들이 부업을 시작하는 진짜 이유

왜 직장인은
부업을 하게 되었나

사회초년생 시절, 회사에서 20년 넘게 근속한 부장님과 팀장님을 보며 이런 생각을 했다.

'나도 이렇게 20년을 다녀야 할까?'

몇 년을 다녀보니 월급은 크게 달라지지 않았다. 4대 보험은 오르고 물가는 더 빨리 뛰었다. 열심히 성과를 내도 연봉 인상률은 제한적이었고, 진급 시기에는 말 한마디, 표정 하나까지 신경 써야 했다. 연차 하나 쓰는 일도 눈치가 필요했다. 회사 생활에 대한 피로감은 점점 쌓였다.

한편 인스타그램과 유튜브에서는 경제적 자유를 이뤘다는 사람들, 월 1,000만 원을 번다는 이야기가 반복적으로 노출됐다. 처음에는 허황돼 보였지만, 회사 말고 다른 선택지는 없는지 자연스럽게 고민하게 됐다. 이직을 생각해보고, 월급 외 수입을 만들 수 없을지 따져봤다.

내 부업도 같은 출발점이었다. 몇 년을 다녀도 통장은 늘 빠듯했고, 쳇바퀴 같은 구조에서 벗어나야겠다는 생각이 들었다. 온라인 셀러를 시작했고, 파티룸을 운영했다. 이후 카페와 모텔도 운영해봤다. 물론 부업은 낭만이 아니었다. 모든 도전이 성공으로 이어지지는 않았다. 사당역에서 운영했던 카페는 상권을 과신했고, 인건비와 임대료를 감당하지 못해 폐업했다. 모텔은 수익은 났지만, 새벽마다 걸려오는 입실 문의로 밤잠을 설쳐 다음 날 업무에 지장이 생겼다.

퇴근 후의 피로, 주말 일정, 세금 신고와 민원까지 모두 감당해야 했다. 월 1,000만 원이라는 숫자 뒤에는 수십 번의 실패와 광고비 손실, 재고 부담이 있었다. 그럼에도 부업을 멈추지 않은 이유는 단순하다. 평생 직장은 사라졌고, 월급만으로는 더 이상 삶에 대한 불안을 해소할 수 없었기 때문이다.

나는 여전히 직장인이면서 동시에 온라인 셀러였고, 공간 운영자였고, 카페 사장이기도 했다. 이중적인 정체성은 나를 더 단단하게 만들었고, 또 다른 부업에 눈을 돌리게 했다. "나는 노후 준비가 되어 있는가?", "내 통장은 안전한가?" 이 질문이 부업의 출발점이었다.

평생직장의 붕괴:
회사 밖에서 어떤 부캐를 가질까

아버지는 스물네 살에 병원 원무과에 취직했다. 말단 직원으로 시작해 정년인 예순까지 한 번도 회사를 옮기지 않았다. 첫 월급은 20만 원이었고, 신혼집은 서울 관악구 난곡동의 5,000만 원짜리 빨간 벽돌 신축빌라였다. 당시 신혼부부가 신축빌라에 사는 일은 흔했다. 그 집에서 출발해 월급을 차곡차곡 모았고, 전세로 옮긴 뒤 결국 서울의 국민평형 아파트를 자가로 마련했다. 당시 가격은 5억 원대였고 대출은 많지 않았다. 아버지는 늘 같은 말을 했다. "회사는 끝까지 다녀야 한다." 아버지의 시대에는 맞는 말이었다.

하지만 지금은 다르다. 서울에서 아파트를 사려면 20평대조차 10억 원을 넘는다. 평균적으로 대출을 50%는 받아야 한다. 실제로 차장, 부장도 서울 외곽에서 1시간 넘게 출퇴근한다. 대리와 주임들은 원룸이나 월세에 산다. 이제 회사는 내 집 마련도, 결혼과 육아도, 충분한 저축도 대신 책임져주지 않는다. 매달 월급을 주는 회사는 여전히 중요하다. 하지만 회사만 다니면 된다는 인식은 완전히 바뀌었다.

시니어 세대가 주축이던 시절, 직장은 삶의 안전망이었다. 입사하면 순서대로 진급했고, 회사의 성장이 곧 개인의 성장이었다. 이른바 평생직장이다. 이 구조가 가능했던 이유는 단순했다. 기업이 성장했고 시장이 확장됐기 때문이다. 한 사람이 오래 다니면 회사에도 이익이었다. 조직은 사람을 키웠고, 사람은 조직에 남았다.

하지만 상황은 달라졌다. 집값과 물가, 외식비와 공과금은 계속 오른다. 반면 연봉 인상률은 2~4%에 머문다. 체감 물가는 훨씬 빠르다. 그래서 취업 기준도 '하고 싶은 일'에서 '연봉을 많이 주는 회사'로 이동했다. 당장 많이 버는 직장이 중요한 시대다. 나는 기술직 출신으로 자격을 쌓고 과장, 차장으로 진급하는 경로가 정해져 있었다. 야근과 회식은 기본이었다. 진급 시기가 되면 사내 인사를 다녔고, 출장이 잦아질수록 술자리와 야근이 반복됐다. 회사 안에서의 성장은 느렸고, 끝이 보이지 않았다. 진급 적체와 경쟁은 더 심해졌다.

많은 직장인이 이 문화가 답이 아니라는 걸 체감한다. 열심히 일해도 통장에 돈이 쌓이지 않는다. 진급해도 삶이 나아질 것 같지 않다. 그래서 "이대로 20년을 더 다니면 무엇이 남을까?"라는 질문을 하게 된다.

반면 회사 밖에는 다른 선택지가 열려 있다. N잡, 부업, 투잡이다. 유튜브, 블로그, 스마트스토어, 파티룸처럼 스스로 선택한 일을 할 수 있다. 투자와 부업이 일상화되며 '경제적 자유'라는 단어도 유행했다. 월급 외 소득을 가르치는 플랫폼도 늘었다. 많은 직장인들이 회사에만 의존하지 않고, 회사 밖에서 소득을 만들 방법을 찾기 시작했다.

실제 통계도 이를 뒷받침한다. 뉴워커 자료에 따르면 30대 부업 참여율은 57%다. 직장인의 48.4%가 부업을 하고 있다. 2024년 잡코리아 조사에서도 투잡을 찾는 가장 큰 이유는 고물가와 생활비 부담, 목돈 마련을 위한 추가 소득이었다.

이제 많은 직장인들이 하이브리드 커리어에 관심을 갖는다. 월급은 생존을 담당하고, 부캐 노동은 서브 통장을 만들어 자산을 키운다. 평생직장이 사라진 시대에 남은 것은 개인의 역량이다. 직장은 바뀔 수 있고 산업은 대체될 수 있다. 하지만 개인이 쌓은 역량은 누적된다.

질문은 바뀌고 있다. "회사에서 어디까지 갈 수 있을까?"가 아니라 "나는 회사 밖에서 어떤 부캐를 가질까?"이다.

월급의 실질 가치 하락:
월급 200만 원이면 월세로 다 나가요

내 신입사원 초임 월급은 200만 원이었다. 불과 10년 전만 해도 평균적인 수준이었다. 통장에 찍히는 숫자도 분명했다. 지금 우리 회사 신입사원 월급은 250만 원이다. 숫자는 올랐다. 하지만 이 돈은 스쳐 지나가는 돈에 가깝다. 월세 80만 원, 관리비 15만 원, 공과금 10만 원, 통신비 10만 원. 여기까지 115만 원이다. 교통비 10만 원, 점심값과 최소한의 식비 40만 원, 보험료 10만 원을 더하면 175만 원이다. 아무것도 하지 않았다. 여행도, 쇼핑도, 청약도 없다. 그런데 월급은 거의 끝났다. 남은 돈은 여유가 아니라 생존 비용의 잔여분이다.

대부분의 사람은 돈을 숫자로 인식한다. 1만 원, 10만 원, 1억 원처럼 연봉과 통장 잔액, 집값을 숫자로만 판단한다. 그러나 숫자는 현실을 온전히 반영하지 않는다. 화폐에는 두 가지 얼굴이 있다. 명목 가치와 실질 가치다. 이 둘을 구분하지 못하면 "월급은 오르는데 왜 삶은 그대로인가"라는 질문에 답할 수 없다.

명목 가치는 숫자 그 자체다. 1만 원은 어제도 오늘도 내일도 1만 원이다. 반면 실질 가치는 그 돈으로 무엇을 할 수 있는지, 즉 돈의 힘이다. 이 힘은 시간이 지날수록 달라진다. 1995년의 1만 원으로는 짜장면 다섯 그릇을 먹을 수 있었지만, 2025년의 1만 원은 커피 두 잔이면 끝이다.

숫자는 같아도 가치는 완전히 달라졌다.

10년 전 신입사원이었을 때 내 월급은 200만 원이었다. 지금 우리 회사 신입사원은 250만 원을 받는다. 월급은 올랐지만 체감은 다르다. 당시 200만 원은 평균적인 초임으로 느껴졌고, 서울에는 월세 40만 원짜리 집도 있었다. 점심을 5,000원에 해결할 선택지도 많았다. 하지만 지금의 서울에서 이 돈은 소득이라기보다 스쳐 지나가는 돈에 가깝다.

현재 원룸 월세는 70~80만 원이 기본이다. 점심 한 끼는 12,000원을 넘는다. 그래서 신입사원들은 회의실에 모여 도시락을 먹는다. 월급 250만 원을 기준으로 보면, 월세 80만 원과 관리비 15만 원, 공과금 10만 원, 통신비 10만 원으로 이미 115만 원이 나간다. 교통비 10만 원, 식비 40만 원, 보험료 10만 원을 더하면 지출은 175만 원이다. 여행도, 쇼핑도, 청약도 하지 않았는데 월급은 거의 남지 않는다. 남은 돈은 취미나 자기계발을 시작하는 순간 사라진다. 이것이 월급의 실질 가치 하락이다. 숫자는 그대로인데 선택지는 줄어든다.

연봉 계약서의 금액과 통장 잔액, 퇴직금 계산서에 찍힌 총액은 명목 가치다. 내가 체감하는 생활 수준은 실질 가치다. 인플레이션은 월급을 직접 깎지 않는다. 대신 같은 월급으로 살 수 있는 가짓수를 줄인다. 예전에는 200만 원으로 생활이 가능했다면, 지금의 200만 원은 기초생활비를 간신히 감당하는 수준이다. 월급이 오르는데도 삶이 나아지지 않는 이유다.

월급만으로 집을 살 수 있는가. 노후를 감당할 수 있는가. 결혼과 육아가 가능한가. 이 질문에 모두 그렇다고 답할 수 있다면 부업은 필요 없다. 그러나 많은 직장인에게 답은 이미 정해져 있다. 현실은 월급만으로 감당하기 어려운 방향으로 움직인다.

같은 3억 원이라는 숫자라도, 과거에는 아파트를 살 수 있었고 지금은 구축 빌라 한 채가 전부다. 숫자는 같아 보여도 돈의 힘은 달라졌다. 명목 가치와 실질 가치의 격차는 계속 벌어진다. 월급이 이를 따라가지 못하면 생활 수준은 내려간다. 이 구조 속에서 월급 하나로 미래를 설계하기는 점점 더 어려워진다. 그래서 지금 이 시대의 부업은 선택이 아니라 대안이 된다.

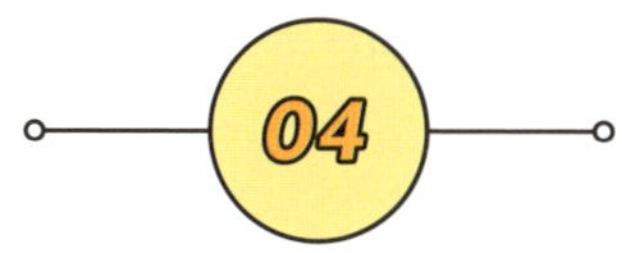

회사 밖의 소득이 필요해진 구조: 대리지만 연봉 2억이에요

처음 스마트스토어를 시작했을 때 거창한 목표는 없었다. 월급 외에 100만 원만 더 벌면 충분하다고 생각했다. 작은 시도는 어느새 나만의 온라인 스토어가 되었고, 몇 년의 시간이 지나며 회사 생활과 함께 성장했다.

회사 안에서의 성장은 어느 정도 예측 가능하지만 집값과 물가, 노후를 생각하면 월급만으로는 충분하지 않다는 불안이 자연스럽게 따라온다. 같은 시간, 회사 밖에서도 성장이 일어났다. 월 100만 원이 목표였던 온라인 스토어는 어느새 부장급 연봉을 감당하는 수익원이 되었고, 뒤늦게 시작한 파티룸도 또 하나의 수익 흐름이 되었다.

회사에서는 진급이 누락돼 동기보다 연봉이 적었지만, 회사 밖에서는 그보다 더 큰 수익을 만들고 있었다. 이쯤 되면 질문은 달라진다. 회사만으로 충분한가가 아니라, 회사 밖의 성장을 언제까지 미룰 것인가다. 지금 2030 직장인에게 부업은 선택이 아니라 현실적인 생존 전략이다. 시작은 작아도 충분하다.

어느 날 회사에서 계산을 해봤다. 부장까지 올라 무사히 은퇴하면 얼마를 모을 수 있을까. 26세에 취업해 55세까지 일하면 30년이다. 평균 연봉을 6,000만 원으로 잡아도 실수령은 약 70%, 연 4,200만 원이다. 월로 치면 약 350만 원이다. 이를 30년간 받으면 총 12억 6,000만 원이다. 세전이 아니라 실제 손에 쥐는 돈 기준이다.

여기서 고정생활비를 빼야 한다. 월 150만 원을 기준으로 하면 연 1,800만 원, 30년이면 5억 4,000만 원이다. 결국 30년을 꽉 채워 일해도 남는 돈은 약 7억 원 수준이다. 자녀가 있다면 더 줄어든다. 이 돈으로 노후 이후의 삶까지 충분히 설계할 수 있을까.

이 계산을 하고 깨달았다. 중요한 기준은 월급의 크기가 아니라 월급 외 소득의 유무다. 부업을 시작한 이유는 더 쓰기 위해서가 아니라 삶의 방향을 바꾸기 위해서였다. 나는 직장을 다니며 약 8년간 부업을 했다. 과정은 쉽지 않았다. 온라인 셀러로 시작해 커피 매장, 파티룸을 거쳐 모텔까지 운영했다.

온라인 셀러 초반에는 부가세 신고를 놓쳐 가산세를 냈고, 해외 출장 중 파티룸 비밀번호 전달이 늦어 클레임을 받기도 했다. 누수가 생기면 설비실 바닥에 직접 들어가 원인을 찾았다. 커피 매장은 풀오토를 목표로 했지만 아르바이트 결근으로 연차를 쓰고 매장으로 나가야 했다. 모텔 운영 중에는 청소 인력이 구해지지 않아 의사소통이 잘 되지 않는 외국인을 고용하는 상황도 겪었다.

시행착오는 많았다. 하지만 그만큼 많은 교훈도 얻었다. 첫 부업이었던 온라인 셀러로 연 5,000만 원의 소득이 생겼고, 파티룸으로 또 연

파티룸 누수 현장

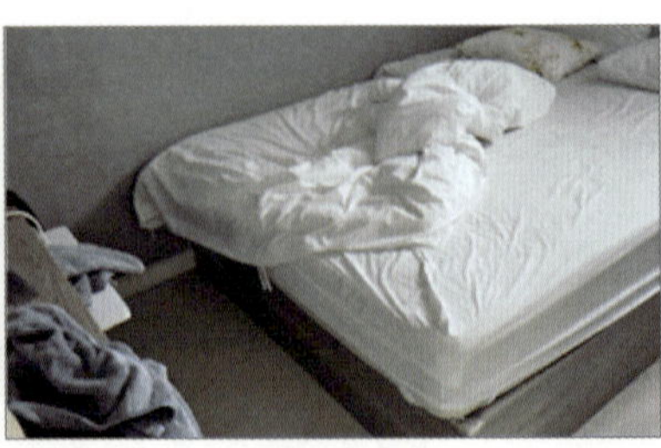

모텔 청소 전

5,000만 원이 더해졌다. 온라인 셀러 매출은 계속 커졌다. N잡으로 시작해 N+1잡이 되는 순간, 소득은 눈덩이처럼 불었다. 부업을 시스템화하는 노하우도 자연스럽게 쌓였다.

로켓그로스와 3PL(Third-Party Logistics, 외부 전문 물류업체에 물류 업무를 맡기는 방식)을 활용해 주문과 배송을 자동화했고, 파티룸에는 IoT 시스템을 설치해 출입과 설비를 원격으로 관리했다. 회사에서는 대리였지만, 회사 밖에서는 온라인 셀러이자 공간 운영자, 커피집 사장, 모텔 사장이 되어 있었다.

직장인 부업의
트렌드 변화

8년 동안 부업을 이어오며 다양한 부업 네트워크를 경험했다. 여러 커뮤니티에 참여하며 온라인 셀러, 공간 대여, 모텔 운영자들과 이야기를 나누다 보니 직장인들의 N잡 형태는 생각보다 훨씬 다양했고, 부업을 시작하는 이유와 의미도 분명히 달라지고 있음을 느꼈다. 과거 부업이 용돈벌이나 임시 수입에 가까웠다면, 이제는 삶을 지탱하는 하나의 축이 되었다.

온라인 셀러 커뮤티니 모임 크랩스에서 활동하던 사진

특히 코로나를 기점으로 직장인 부업의 의미는 확연히 바뀌었다. 재택근무와 비대면 환경이 일상이 되며 퇴근 이후의 시간은 흘려보내는 시간이 아니라 또 하나의 기회를 만드는 시간이 됐다. 회사라는 울타리가 언제든 흔들릴 수 있다는 경험을 집단적으로 겪으면서, 월급 하나에만 의존하는 구조의 위험성을 많은 직장인이 체감하기 시작했다. 그 이후 부업은 불확실한 시대를 대비하는 현실적인 준비가 되었고, 나 역시 그 변화의 한가운데에 있었다.

코로나 이전: 시간을 파는 부업의 시대

코로나 이전 직장인 부업의 핵심은 단순했다. 시간을 쓰고 몸을 움직이는 방식이었다. 야간 대리운전, 새벽 우유 배달, 신문 배달이 대표적이다. 야간 편의점, 주말 카페, 행사 스태프 아르바이트도 흔했다. 이 시기의 부업은 시급으로 계산되며, 일하지 않으면 수익도 멈춘다.

퇴근 후 남는 시간에 하는 아르바이트는 분명 의미 있는 선택이지만, 회사 밖에서 벌 수 있는 소득에는 한계가 있었다. 시급 구조에서는 수입이 자산으로 쌓이기 어렵고, 확장도 쉽지 않았다. 그래서 코로나 이전에는 시간을 파는 부업을 하다 한계를 느끼고 그만두는 경우도 많았다.

코로나 시기: 직장인 부업의 판을 바꾸다

2019년 말 코로나가 시작되며 상황은 급변했다. 재택근무가 도입되고 이동이 제한되며, 대면 산업은 멈췄다. 반대로 비대면 환경은 빠르게 확산됐다. 몸을 쓰고 사람을 직접 만나는 부업은 위축된 반면, 비대면 공간과 콘텐츠는 수요가 폭발했다.

무인 키즈 파티룸

대형 카페와 호텔이 문을 닫자 파티룸, 공간 대여, 에어비앤비 같은 소규모 무인 공간이 빠르게 늘었다. 무인 키즈 파티룸은 예약을 열면 곧바로 마감되는 경우도 많았다. 사람들이 비대면에 익숙해지기 시작하면서 무인 아이스크림, 무인 카페, 무인 세탁소 등 비대면 오프라인 사업이 급증했고, 운영 방식 역시 점점 시스템화되기 시작했다. 숙소 운영자들은 에어비앤비나 위홈, 네이버 카페에 코로나 격리 숙소로 이용하려면 비싼 가격을 지불하고 예약할 수 있게 변했다.

동시에 온라인 사업도 빠르게 성장했다. 유튜브, 블로그, 전자책, 온라인 강의처럼 컴퓨터 하나로 수익을 만드는 구조가 본격적으로 확산된 시기다. 이때부터 부업은 야간 노동이 아니라 '시스템'이라는 인식이 자리 잡기 시작했다.

위홈 자가격리숙소 운영

코로나 이후: 다시 한 단계 진화한 부업 환경

코로나 이후 부업 환경은 한 단계 더 진화했다. 비대면은 일상이 되었고, 자동화와 AI가 본격적으로 결합되기 시작했다. 이제 부업은 혼자 모든 걸 처리하는 일이 아니다. AI와 자동화 툴을 활용해 1인 사업자도 사업 구조를 만들 수 있는 시대가 됐다.

상품 페이지에 들어갈 사진도 나노바나나가 만들어주고, 들어갈 문구도 챗GPT(ChatGPT)가 가이드라인을 잡아주는 등 모든 과정에서 AI가 보조하고, 유통 환경도 크게 바뀌었다. 테무, 알리 익스프레스 같은 중국 플랫폼은 물류 장벽을 낮췄고, 개인도 소량으로 글로벌 상품을 다룰 수 있게 됐다. 실제로 광저우 캔톤페어 현장에서는 한국에서 온 1인 셀러들을 쉽게 볼 수 있다.

쿠팡의 당일 배송과 3PL 시스템은 소비자의 기준을 완전히 바꿨다. 부업 셀러들은 상품을 입고만 하면 자동 배송이 가능해졌고, 운영은 더

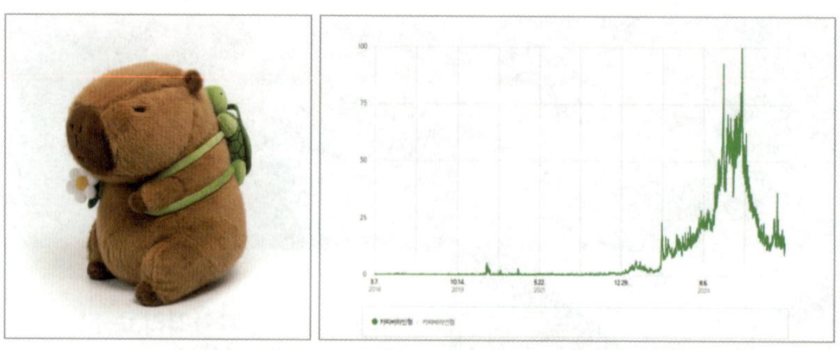

필코노미의 중심인 카피바라 인형과 키워드 검색량 그래프

욱 간소화됐다. 동시에 유튜브와 인스타그램, 쇼핑 플랫폼은 개인 맞춤형 알고리즘을 강화하며 소비 방식도 바꿔놓았다.

이 환경에서 살아남는 부업은 단순 판매를 넘어 개인의 취향과 감정을 담는 방향으로 진화하고 있다. 인스타그램과 스레드에는 개인의 이야기가 콘텐츠가 되고, 감정이 소비를 이끄는 필코노미(Feel + Economy의 합성어로, 감정 정서가 소비와 산업의 핵심가치로 부각된 신조어)가 확산됐다. 최근의 부업 트렌드는 AI와 감성경제를 활용해 개인 취향을 정확히 겨냥하는 구조로 이동하고 있다.

2장

지금 사람들이
몰리는 부업의
세 가지 방향

플랫폼 위에서 하는 부업

왜 요즘 부업은
'플랫폼 위'에서 시작되는가?

과거에는 장사를 시작하려면 여러 단계를 거쳐야 했다. 도매, 유통, 대리점, 영업사원, 오프라인 매장까지 이어지는 구조 속에서 개인이 부업으로 시장에 진입하기는 쉽지 않았다. 하지만 인터넷과 플랫폼의 성장은 이 구조를 완전히 바꿔놓았다. 스마트스토어 하나, 쿠팡 윙(wing) 계정 하나, SNS 계정 하나만 있어도 곧바로 소비자와 연결된다. 계정을 만들고 상품을 올리는 순간, 시장과 직접 연결된다. 중간 단계는 압축되었고, 개인도 판매자가 될 수 있는 구조가 만들어졌다.

이 변화의 핵심은 '사업을 잘하느냐' 이전에 개인이 플랫폼을 통해 중간 단계를 생략하고 판매할 수 있게 되었다는 점이다. 플랫폼 입점에는 임대료가 없거나 매우 낮고, 판매가 발생할 때 일정 수수료만 지불하면 된다.

플랫폼마다 성격은 다르다. 어떤 사람은 쿠팡에서 잘 팔고, 어떤 사람은 토스쇼핑이나 아이디어스에서 강점을 가진다. 나는 네이버 스마트스토어에 강했고, 나에게 셀러를 알려준 동료는 토스에서 성과를 냈다. 같은 셀러라도 플랫폼에 따라 결과는 달라진다. 플랫폼 구조와 내가 파는 상품을 제대로 이해하면, 온라인 시장에서 충분히 경쟁력을 가질 수 있다.

셀러오션: 온라인 셀러 운영자 커뮤니티 네이버 카페(cafe.naver.com/soho)

1인 온라인 셀러의 장점은 명확하다. 직원도, 사무실도 필요 없다. 상품 하나, 콘텐츠 하나가 터지면 판매는 자동으로 확장된다. 실패하면 빠르게 접을 수 있고, 잘되면 그때 구조를 잡으면 된다. 사업자등록, 통신판매업 신고, 계정 개설까지도 이제는 며칠이면 충분하다.

반대로 자사몰(브랜드가 직접 운영하는 독립 온라인 쇼핑몰)은 부담이 크다. 트래픽을 직접 만들어야 하고, 광고와 마케팅 비용도 감당해야 한다. 반면 플랫폼은 이미 고객이 모여 있기 때문에 외부 유입 부담이 적고, 광고 구조만 이해해도 판매가 가능하다. 물론 플랫폼 규칙을 따라야 하고, 정책 위반 시 퇴출될 수 있다는 리스크는 존재한다. 그럼에도 가장 빠르고 안전하게 매출을 만들 수 있는 출발점이라는 장점은 분명하다.

오프라인 사업도 마찬가지다. 내가 운영했던 테이크아웃 커피 매장의 매출은 대부분 배달의민족, 쿠팡이츠, 요기요 같은 플랫폼에서 발생했다. 전단지를 보고 전화 주문을 하던 방식은 사라졌고, 요식업 역시 플랫폼 중심 구조로 완전히 이동했다. 이제 플랫폼은 온라인과 오프라인의 경계를 가리지 않는다.

스마트스토어·마켓플레이스 부업의 핵심 구조

스마트스토어나 마켓플레이스 같은 플랫폼 부업은 새로운 장사를 연다기보다, 이미 만들어진 틀 안에서 판매하는 구조에 가깝다. 구조는 단순하다.

상품 → 노출 → 클릭 → 구매 → 리뷰

이 흐름이 얼마나 빠르게 회전하느냐가 매출을 결정한다. 그래서 플랫폼 부업의 본질은 상품 판매가 아니라 노출 조건을 맞추는 작업이다. 네이버는 카테고리가 다르면 노출되지 않고, 쿠팡의 경우 고객 맞춤형 노출 순위가 변동된다. 배달의민족이나 쿠팡이츠의 경우도 내 상품이 고객맞춤형 카테고리 안에 들어와 있어야 한다.

카테고리를 찾았다면, 그 안에서 실제 수요가 있는 상품을 찾아야 한다. 네이버가 제공하는 검색·쇼핑 데이터 분석 서비스인 네이버 데이터랩, 검색 순위, 시즌 흐름을 통해 수요를 판단한다. 광고비 역시 무작정 쓰는 게 아니라 효율을 기준으로 관리해야 한다. 보통 광고 효율이 300% 이상이 나오게 되면 3만 원 제품을 팔 경우 제품당 광고비가 5,000원에서 1만 원 정도 지출된다고 생각하면 된다.

광고수익율 대비 전환매출 비율 예시

　플랫폼은 편리함과 신뢰를 제공하는 대신 수수료가 높다. 쿠팡 로켓그로스의 경우 광고비를 포함하면 판매 수수료가 30~50% 수준까지 올라간다. 배달 앱 역시 기본 배달 수수료가 고정값 6,000원 이상 빠져나간다고 생각해야 한다. 이 비용 구조를 이해하지 못하면 매출이 나도 남는 이익이 없다.

SNS 판매가 강한 이유

　SNS 판매는 구조 자체가 다르다. 플랫폼이 '유통 효율'을 중심에 둔다면, SNS는 사람과의 관계가 중심이다. SNS에서는 상품보다 먼저 사람이 보인다. 같은 상품이라도 누가 추천하느냐에 따라 선택은 달라진다. 플랫폼에서는 가격 비교가 우선이지만, SNS에서는 신뢰가 기준이 된다. 한 번 쌓인 신뢰는 반복 구매로 이어지고, 신상품 설명에도 시간이 덜 든다. 이미 한 번 믿어본 경험이 다음 구매의 허들을 낮춘다. 또한 SNS 판매는 중간 유통 단계가 줄어들고, 광고비에 의존하지 않아도 된다. 이미 구독자나 판매층이 형성되어 있으면, 판매는 지속성이 생긴다.

공동구매 벤더사를 통한 SNS 판매나, 인플루언서가 일정 수수료를 받고 상품을 홍보·판매하는 방식은 보통 판매자가 먼저 제안하는 구조로 시작된다. 다만 상품 경쟁력이 충분한 경우에는 벤더사나 인플루언서 쪽에서 먼저 협업을 제안하는 사례도 적지 않다. 네이버에서는 '브랜드 커넥트'를 통해 공동구매나 체험단을 운영할 수 있고, '레뷰'처럼 체험단 모집을 전문으로 하는 별도의 플랫폼도 활용할 수 있다.

판매자의 경우 SNS를 통해 내 제품을 홍보하게 되면 브랜드 이미지가 구축되는 장점도 있고 추가 판매로 연결되기도 하기 때문에 같은 상품이라도 누가 추천하는지에 따라 실제 판매량으로 직결되는 경우가 많다.

SNS 판매의 경우 소통 관계가 곧 제품 이미지와 쇼핑몰의 브랜드가 되기 때문에 SNS 구조를 겪은 사람들은 네이버나 쿠팡 같은 플랫폼 판매로 돌아가지 않는다.

플랫폼 부업의 가장 큰 착각과 현실

플랫폼 부업의 가장 큰 착각은 "올려두면 팔린다."라는 안일한 생각이다. 계정을 만들고 사업자등록을 한 뒤 상품을 몇 개 등록하면, 시작은 했다고 느낀다. 진입장벽이 낮아 보이기 때문에 많은 사람이 입점 자체를 곧 매출의 출발점으로 착각한다. 그러나 플랫폼에서 판매는 '등록'이 아니라 '노출'이다. 노출되지 않으면 상품은 존재하지 않는 것과 같다. 아무리 상세 페이지를 정성스럽게 만들어도 고객의 화면에 뜨지 않으면 시장에 없다고 할 수 있다.

노출은 알고리즘이 결정한다. 판매량, 클릭률, 상품 회전율, 리뷰 개수와 평점, 광고 집행 여부, 고객 체류 시간 같은 데이터가 쌓이며 노출 순서가 만들어진다. 플랫폼마다 기준은 조금씩 다르다. 네이버는 상품 신뢰도와 판매 이력, 고객 반응 데이터를 중요하게 본다. 검색 키워드 전략도 물론 중요하다. 그러나 실제로 판매를 해보면 오래 가는 힘은 결국 상품의 본질이라는 사실을 체감하게 된다.

상품이 좋지 않으면 어떤 마케팅을 해도 판매는 하락 국면으로 접어들고, 반품률은 올라가며 리뷰 평점은 무너진다. 알고리즘은 고객 반응이 나쁜 상품을 오래 밀어주지 않는다. 그렇다고 상품만 좋으면 된다는 생각 역시 또 다른 착각이다. 플랫폼에서는 아무리 좋은 상품이라도 노출되지 않으면 판매가 일어나지 않는다. 비슷한 상품들이 경쟁하는 상황에서는 결국 더 잘 보이는 상품이 먼저 팔린다. 상품력은 기본값이고, 노출 전략은 가속장치다. 둘 중 하나만으로는 부족하다.

플랫폼 부업은 단순한 상품 장사가 아니라 데이터 사업에 가깝다. 무엇을 팔 것인가보다 어떻게 보이게 할 것인가, 고객 반응을 어떻게 설계하고 쌓아갈 것인가가 더 중요해진다. 설령 돌멩이라도 '반려돌'이라는 기획과 스토리를 입히고 감정적 가치를 전달한다면, 누군가에게는 충분한 구매 대상이 된다. 결국 플랫폼에서의 경쟁은 물건의 싸움이면서 동시에 데이터의 싸움이다.

플랫폼이 보유한 데이터는 판매 방향을 결정하는 핵심 지표다. 네이버 데이터랩을 활용하면 검색량 추이, 연령대별 관심도, 시즌별 흐름을 확인할 수 있다. 어떤 키워드가 상승 국면인지, 일시적 유행인지, 꾸준

네이버 데이터랩 활용하기

한 수요인지도 가늠할 수 있다. 월간 검색량, 경쟁 상품 수, 광고 집행 강도를 함께 보면 '잘 팔릴 것 같다'가 아니라 '월 몇 개는 가능하겠다'는 현실적인 추정이 가능해진다.

플랫폼의 가장 큰 리스크는 로직과 정책이 절대적이라는 점이다. 플랫폼은 수수료를 조정하고, 노출 알고리즘과 광고 구조를 수시로 바꾼다. 개인 판매자는 그 규칙 안에서 움직일 수밖에 없다. 어제까지 통하던 방식이 오늘은 막히고, 잘 노출되던 상품이 갑자기 밀려나는 일도 흔하다. 정책을 어기지 않았다고 생각해도 해석의 차이로 제재를 받는 경우가 있다. 광고 문구 하나, 상세 페이지 표현 하나로도 판매 중지나 계정 제한이 발생할 수 있으며, 누적되면 퇴출로 이어진다.

정산 리스크도 무시할 수 없다. 플랫폼이 영원히 존재한다는 보장은 없다. 실제로 일부 이커머스 마켓이 경영난이나 파산을 겪으며 판매자는 정산금을 받지 못하는 상황을 겪었다. 판매는 끝났지만 정산이 묶이는 순간, 피해는 고스란히 셀러의 몫이 된다.

온라인 시장은 사실상 쿠팡과 네이버 중심 구조다. 두 플랫폼에서 퇴출되면 매출은 단숨에 사라지고, 광고 데이터와 리뷰 자산도 함께 묶인다. 플랫폼 하나가 막히는 수준이 아니라, 사업의 기반이 흔들리는 정도의 타격이다. 특히 지적재산권 침해와 KC인증 위반은 가장 빈번한 제재 사유다. 단 한 번의 실수라도 누적되면 계정 퇴출로 이어질 수 있다.

플랫폼 위에서 하는 부업은 완전한 자율 사업이 아니다. 우리는 쇼핑몰을 운영한다고 느끼지만, 실제로는 플랫폼이 허용한 범위 안에서만 움직인다. 노출, 광고, 정책, 정산 구조 모두 플랫폼의 통제 안에 있다. 그렇기 때문에 플랫폼 부업은 감으로 접근할 일이 아니다. 구조를 이해한 상태에서 접근할 때만, 플랫폼은 기회가 된다.

기록이 남는 부업

시간을 쓰는 부업, 시간을 누적시키는 부업

모든 노동은 시간을 쓴다. 그러나 모든 노동이 시간을 남기지는 않는다. 배달 아르바이트를 예로 들어보자. 오늘 3시간을 일하면 그에 대한 보수를 받는다. 하지만 일이 끝나는 순간 수익도 끝난다. 내일 다시 돈을 벌려면 다시 3시간을 써야 한다. 이 구조가 시간이 사라지는 노동이다. 과거의 부업 대부분이 이런 형태였고, 지금도 많은 부업이 여기에 속한다.

반대로 시간이 쌓이는 노동이 있다. 오늘 쓴 글 하나, 오늘 만든 영상 하나, 오늘 정리한 데이터 하나가 내일도 작동한다. 블로그, 브런치, 유튜브, 전자책이 대표적이다. 내가 잠을 자는 동안에도 기록은 계속 일한다.

이 차이는 단순히 노동 형태의 차이가 아니라 수익 구조의 차이다. 시간이 사라지는 노동은 '시간 = 수익 구조'에 가깝다. 시간이 멈추면 매출도 멈춘다. 시간이 쌓이는 노동은 '기록 = 누적 수익 구조'에 가깝다.

기록형 부업은 초반에 매우 느리다. 콘텐츠를 만들어도 매출은 거의 없다. 하지만 어느 순간 기록이 일정 수준을 넘으면 수익이 갑자기 가속된다. 그래서 기록형 부업은 초반에는 지루해 보이지만, 일정 시점을 지나면 노동 대비 수익 구조 자체가 달라진다. 쉬는 동안에도 기록은 계속 작동한다.

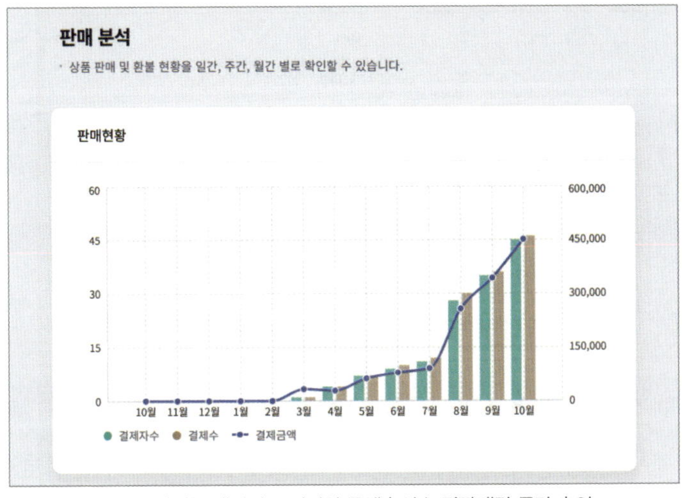

시간이 쌓이는 네이버 프리미엄 콘텐츠의 누적판매량 증가 추이

글·영상·콘텐츠가 '자산'이 되는 구조

자산의 조건은 단순하다. 한 번 만들어두면 반복적으로 가치를 만들어내야 한다. 글과 영상은 이 조건을 충족한다. 한 번 올린 콘텐츠는 삭제하지 않는 한 사라지지 않는다. 검색되고, 공유되고, 알고리즘을 타고

다시 노출된다. 오늘 쓴 글이 내일도, 한 달 뒤에도, 1년 뒤에도 누군가의 화면에 나타날 수 있다. 그때마다 조회 수가 쌓이고, 신뢰가 축적되며, 상품이나 기회로 연결된다.

물론 아무 글이나 자산이 되지는 않는다. 정보성이 있거나, 문제를 해결해주거나, 공감과 스토리를 담고 있거나, 검색 의도를 정확히 맞춘 콘텐츠여야 한다.

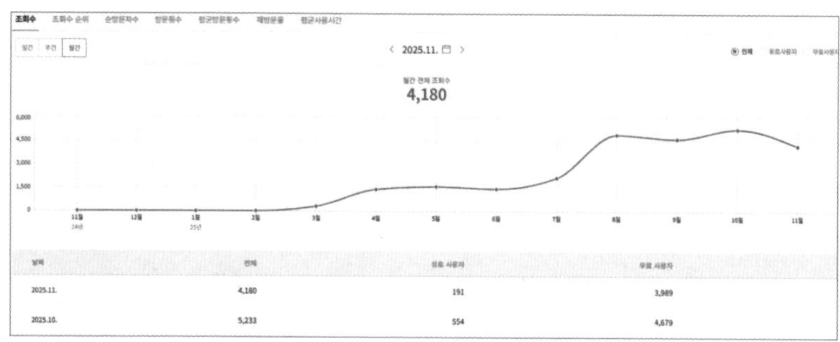

네이버 프리미엄 콘텐츠 조회 수 증가 추이

콘텐츠가 자산이 되는 이유는 크게 세 가지다.

첫째, 노출의 반복성이다. 콘텐츠는 일회성 소비가 아니다. 업로드 당시에는 반응이 없더라도, 시간이 지나 검색이나 추천을 타고 다시 떠오르기도 한다.

둘째, 신뢰의 축적이다. 콘텐츠는 그 사람의 생각과 기준이 담긴 기록이다. 반복 노출을 통해 독자는 그 사람의 판단 방식과 관점을 학습하고 신뢰를 형성한다. 신뢰가 쌓이면 설명은 짧아진다.

셋째, 확장 가능성이다. 글 하나가 강의가 되고, 영상 하나가 전자책이 되며, 기록이 브랜드가 된다. 같은 콘텐츠를 형식과 플랫폼만 바꿔 여러 수익 구조로 확장할 수 있다.

나는 블로그에 여러 경험을 기록해왔다. 그중 특히 반응이 컸던 콘텐츠는 아파트 입주자 대표회장 경험이었다. 처음에는 단순한 개인 기록이었다. 이를 브런치로 옮겨 연재하자 플랫폼이 바뀌면서 새로운 독자를 만났고, 콘텐츠의 수명은 다시 연장되었다.

확장 가능성을 보여준 사례 1

또 다른 기록은 입주예정자협의회 운영 과정이었다. 회의 갈등, 시공사 협의, 법적 쟁점 등을 정리한 글이 예상보다 큰 반응을 얻었고, 이를 구조화해 POD 출판으로 연결했다. 이미 검증된 기록이었기에 결과 역시 긍정적이었다.

콘텐츠는 저장의 작업에 가깝다. 당장은 미미해 보여도, 시간이 쌓이면 강의가 되고 책이 되고 신뢰 자산이 된다.

확장 가능성을 보여준 사례 2

블로그, SNS, 영상 중 무엇을 선택해야 하는가

많은 사람이 묻는다. 블로그가 좋을까, SNS가 좋을까, 영상이 좋을까. 정답은 없다. 다만 구조는 다르다.

블로그는 검색형 구조다. 문제를 인식한 사람이 답을 찾기 위해 들어온다. 전환 가능성이 높고, 속도는 느리지만 지속성이 강하다. SNS는 관계형 구조다. 정보보다 사람이 먼저 보인다. 팔로워가 쌓이면 판매는 설득이 아니라 제안이 된다. 대신 관계 유지를 위한 지속적인 소통이 필요하다. 영상은 몰입형 구조다. 전달력이 강하고 폭발력이 크다. 대신 기획과 제작에 시간이 많이 든다. 글쓰기가 편하면 블로그, 사람과의 소통이 편하면 SNS, 말로 설명하는 방식이 편하면 영상이 맞다.

나는 여러 부업을 진행하면서 운영, 소싱, 기획까지 병행하다 보니 SNS처럼 실시간 소통을 지속적으로 해야 하는 구조나, 시간을 많이 써야 하는 영상 제작은 취약하다고 느꼈다. 그래서 블로그, 브런치, 네이버 프리미엄 콘텐츠처럼 기록과 누적 중심의 채널을 선택해왔다. 한 번 정리해두면 계속 검색되고 다시 읽히는 구조가 내 상황에 더 맞았다.

처음부터 모든 채널을 하려 하면 대부분 멈춘다. 채널을 넓히기보다 하나를 정해 100개를 쌓는 방식이 훨씬 낫다.

기록형 부업이 느리게 보이지만 강한 이유

기록형 부업은 초반에 답답하다. 글을 써도 조회 수는 적고, 매출은 바로 나오지 않는다. 그래서 많은 사람이 10개, 20개에서 멈춘다.

기록형 부업이 느리게 보이는 이유는 성과가 선형으로 증가하지 않기 때문이다. 하지만 일정 지점을 넘으면 반응이 달라진다. 콘텐츠가 서로 연결되고, 검색 노출이 겹치며 유입 구조가 다층적으로 쌓이기 시작한다.

이 구조는 복리와 닮았다. 하나의 글이 다른 글을 끌어올리고, 체류 시간이 늘며 다시 노출이 증가한다. 반복 노출은 친숙함을 만들고, 친숙함은 신뢰로 이어진다.

또 하나의 장점은 광고 의존도가 낮아진다는 점이다. 기록형 부업은 검색과 추천을 통해 기본 유입을 만든다. 시간이 필요하지만, 한 번 쌓인 기록은 쉽게 사라지지 않는다. 과거의 글이 미래의 매출을 만든다. 이것이 기록형 부업의 가장 큰 힘이다.

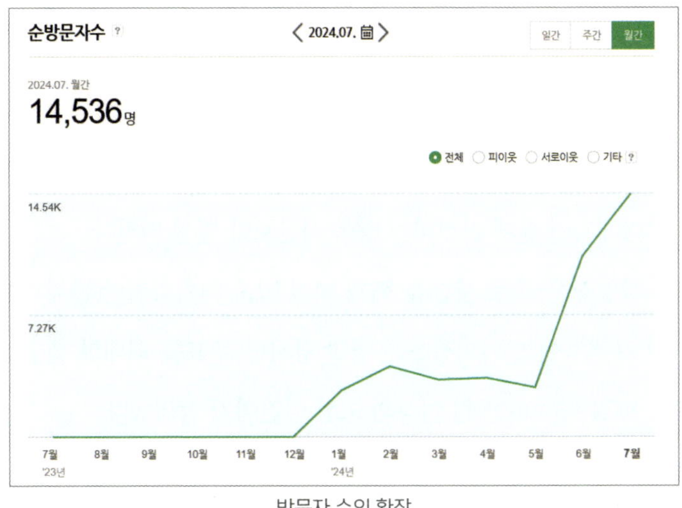

방문자 수의 확장

비대면이 가능한
오프라인 부업

오프라인인데
왜 '비대면'이 중요한가

최근 몇 년 사이 노동 관련 규정은 지속적으로 강화됐다. 최저임금은 꾸준히 인상됐고, 문제는 단순 시급이 아니라 총인건비 리스크다. 아르바이트생을 주 15시간 이상 고용하면 주휴수당이 발생해 실질 시급은 약 20% 가까이 오른다. 여기에 4대 보험 사업주 부담분, 퇴직금, 연차수당까지 더해지면 실제 인건비는 명목 시급보다 훨씬 커진다.

일부 사업장은 근무 시간을 쪼개 여러 명을 배치하지만 한계가 있다. 나 역시 프랜차이즈 커피점을 운영할 당시 근무표를 최대한 촘촘히 짰음에도, 매달 약 400만 원 이상의 고정 인건비가 발생했다.

주 52시간제 시행 이후 근로 시간 운용은 더욱 경직됐다. 성수기라고 해서 무리하게 연장 근로를 쓰기도 쉽지 않다. 인력을 한 명 더 채용하는 순간 비용은 고정된다. 매출은 변동인데 급여와 보험료, 퇴직충당금은 매달 발생한다.

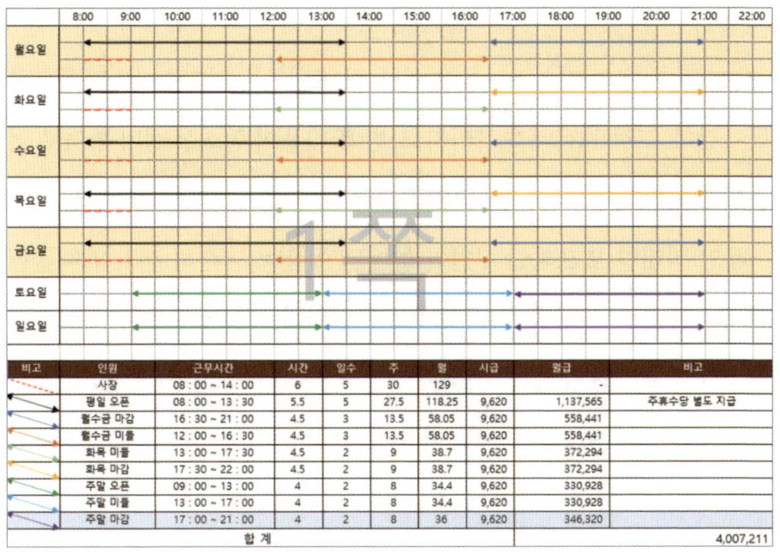

비고	인원	근무시간	시간	일수	주	월	시급	월급	비고
	사장	08 : 00 ~ 14 : 00	6	5	30	129		-	
	평일 오픈	08 : 00 ~ 13 : 30	5.5	5	27.5	118.25	9,620	1,137,565	주휴수당 별도 지급
	월수금 마감	16 : 30 ~ 21 : 00	4.5	3	13.5	58.05	9,620	558,441	
	월수금 미들	12 : 00 ~ 16 : 30	4.5	3	13.5	58.05	9,620	558,441	
	화목 미들	13 : 00 ~ 17 : 30	4.5	2	9	38.7	9,620	372,294	
	화목 마감	17 : 30 ~ 22 : 00	4.5	2	9	38.7	9,620	372,294	
	주말 오픈	09 : 00 ~ 13 : 00	4	2	8	34.4	9,620	330,928	
	주말 미들	13 : 00 ~ 17 : 00	4	2	8	34.4	9,620	330,928	
	주말 마감	17 : 00 ~ 21 : 00	4	2	8	36	9,620	346,320	
합 계									4,007,211

고정 인건비가 발생하는 대면 사업장

이 지점에서 사업자들은 직원 한 명의 연간 총비용과 키오스크·무인 결제·출입 통제 설비의 투자 비용을 비교하기 시작했다. 단순 월급이 아니라 교육, 관리, 근태 리스크까지 포함하면 인건비는 생각보다 훨씬 크다. 반면 무인 설비는 초기 비용 이후 유지비 정도만 발생한다.

예전에는 무인화가 비싸게 느껴졌지만, 인건비가 오르면서 계산이 달라졌다. 설비는 감가상각이 되지만 인건비는 매달 반복된다. 여기에 코로나를 거치며 소비자 인식도 바뀌었다. 키오스크 주문, 무인 결제, 셀프 체크인은 이제 일상이 되었고, 오히려 비대면이 더 편하다고 느끼는 소비자도 많아졌다. 결국 무인화는 단순한 비용 절감이 아니라 노동 규제·인건비 상승·소비자 인식 변화가 동시에 만든 구조적 선택이 되었다.

코로나 이전 커피점을 운영할 때는 인건비만 월 400~500만 원이 고정 지출됐다. 매출이 좋을 때는 감당이 되지만, 비수기에는 부담이 그대로 남는다. 반면 코로나 이후 모텔을 운영하며 구조는 완전히 달라졌다. 약 300만 원대의 키오스크를 설치한 뒤 프런트는 거의 100% 자동으로 돌아갔다. 고정 인건비가 사라지고, 반복 비용이 일회성 설비 투자로 전환된 것이다.

무인·비대면 오프라인 부업이 늘어난 이유는 단순히 편리함 때문만이 아니다. 인건비 상승, 소비자의 인식 변화가 동시에 작용했다. 그래서 지금의 오프라인 부업은 사람을 어떻게 쓰느냐보다 사람이 없어도 돌아가게 만들 수 있느냐가 핵심이 되었다. 인건비를 최소화하고, 자동화 설비로 고정비를 통제하는 구조로 방향이 바뀌고 있다.

모텔 셀프 체크인/무인화 서비스

에어비엔비·공간 대여 부업의 현실적인 구조

최근의 공간 대여·에어비엔비 운영은 거의 무인화에 가깝다. 예약은 네이버 예약이나 에어비엔비 같은 플랫폼을 통해 받고, 출입은 스마트 도어락이나 원격 출입 시스템으로 관리한다. 결제는 대부분 온라인 선결제 구조다. 현장에서 돈을 주고받을 일이 없다.

고객 응대 역시 상시 대면이 아니라 문자나 카카오톡 자동응답 시스템으로 처리된다. 청소도 상주 직원을 두기보다, 당근마켓 등을 통해 지역 청소 인력을 회차 단위로 활용한다. 예약이 있을 때만 비용이 발생하는 구조다.

이 방식의 핵심은 고정 인건비를 변동 비용으로 바꿨다는 점이다. 매달 인건비를 감당하지 않아도 되고, 예약이 있을 때만 비용이 발생한다. 비용 구조가 매출 구조에 훨씬 가까워졌다. 물론 관리, 리뷰 대응, 시설 유지보수 같은 변수는 존재한다. 그러나 기본 틀은 사람을 상시로 두지 않아도 돌아가는 구조로 완성되어 있다. 이것이 최근 공간 대여와 에어비엔비 부업이 빠르게 늘어난 가장 현실적인 이유다.

실제로 내가 과거에 운영하던 파티룸의 고정비용과 운영 방법은 다음 표와 같다.

수입/고정비용

수입	평균 수입	지출	평균 지출
네이버 예약	500만 원	월세	130만 원
어플 예약	50만 원	관리비	20만 원
유선 문의 대관	20만 원	청소비	50만 원
		비품비	20만 원
		세금 및 공과금	50만 원
수입계(A)	570만 원	지출계(B)	270만 원
월별 순수익(A-B)			300만 원

운영 방법

- 예약은 플랫폼 통해서 예약되며, 예약 당일 문자로 출입문 입장 비밀번호 발송

- 조명, 난방, 수도, 냉난방은 전부 IoT로 켜고 끌 수 있으며, 퇴실 후 청소는 외주청소 운영

온라인과 오프라인을 연결했을 때 생기는 시너지

온라인과 오프라인을 연결하면 단순한 홍보 이상의 구조가 만들어진다. 채널을 하나 더 늘리는 효과가 아니라, 예약률 자체를 끌어올리는 구조다. 오프라인 공간은 물리적으로 한정돼 있지만, 온라인은 노출에 한계가 없다. 이 둘을 결합했을 때 다음과 같은 시너지가 발생한다.

첫 번째 시너지 – 구매 수요가 발생한다

오프라인 공간도 인스타 릴스나 숏폼 콘텐츠로 조회 수가 터지면 즉각적인 관심이 생긴다. 사람들은 단순히 '예쁘다'에서 멈추지 않는다. 공간을 저장하고, 이름을 검색하고, 위치를 확인한다. 이런 반복 과정이

예약으로 이어진다.

즉, 온라인에서 관심이 먼저 만들어지고, 오프라인에서 결제가 이루어진다. 공간 대여나 에어비엔비는 특히 이미지의 힘이 크다. 감성적인 영상 하나가 수천 명에게 도달하면, 그 자체로 광고비 이상의 효과를 낸다. 온라인 트래픽이 플랫폼 예약으로 흘러들어가며, 예약률은 단순 노출량이 아니라 '기억된 횟수'에 비례해 올라간다.

온라인이 없는 오프라인은 지역 상권 안에서만 경쟁하지만, 온라인을 붙이는 순간 수요는 전국에서 만들어진다. 실제 방문은 지역이지만, 관심은 전국에서 생긴다. 이 차이가 예약률을 높인다.

두 번째 시너지 – 비용 구조가 온라인 쇼핑보다 저렴하다

인스타는 관심을 만들고, 네이버는 예약을 마무리한다. 이것이 온·오프라인 연결의 핵심이다. 온라인 쇼핑은 전국 단위 경쟁이다. 같은 상품을 수백 명이 동시에 팔고, 클릭 단가는 계속 오른다. 광고를 집행해도 전환이 보장되지 않는다.

반면 공간 대여는 지역 단위 경쟁이다. '○○동 파티룸', '○○역 회의실'처럼 키워드 범위가 좁고 목적이 명확하다. 이미 공간을 찾고 있는 사람이다. 그래서 스마트플레이스나 파워링크에 비용이 들어가더라도 회수 속도가 빠르다.

결국 차이는 경쟁 범위다. 온라인 쇼핑이 단가 싸움이라면, 공간 대여는 전환 싸움에 가깝다. 지역 한정 수요이기 때문에 비용 통제가 상대적으로 쉽다.

신뢰도를 높이는 방법

세 번째 시너지 – 리뷰가 만드는 선순환

오프라인 이용이 발생하면 영수증 리뷰나 이용 후기 요청이 자연스럽다. 리뷰가 쌓이면 네이버는 해당 공간을 '실제 이용이 반복되는 장소'로 인식한다. 단순 방문이 아니라 결제와 이용이 확인된 데이터이기 때문이다.

신뢰도가 올라가면 지도 노출이 늘고, 스마트플레이스 상위에 노출된다. 노출이 늘면 예약이 늘고, 다시 리뷰를 쌓을 수 있다. 이 구조가 돌아가기 시작하면 광고 의존도는 점점 낮아진다. 일정 수준을 넘으면 광고를 줄여도 완전히 멈추지 않는 구조가 된다. 지도 상위 노출은 지역 내 브랜드 자산이 된다.

네 번째 시너지 – 콘텐츠 재활용

공간 대여업의 강점은 콘텐츠 생산이 쉽다는 점이다. 공간 자체가 촬영 스튜디오이기 때문이다. 하루 한 팀만 이용해도 사진과 영상 소재는 계속 쌓인다. 고객이 찍은 사진, 세팅 전후 모습, 테마 연출 장면만으로

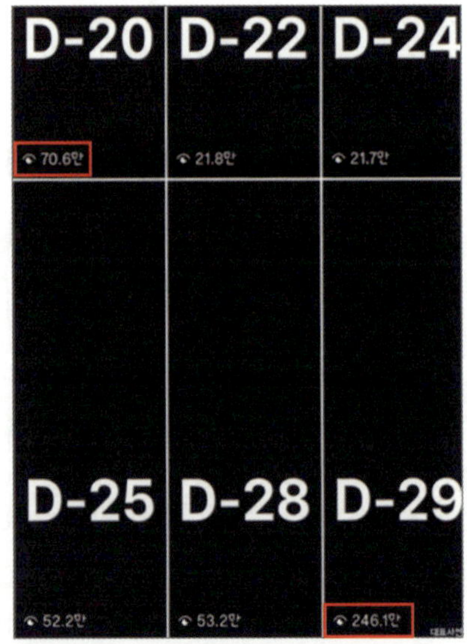

콘텐츠 생산으로 노출 늘리기

도 충분하다.

이 자료를 릴스로 만들고, 블로그 후기 콘텐츠로 풀고, 네이버 플레이스 사진을 업데이트하면 같은 운영을 하면서도 노출 면적은 넓어진다. 별도의 마케팅을 하지 않아도 운영 자체가 마케팅이 된다. 예약이 콘텐츠를 만들고, 콘텐츠가 노출을 만들며, 노출이 다시 예약을 만든다.

지역구 싸움이 되는 오프라인 마케팅의 장점

온라인 사업이 전국구 싸움이라면, 오프라인 사업은 지역구 싸움이다. 이 구조를 이해하는 순간 전략이 달라진다. 온라인에서 상품 하나를 올리는 순간 경쟁자는 전국, 심지어 해외 셀러까지 포함된다. 가격, 리뷰, 광고비 경쟁은 끝이 없다.

반면 오프라인은 다르다. 서울 ○○구, ○○동 몇 블록 안에서 승부가 난다. 고객의 검색 의도도 명확하다. "○○동 파티룸", "○○역 근처 회의실"처럼 지금 당장 이용할 공간을 찾는 사람이다. 전국 1등이 아니라 우리 동네 1등이면 충분하다. 나는 실제로 지역 밀착형 마케팅을 여러 번 시도했다.

첫 번째는 약국 봉지 마케팅이다. 동네 약국과 협의해 약 봉투에 파티룸 홍보를 함께 넣어봤다. 특히 육아 관련 공간이나 육아 용품을 다룬다면 약국만큼 타깃이 명확한 장소도 드물다. 산부인과·소아과를 방문한 뒤 약국으로 이어지는 동선은 이미 만들어져 있다. 아이를 키우는 부모, 특히 엄마들의 실제 생활 반경 안에 약국이 있다. 그 동선 안으로 자연스럽게 들어가는 것이 핵심이다.

지역 기반 마케팅은 이렇게 생활 동선 안에 스며드는 전략이다. 거대한 광고비가 필요하지 않다. 대신 "누가 이 공간을 필요로 할까"를 먼저 생각하고, 그 사람이 반드시 거치는 지점을 찾는다.

지역밀착형 마케팅의 사례 1

두 번째는 어린이집 우편 마케팅이다. 어린이집 원장님께 정중한 안내문을 보내고, 공간이나 제품을 간단히 체험할 수 있는 소량의 샘플을 동봉했다. 무작위 전단 배포가 아니라, 지역 안에서 실제로 해당 연령대 아이를 둔 부모에게 도달하는 방식이다. 어린이집은 이미 신뢰가 형성된 공간이다. 그 공간을 통해 전달되는 정보는 단순 광고보다 훨씬 무게감이 있다. 불특정 다수에게 1,000번 노출되기보다, 정확한 100명에게 도달하는 편이 더 효율적인 경우가 많다.

세 번째는 지역 앱 활용이다. 육아크루 같은 지역 기반 커뮤니티 앱을 통해 홍보를 진행했다. 전국 맘카페에 글을 올릴 때와는 결이 다르다. 전국 단위 커뮤니티는 정보가 빠르게 묻히고 광고성 글에 대한 경계도 강하다. 반면 같은 동네 엄마들이 모여 있는 공간은 오프라인 생활 반경이 겹친다. "여기 가봤어요"라는 한 줄의 실제 이용 후기가 훨씬 크게 작동한다.

지역 기반 리뷰는 힘이 다르다. 같은 동네, 같은 유치원, 같은 초등학교를 공유하는 관계 안에서는 신뢰 전환 속도가 빠르다. 온라인에서는 닉네임이지만, 오프라인에서는 스쳐 지나갈 수 있는 사람들이다. 그래

지역밀착형 마케팅의 사례 2

서 지역 기반 마케팅은 숫자는 작아 보여도 전환율이 높다.

전국을 상대로 광고비를 태울 것인가, 아니면 반경 3km를 장악할 것인가. 전국구 경쟁은 치열하고 비용이 많이 든다. 반면 지역구 싸움은 경쟁자가 적고, 고객 의도는 명확하다. 전국 1등은 어렵지만, 우리 동네 1등은 충분히 가능하다. 반경을 좁히고 밀도를 높이는 전략이 오프라인 부업에서는 훨씬 현실적이다.

3장

앞으로의 부업 트렌드 다섯 가지

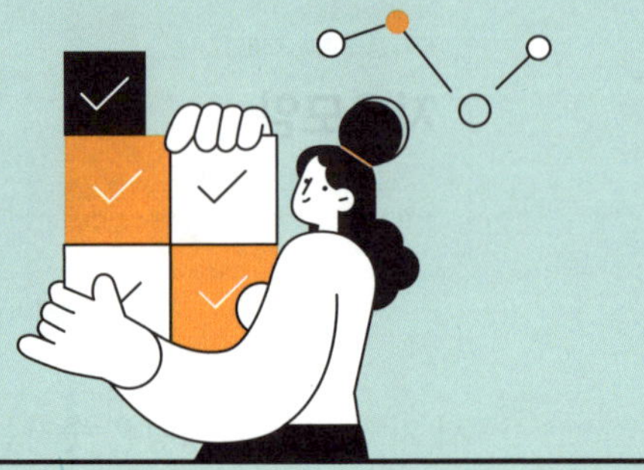

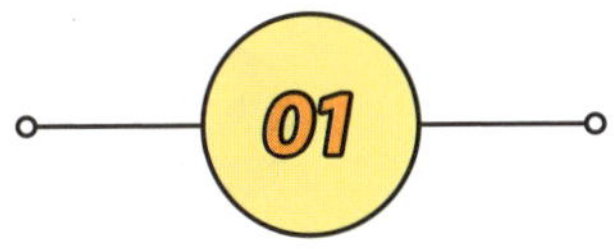

마이크로 브랜드:
스마트스토어, SNS 기반

요즘 부업 시장에서 가장 현실적인 모델을 하나 꼽으라면, 마이크로 브랜드라고 생각한다. 작은 규모로 시작해 특정 타깃에게 선명하게 각인되는 브랜드를 만드는 방식이다. 그리고 그 기반은 스마트스토어와 SNS이며, 최근에는 스레드와 릴스 중심으로 빠르게 확장되고 있다.

과거 온라인 판매는 상품 소싱이 중심이었다. 잘 팔리는 상품을 찾아 가격 경쟁력을 확보하고, 노출 싸움으로 승부하는 구조였다. 하지만 이 방식은 시간이 지날수록 광고비와 경쟁 강도가 함께 올라간다. 결국 낮은 마진과 높은 피로도만 남는다.

마이크로 브랜드는 접근 방식이 다르다. 상품이 아니라 기획을 판다. 예를 들어 단순히 입대 준비물을 파는 행위가 아니라, 하나의 상황과 맥락을 기획해 제안한다. 이 구조에서 스마트스토어는 판매의 거점이 되고, SNS는 브랜드의 스토리를 전달하는 창구가 된다.

스마트스토어는 여전히 강력한 플랫폼이다. 검색 기반 유입이 존재하고, 네이버 쇼핑과 연동되며, 신뢰도 측면에서도 안정적이다. 다만 이미 고인물화된 쇼핑 플랫폼 생태계에서는 상품만 올려서는 성과를 내기 어렵다는 사실을 많은 셀러들이 체감하고 있다.

그래서 마이크로 브랜드는 SNS를 브랜드의 본진으로 활용한다. 인스타그램, 블로그, 숏폼 영상은 직접 판매를 위한 공간이라기보다, 브랜드를 노출하고 기억시키는 공간이다. 작은 브랜드일수록 대규모 광고비를 쓰기 어렵다. 대신 콘텐츠를 쌓는다. 사용 장면을 보여주고, 제작 과정을 공유하고, 브랜드의 이야기를 만든다. 이 과정에서 공감이 생기고, 공감은 가격 경쟁을 무력화시키는 힘이 된다.

마이크로 브랜드의 접근법

마이크로 브랜드의 또 다른 장점은 자본 부담이 비교적 낮다는 점이다. 대량 재고를 쌓기보다 소량 제작과 반응 테스트를 반복하며 확장할 수 있다. 물론 시간이 필요하다. 브랜드는 하루 만에 만들어지지 않는다. 하지만 일단 고객층이 형성되면 반복 구매와 자발적 추천이 발생하고, 광고 의존도는 자연스럽게 낮아진다.

실제로 입대 준비물을 판매하던 한 셀러는 인스타 릴스 두 개로 좋아요 5,000개 이상을 받으며, 입대 준비물을 창업하게 된 스토리를 공개했다. 이 콘텐츠를 계기로 초기 판매에 성공했고, 비교적 빠르게 마이크로 브랜드로 자리 잡았다.

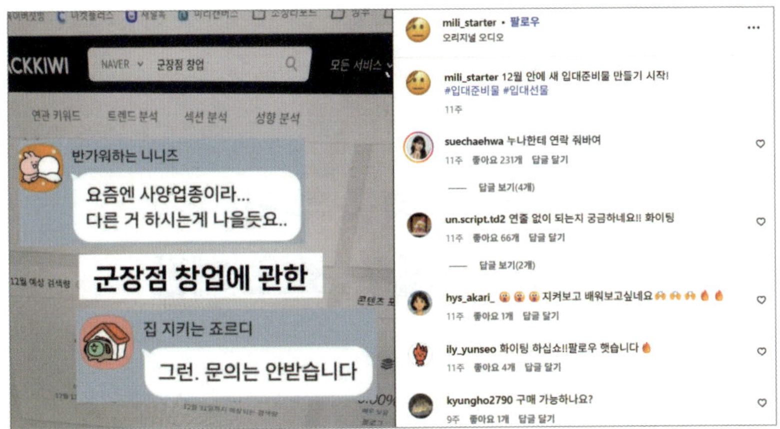

마이크로 브랜드의 SNS 활용 사례

결국 SNS 기반 마이크로 브랜드는 작게 시작해 브랜드로 확장하며 광고비를 절감하는 방식이다. 모두를 타깃으로 하지 않고, 일부에게 깊이 파고들어 공감대를 만든다. 입대 준비물 역시 입대를 앞둔 미필, 곰신 여자친구, 부모라는 명확한 타깃에게 공감을 얻으며 빠르게 확산되었다.

이 방식은 대기업과 정면으로 가격 경쟁을 벌이기보다, 취향과 스토리로 차별화해 성장한다. 부업의 관점에서 보면 무리한 확장이 아니라, 감당 가능한 규모로 브랜드 자산을 쌓아가는 전략이다. 요즘 부업에서 중요한 것은 무엇을 파는가가 아니라, 어떤 스토리로 기억되는가다.

콘텐츠 자동 수익:
블로그, 스레드, 쇼츠 기반

부업의 형태는 빠르게 바뀌고 있다. 과거에는 물건을 직접 사고팔아야 수익이 났다면, 이제는 콘텐츠 자체가 자산이 되는 구조가 만들어지고 있다. 블로그, 스레드, 쇼츠 같은 플랫폼을 기반으로 한 콘텐츠 자동 수익 모델이 대표적이다.

콘텐츠 자동 수익의 핵심은 단순하다. 내가 시간을 들여 만든 글과 영상이 24시간 나를 대신해 일하도록 만든다. 한 번 올린 블로그 글은 검색을 통해 꾸준한 유입을 만들고, 그 안에 연결된 링크를 통해 수익이 발생한다. 한 번 제작한 쇼츠 영상은 알고리즘을 타고 반복 노출되며 팔로워 증가와 구매 전환으로 이어진다. 노동을 반복하는 구조가 아니라, 기록이 누적되는 구조다.

블로그는 여전히 강력한 검색 자산이다. 검색을 통해 들어오는 트래픽은 즉각적인 반응보다 장기적인 축적에 강점이 있다. 특정 주제에 대해 글이 쌓이면 그 영역에서 신뢰가 형성되고, 신뢰는 전환으로 이어진다. 무엇보다 중요한 점은 한 번 쓴 글이 계속 노출된다는 구조다.

이런 블로그에서 확장된 플랫폼이 네이버 프리미엄 콘텐츠다. 네이버 프리미엄 콘텐츠는 수익형 블로그의 확장 형태로, 구독형·단건 판매형 구조를 갖는다. 콘텐츠가 쌓일수록 구독자가 늘어나는 방식이다.

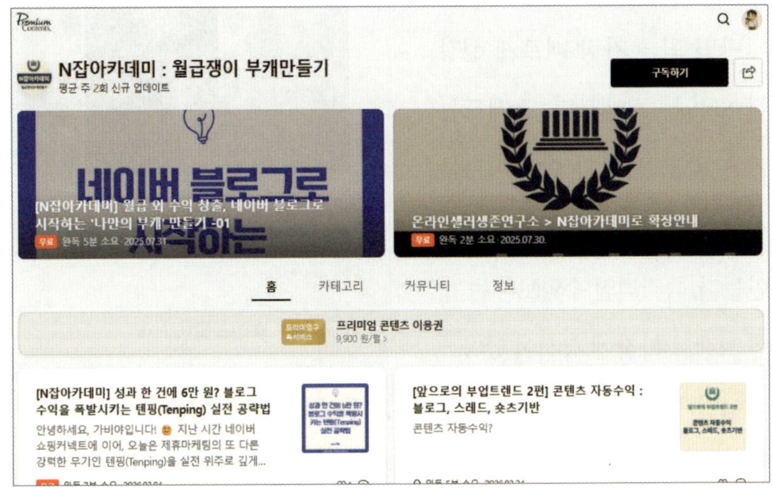

네이버 프리미엄 콘텐츠 채널

콘텐츠형 수익 모델만이 전부는 아니다. 블로그 기반 수익에는 또 하나의 축이 있다. 바로 제품 홍보형 수익형 블로그다. 이 구조는 단순히 정보를 제공하고 광고비를 받는 방식이 아니다. 쇼핑 플랫폼과 크리에이터가 직접 연결되어, 상품 판매 수수료를 나누는 구조다.

대표적인 예가 쿠팡 파트너스다. 블로거가 특정 상품 링크를 삽입하고, 독자가 그 링크를 통해 구매하면 일정 비율의 수수료를 받는다. 네이버의 경우 브랜드 커넥트를 활용할 수 있다. 브랜드와 크리에이터를 연결해 제품 협찬, 체험 리뷰, 성과형 캠페인을 진행하는 구조다. 고정 광고비를 받는 방식도 있지만, 판매 성과에 따라 수익이 달라지는 모델이 점점 늘고 있다.

블로그에 하루 300명, 500명이 방문한다면 그중 일부는 이미 구매

의도가 있는 사람이다. 이때 제품 링크가 자연스럽게 연결되어 있으면 수익으로 이어진다.

반면 최근 가장 빠르게 성장한 SNS는 스레드다. 스레드는 짧은 글로 생각과 인사이트를 공유하며 빠른 반응과 확산을 만든다. 즉각적인 수익보다는 개인 브랜드 확장에 강점이 있다.

스레드 활용 사례

이렇게 형성된 개인 브랜드는 다른 플랫폼으로 확장된다. 콘텐츠 자동 수익은 하나의 플랫폼에 의존하지 않는다. 블로그, 스레드, 인스타그램, 유튜브가 연결될 때 시너지가 발생한다.

쇼츠는 유튜브와 인스타그램, 틱톡 알고리즘을 활용한 확산 도구다. 짧고 강한 메시지를 반복 노출하며 새로운 유입을 만든다. 특히 제품 사용 장면, 전후 비교, 핵심 팁 정리 콘텐츠는 짧을수록 효과가 크다.

쇼츠 활용 사례

쇼츠 하나가 터지면 팔로워 수와 방문자 수가 단기간에 늘어난다. 이 유입을 블로그나 스마트스토어로 연결하면 자연스럽게 매출로 이어진다.

콘텐츠 자동 수익의 장점은 재고가 없고, 물류가 없으며, 리스크가 낮다는 점이다. 대신 꾸준함이 필요하다. 초기에는 반응이 거의 없을 수 있다. 그러나 일정 수량 이상이 쌓이면 복리처럼 작동한다. 10개의 글보다 100개의 글이, 10개의 영상보다 100개의 영상이 기회를 만든다. 그래서 콘텐츠 수익에서는 실행보다 기록이, 노동보다 축적이 중요하다.

워케이션 부업:
장소에 구애받지 않는 부업

부업의 형태는 점점 가벼워지고 있다. 과거의 부업은 퇴근 후 어딘가로 이동해 몸을 쓰는 일을 떠올리게 했다. 매장을 지키거나, 재고를 정리하거나, 현장에 직접 있어야만 돌아가는 구조가 대부분이었다. 하지만 디지털 기반 플랫폼이 확산되면서 이제는 장소에 구애받지 않는 부업이 현실이 되었다.

바로 워케이션 부업이다. 워케이션은 워크(Work)와 베케이션(Vacation)의 결합으로, 여행지나 다른 도시에서도 노트북 하나로 일을 이어갈 수 있는 구조다. 여기서 포인트는 여행 자체가 아니라 자유다. 사무실이나 매장에 묶이지 않고, 원하는 장소에서 수익 활동을 지속할 수 있는 구조가 핵심이다.

이 모델이 가능한 이유는 일의 형태가 바뀌었기 때문이다. 스마트스토어 운영, 쿠팡 셀링, 콘텐츠 제작, 제휴 마케팅, 전자책 판매, 온라인 강의 등은 대부분 온라인으로 관리된다. 물류는 3PL이나 풀필먼트를 활용하면 되고, 고객 응대 역시 시스템화가 가능하다.

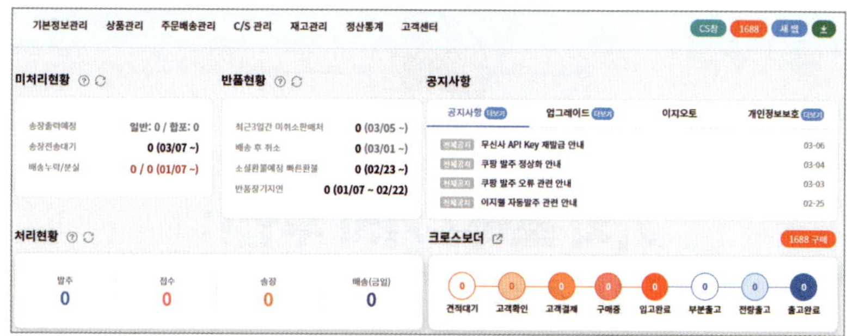

현재 사용중인 3PL을 통한 자동 발주 시스템

블로그 글 작성, 쇼츠 편집, 스레드 운영은 노트북과 인터넷만 있으면 충분하다. 결국 핵심은 하나다. '내가 현장에 꼭 있어야 하는가'라는 질문이다. 워케이션 부업의 가장 큰 장점은 시간과 공간에 대한 선택권이다.

예를 들어 평일 낮에는 카페에서 콘텐츠를 만들고, 주말에는 지방 소도시에서 일하면서도 매출을 유지할 수 있다. 가족과 여행을 가서도 하루 1~2시간만 투자해 운영이 가능한 구조라면, 삶의 밀도는 훨씬 높아진다. 수익이 곧 장소 이동의 자유를 만들어주는 셈이다.

다만 워케이션이 가능하려면 전제가 있다. 부업이 시스템화되어 있어야 한다. 주문이 들어올 때마다 직접 포장해야 하거나, 매장에 상시 상주해야 하는 업종이라면 사실상 어렵다. 그래서 워케이션 부업에서는 '무엇을 할 것인가'보다 '어떻게 구조를 만들 것인가'가 더 중요하다.

결국 부업은 점점 가벼워지고 있다. 장소에 구애받지 않는 부업은 자유를 주지만, 그 자유는 준비된 시스템 위에서만 가능하다. 일하는 장소가 바뀌어도 수익이 유지되는 상태, 그것이 워케이션 부업의 본질이다.

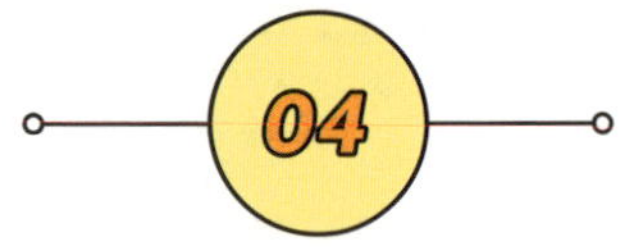

가치 소비? 가치 부업!:
내 삶에서 나온 부업

과거의 부업은 늘 같은 질문에서 출발했다. 무엇이 잘 팔릴까. 유행 상품은 무엇일까. 마진은 얼마나 남을까. 경쟁은 치열하지 않을까.

하지만 이렇게 시작한 부업은 오래가기 어렵다. 유행이 꺾이면 함께 흔들리고, 흥미가 사라지면 지속하기 힘들다. 반면 내 삶에서 출발한 부업은 다르다. 이미 내가 관심을 가지고 있고, 시간을 쓰고 있으며, 경험을 축적해온 영역에서 시작하기 때문이다.

육아를 하며 느낀 불편함, 운동하며 찾은 제품, 농업하며 겪은 시행착오, 온라인 셀러로서 부딪힌 현실적인 문제들. 이런 지점에서 출발한 부업은 단순한 판매가 아니라 문제 해결이 된다. 예를 들어 단순히 수영용품을 파는 셀러가 아니라, 직접 수영을 하며 느꼈던 불편함을 개선한 제품을 만든다면 이야기는 달라진다. 고객은 물건을 사는 것이 아니라, 실제 경험에서 나온 해결책을 산다. '이 판매자는 진짜 써본 사람이구나'라는 신뢰가 자연스럽게 붙는다.

이것이 가치 부업이다. 가치 부업의 핵심은 진정성이다. 트렌드를 좇지 않고, 내가 살아온 시간을 자산으로 전환하는 방식이다. 그래서 설명이 자연스럽고, 콘텐츠가 억지스럽지 않다. 억지로 광고 문구를 만들어내지 않아도, 경험을 풀어내는 접근만으로 충분하다.

가치 부업의 또 하나의 장점은 지속 가능성이다. 관심 없는 상품은 매출이 흔들리는 순간 금방 지친다. 하지만 내 삶과 연결된 영역은 쉽게 포기하지 않는다. 더 깊이 공부하게 되고,

스레드 내 셀러들의 제품 제작 이야기

고객의 피드백도 진지하게 받아들이게 된다. 그 과정에서 브랜드가 만들어진다.

가치 부업은 규모가 클 필요가 없다. 오히려 작아도 선명해야 한다. 모두를 타깃으로 삼기보다, 나와 비슷한 사람을 타깃으로 한다. 그 안에서 공감이 생기면 가격 경쟁에서 벗어날 수 있다. 결국 중요한 질문은 하나다. 이 부업이 내 삶과 연결되어 있는가다.

가치 소비가 상품의 브랜드를 만들었다면, 가치 부업은 나라는 브랜드를 만든다. 내가 경험한 문제, 내가 축적한 시간, 내가 중요하게 여기는 기준. 그 안에서 출발한 부업은 단순한 돈벌이가 아니라 삶의 연장이 된다. 유행을 좇는 부업보다 내 삶에서 나온 부업이 더 오래간다.

이중 아이덴티티:
직장에서 나와 다른 부업

나는 사회복지 관련 회사에 다녔다. 직급이 있고, 역할이 있고, 책임 범위가 명확했다. 아침 9시부터 저녁 6시까지는 조직의 방향에 맞춰 움직인다. 정해진 시스템 안에서 주어진 역할을 수행한다.

하지만 퇴근 후 부업을 시작하면 또 다른 내가 등장한다. 기획하고, 결정하고, 그 결과에 스스로 책임지는 1인 회사의 대표다. 작은 브랜드의 운영자이자 마케터이고, 때로는 CS 담당자이기도 하다.

이것이 나의 이중 아이덴티티다. 많은 직장인이 부업을 통해 단순히 수입만 늘리는 것은 아니다. 회사 안에서는 쓰지 못했던 역량을 꺼내고, 다른 성향의 나를 실험한다. 조직 안에서는 안정적인 관리자일 수 있지만, 회사 밖에서는 도전적인 창업자가 될 수 있다. 이러한 이중 구조는 생각보다 강력하다.

첫째, 심리적인 안전장치가 된다. 직장은 고정 수입인 월급을 준다. 부업은 또 다른 수입 가능성을 만든다. 둘 중 하나가 흔들려도 삶 전체가 무너지지 않는 구조가 된다.

둘째, 관점이 확장된다. 직장에서 배운 시스템 사고와 업무 프로세스는 부업에서 그대로 자산이 된다. 반대로 부업을 통해 익힌 마케팅 감각과 고객 응대 경험은 직장에서도 차별화된 역량으로 작동한다.

셋째, 정체성이 넓어진다. "나는 회사원이다"라는 문장은 "나는 회사원이면서, 회사 밖에서는 모텔을 운영한다"로 바뀐다. 이 차이는 자존감과 선택의 폭에 큰 영향을 준다.

물론 이중 아이덴티티는 쉽지 않다. 시간은 늘 부족하고, 체력은 한정돼 있다. 회사 일과 부업이 충돌할 때 균형을 잡아야 한다. 회사를 탈출하기 위한 수단으로만 부업을 바라보면 현재의 직장이 더 버거워진다. 반대로 부업을 가벼운 취미로만 대하면 성장은 멈춘다.

결국 부업은 또 다른 직업을 갖는 일이 아니다. 또 다른 나를 만들어가는 과정이다. 이중 아이덴티티는 회사 밖에서 나를 다른 캐릭터로 확장시킨다. 그리고 그 확장은 생각보다 삶을 단단하게 만든다.

4장

부업에도 전략이
필요한 이유

유행 따라 하면
늦는다

부업에도 분명한 유행이 있다. 진입은 가볍고, 관심은 빠르게 몰린다. 문제는 대부분의 사람이 이미 한 박자 늦은 유행을 보고 움직인다는 점이다. "남들이 돈 번다더라", "유튜브에서 수익 난다더라", "카페에 수익 인증이 올라온다더라." 이런 신호를 보고 부업을 시작하지만, 그 시점에 시장은 이미 다음 단계로 이동해 있다. 유행은 늘 체감보다 빠르게 변한다. 그렇다면 실제로 부업의 유행은 어떻게 이동해 왔을까.

외국인도시민박업과
고시원의 교차점: 모텔업

에어비엔비에 대한 규제가 본격적으로 강화되면서, 그동안 암묵적으로 운영되던 불법 숙소들이 하나둘씩 퇴출되기 시작했다. 단속과 신고가 늘어나고, 플랫폼 역시 숙소 검증을 강화했다. 기존의 편법 구조는 더 이상 유지되기 어려워졌다. 공유숙박을 운영하던 호스트들은 선택의 기로에 섰다.

이 시점에서 가장 먼저 주목받은 업종이 외국인도시민박업이었다. 제도권 안에서 합법적으로 운영할 수 있고, 기존 에어비엔비 운영 경험을 비교적 수월하게 전환할 수 있는 모델이었기 때문이다. 동시에 '삼삼엠투' 같은 단기임대 플랫폼으로 수요가 분산 이동하기도 했다. 공유숙박 수요가 사라진 것이 아니라, 규제를 피해 이동한 것이다.

하지만 외국인도시민박업은 생각보다 단순하지 않았다. 가장 큰 제약은 전입신고 요건이었다. 원칙적으로 호스트가 해당 주소지에 전입해 실제 거주해야 했고, 이로 인해 1명의 호스트가 운영할 수 있는 숙소는 사실상 1개로 제한됐다. 과거처럼 다수의 숙소를 레버리지로 운영하던 방식과는 결이 달랐다. 기대수익이 낮아질 수밖에 없는 구조였다.

그럼에도 불법 숙소가 대거 퇴출되자 공급은 줄었고, 합법 모델에 대한 수요는 오히려 급증했다. 이 과정에서 가족 명의 활용이라는 우회 전략이 빠르게 확산됐다. 배우자나 부모, 형제 명의를 활용해 1인 1숙소 구조를 여러 개 쌓는 방식이다. 제도는 1인을 상정했지만, 현실에서는 가족 단위 다중 운영이 이루어졌다.

수요가 몰리자 또 다른 현상이 나타났다. 외국인도시민박업 허가 자체에 권리금이 붙기 시작했다. 이미 허가가 나 있고 운영 이력이 있는 숙소가 프리미엄을 형성하며 거래됐다. 규제가 진입장벽이 되면서 허가가 자산처럼 취급되기 시작했다.

여기에 2023년 미국의 본격적인 금리 인상이 겹쳤다. 글로벌 금리 상승은 국내 월세 시장에도 영향을 미쳤고, 서울·수도권의 원룸과 오피스텔 월세가 빠르게 올랐다. 기존에 신축 오피스텔이나 비교적 쾌적한 주거지에 살던 세입자들이 부담을 느끼기 시작했고, 주거 수요는 한 단계

아래로 이동했다. 오피스텔에서 빌라로, 빌라에서 고시원으로 내려가는 흐름이었다.

특히 서울 주요 지역의 프리미엄 고시원은 예상 외의 수요 폭증을 겪었다. 신촌, 홍대, 강남처럼 직장과 대학이 밀집한 지역에서는 방이 빠르게 소진됐고, 월세를 올려도 공실이 나지 않았다. 수익률이 개선되자 투자 수요가 붙었고, 고시원 역시 허가와 운영 이력이 붙은 매물에 권리금이 상승하기 시작했다.

이 시점에서 외국인도시민박업과 고시원, 두 수익 모델의 권리금이 동시에 과열되자 새로운 대안이 유행처럼 떠올랐다. 바로 모텔 인수였다. 모텔은 고시원보다 객단가가 높고, 외국인도시민박업보다 규제 구조가 단순했다. 기존 숙박업 허가를 활용하면서 리모델링과 콘셉트 전환으로 수익을 끌어올릴 수 있다는 기대가 더해졌다. 여기에 유튜브 콘텐츠의 영향도 컸다. 여러 크리에이터들이 모텔업, 한옥 스테이, 소형 숙박업 리모델링 사례를 집중적으로 다루며 실제 수익과 매각 차익 사례를 확산시켰다.

그 결과, 외국인도시민박업과 고시원으로 몰렸던 자금 일부가 모텔로 이동했다. 유행에 발 빠르게 진입한 사람들은 서울 주요 입지의 모텔을 선점했다. 규제가 공급을 줄이고, 금리가 수요를 이동시키고, 유튜브가 심리를 자극하면서 시장은 또 한 번 방향을 틀었다.

나 역시 이 흐름 한가운데에 있었다. 외국인도시민박업과 고시원의 권리금이 오르는 현상을 보며 자연스럽게 시선은 모텔과 한옥으로 옮겨갔다. 서울과 경기 지역의 오래된 모텔 매물을 직접 찾아다니며, 중개업소에서 수익성 자료를 받고, 월 매출과 고정비 구조를 분석했다. 현장에 가서 상권과 동선을 직접 확인했다.

생각보다 매물은 많지 않았고, 발 빠른 사람들이 이미 움직이고 있었다. 괜찮아 보이는 매물은 오래 시장에 남아 있지 않았다. 다음 날 연락하면 이미 계약이 진행 중이라는 답을 듣는 일이 반복됐다.

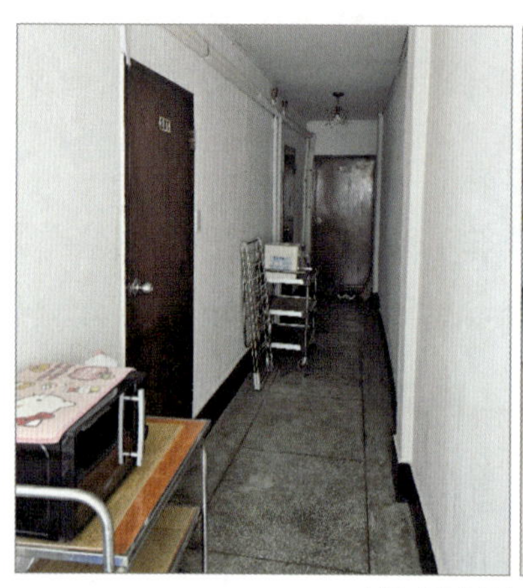

서울, 경기지역 모텔 매물 임장

가장 인상 깊었던 경험은 종로의 한옥 매물이었다. 오전에 권리금 4,000만 원으로 소개받았고, 입지와 구조가 나쁘지 않다고 판단했다. 현장을 확인하고 돌아왔는데, 오후에 중개사에게서 연락이 왔다. 이미 계약이 진행됐고, 권리금이 7,000만 원으로 올라갔다는 설명이었다. 반나절 만에 3,000만 원이 뛰어버렸다.

서울의 숙박업 매물이 빠르게 거래되는 모습을 직접 보며, 권리금이 순식간에 형성되는 과정을 체감했다. 외국인도시민박업과 고시원에서 이동한 자금, 유튜브의 성공 사례, 금리 인상으로 인한 주거 수요 이동이 한꺼번에 겹치면서 숙박업은 더 이상 단순한 운영 사업이 아니라 투자 자산처럼 다뤄지고 있었다.

이 장에서 말하고 싶은 핵심은 분명하다. 부업은 유행을 좇는 순간 이미 늦다. 전략 없이 들어가면, 시장의 마지막 사람이 되기 쉽다.

네이버 스마트스토어에서 쿠팡으로, 배달의민족에서 쿠팡이츠로

코로나 이전까지만 해도 온라인 쇼핑의 중심은 네이버였다. 네이버 검색 유입은 강력했고, 블로그·카페·지식인이 유기적으로 연결되는 구조 덕분에 스마트스토어의 점유율은 상당히 높았다. 소비자는 네이버에서 검색하고, 비교하고, 후기를 읽은 뒤 구매하는 흐름에 익숙했다. 셀러 입장에서도 키워드 선점, 리뷰 관리, 상세 페이지 완성도가 핵심 경쟁력이었다.

하지만 코로나 시기를 거치며 소비자의 행동 패턴이 빠르게 바뀌었다. 외출이 줄고 온라인 주문이 폭증하자, 사람들은 점점 빠름에 익숙해졌고 기다림을 불편해하기 시작했다. 스마트스토어는 판매자마다 배송 속도가 달랐다. 당일 출고부터 2~3일, 해외배송은 일주일 이상 걸리기도 했다. 이 차이는 점차 컴플레인으로 이어졌다.

쿠팡은 '내일배송'이라는 명확한 기준을 제시했다. 로켓 스티커가 붙어 있으면 내일 도착한다는 확신을 줬다. 이전까지 구매 결정의 핵심이 가격, 리뷰, 상품 페이지였다면, 쿠팡 이후에는 배송 속도가 결정적인 변수로 떠올랐다.

셀러들은 곧 체감했다. 같은 상품을 네이버 스마트스토어와 쿠팡에 동시에 올렸을 때, 쿠팡 쪽 매출이 더 빠르게 올라가기 시작했다. 소비자의 플랫폼 점유율이 서서히 이동하고 있다는 신호였다. 유행에 빠른 셀러들은 재빨리 쿠팡에 입점했고, 특히 로켓배송 계약을 따낸 셀러들은 물류 경쟁력을 앞세워 매출을 키웠다. 반면 뒤늦게 진입한 셀러들은 로켓배송 진입 자체가 어려웠고, 이미 선점한 셀러들이 카테고리를 장악한 뒤였다.

최근에는 또 다른 흐름도 보인다. 알리, 테무 등 중국 플랫폼 입점이 새로운 유행처럼 번지고 있다. 낮은 가격과 공격적인 프로모션, 글로벌 직구 구조가 다시 한 번 시장의 판을 흔들고 있다. 플랫폼은 계속 바뀌지만, 빠르게 들어간 사람과 늦게 따라간 사람의 결과는 반복적으로 갈린다.

이 구조는 온라인에만 국한되지 않는다. 오프라인에서도 동일하게 나타났다. 내가 커피 매장을 운영하던 시절, 쿠팡이츠가 막 오픈했을 때가 있었다. 당시 대부분의 매장은 배달의민족에만 의존하고 있었고, 쿠팡이츠 입점 매장은 거의 없었다. 배달의민족은 판매자와 소비자 모두 배달비를 부담하는 구조였지만, 쿠팡이츠는 소비자 배달비 무료 이벤트를 공격적으로 진행하며 빠르게 고객을 확보했다.

나는 비교적 빠르게 쿠팡이츠에 입점했다. 초기에는 경쟁이 거의 없었고, 광고를 하지 않아도 자연스럽게 노출이 이루어졌다. 매출은 빠르게 올라갔고, 어떤 날은 배달의민족보다 쿠팡이츠 매출이 더 높게 나오는 경험도 했다. 플랫폼 성장 초기에 들어갔다는 이유만으로 얻은 혜택이었다.

하지만 지금은 상황이 완전히 달라졌다. 쿠팡이츠의 점유율이 높아지면서 입점 요식업체도 폭발적으로 늘었다. 유행 초기에 진입한 사장님들은 이미 수백, 수천 개의 리뷰를 쌓아 상위 노출이 안정적으로 유지된다. 반면 뒤늦게 들어온 사장님들은 노출을 위해 광고비를 써야 한다. 같은 플랫폼, 같은 지역이지만 출발 시점에 따라 체감 난이도는 극명하게 달라진다.

결국 플랫폼의 변화는 항상 기회를 만든다. 그러나 그 기회는 오래 열려 있지 않다. 네이버에서 쿠팡으로, 쿠팡에서 알리와 테무로, 배달의민족에서 쿠팡이츠로의 변화처럼 말이다. 유행은 반복되지만, 선점의 차이는 시간이 지날수록 더 크게 벌어진다.

내 상황·자본·시간에
맞는 선택이 핵심

부업이든 창업이든 결국 중요한 기준은 아이템이 아니라 내 조건이다. 나는 한때 사당역에서 부업으로 커피집을 운영했다. 하루 유동인구가 많아 겉으로 보기엔 꽤 괜찮은 자리였다.

문제는 매출이 아니라 운영 구조였다. 예술대 근처라 아르바이트 지원자는 대부분 예술대생이었다. 처음에는 장점처럼 보였다. 인건비 부담이 크지 않았고, 시간대도 맞춰 근무할 수 있다고 했다. 하지만 현실은 달랐다. 늦잠으로 인한 지각, 당일 갑작스러운 결근, 시험 기간 잠수, 연락 두절이 반복됐다.

카페는 사람이 없으면 문을 열 수 없다. 재고가 부족해도, 매출이 적어도 일단 문은 열어야 한다. 그러나 알바가 펑크 나면 선택지는 둘 중 하나였다. 가게 문을 닫거나, 내가 직접 나가야 했다.

나는 회사를 다니면서 가게를 운영했다. 알바가 갑자기 못 나온다는 연락이 오면 연차를 쓰고 가게로 뛰어간 적도 있었다. 반차를 내고 오픈만 해준 뒤 다시 회사로 복귀한 날도 있었다. 어떤 날은 회사 업무를 뺄 수 없어 아예 가게 문을 닫기도 했다.

문을 닫으면 그날 매출은 0원이다. 하지만 임대료와 인건비 같은 고정비는 그대로 나간다. 결국 회사 일에도 집중하지 못했고, 가게 역시 안정적으로 운영하지 못했다. 그렇게 나는 6개월 만에 커피집을 폐업했다.

발 급 번 호	폐 업 사 실 증 명 (법인사업자)		처 리 기 간
			즉 시
상 호 (법 인 명)			
사 업 자 등 록 번 호			
성 명 (대 표 자)			
주 민 (법 인) 등 록 번 호			
사 업 장 소 재 지			
업 태	음식점업/도매 및 소매업/음식점업/전문, 과학 및 기술서비스업		
종 목	커피 전문점/음·식료품 중개업/간이 음식 포장 판매 전문점/경영 컨설팅업		
개 업 일	2023년 07월 12일		
휴 업 기 간			
폐 업 일	2023년 12월 11일		

폐업사실증명서

폐업에는 여러 이유가 있었다. 하지만 돌이켜보면 가장 치명적이었던 이유는 이 일이 내 시간 구조와 맞지 않았다는 점이다. 부업이든 창업이든, 잘 되는 업종이 중요한 게 아니다. 내 자본, 내 시간, 내 성향에 맞는 구조인가가 핵심이다.

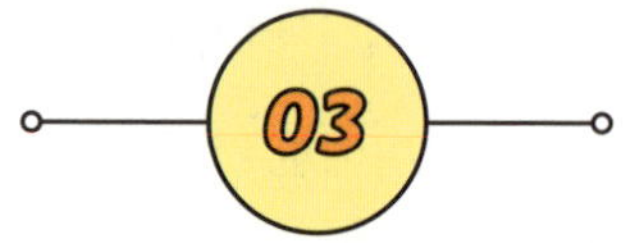

부업은 실행보다
설계가 먼저다

많은 사람은 부업을 시작할 때 "일단 해보자"라는 말부터 꺼낸다. 실행력이 중요하다는 말은 맞다. 하지만 여러 번의 경험을 거치며 나는 하나를 분명히 느꼈다. 부업은 실행이 빠른 사람이 이기는 게임이 아니라, 설계를 먼저 한 사람이 오래 가는 구조라는 점이다.

실행 자체는 생각보다 어렵지 않다. 사업자 등록은 하루면 되고, 스마트스토어도 몇 시간이면 개설된다. 상품을 소싱해 올리고 광고를 돌리는 단계까지는 누구나 할 수 있다. 문제는 그다음이다. 왜 이 상품을 선택했는지, 이 구조가 내 자본과 시간에 맞는지, 광고비를 포함한 실제 마진은 얼마인지, 이 모델이 6개월 뒤에도 유지 가능한지에 대한 고민 없이 시작하면 실행은 곧 노동이 된다. 매출이 조금만 흔들려도 불안해지고, 광고비가 오르면 구조가 무너진다. 그때 가서 방향을 바꾸려 하면 이미 에너지는 상당히 소진된 상태다. 하나의 상품을 소싱하더라도, 키워드와 판매 데이터부터 충분히 분석한 뒤 진입해야 한다.

오프라인 사업도 마찬가지다. 가게를 시작한다면 주변 상권, 실제 유동인구의 연령대, 소비 시간대까지 모두 파악해야 한다. 나는 여러 부업을 거치며 이 사실을 뼈저리게 배웠다. 카페를 시작할 때 나는 실행은 충분히 했다. 가게를 운영했고, 마케팅도 했고, 인력도 구했다. 하지만 사전 조사가 부족했다. 회사를 다니면서도 현장에 상시 붙어 있어야 하는 업종을 선택했고, 인력 리스크가 큰 대학가 상권에서 안정적인 운영 구조를 만들지 못했다. 매출이 문제가 아니라, 내 시간 구조와 맞지 않는 선택이 누적된 결과였다. 실행은 했지만 구조는 불안정했다. 그 차이가 결국 폐업으로 이어졌다.

이후 파티룸을 운영할 때는 달랐다. 충분한 수요 조사를 했고, 무인화를 전제로 구조를 설계했다. 그 결과 당시 지역에서 예약률 1위 파티룸을 만들 수 있었고, 인건비와 운영비를 최소화해 순수익을 높게 가져갈 수 있었다.

부업은 단거리 경주처럼 보이지만 실제로는 체력전이다. 특히 직장인이 하는 부업은 더 그렇다. 시간은 제한돼 있고, 집중력은 분산돼 있다. 이런 조건에서 실행부터 앞세우면 결국 몸으로 때우는 구조가 된다. 반면 설계를 먼저 하면 선택이 정리된다. 재고를 최소화할지, 물류를 외주화할지, 콘텐츠를 쌓아 자산형 구조로 갈지 같은 방향이 초기에 결정된다. 그러면 중간에 흔들려도 기준이 생긴다.

실행은 마지막 단계다. 자기 조건을 점검하고, 자본과 시간을 계산하고, 최악의 상황까지 가정한 뒤에 실행해야 한다. 대부분은 이 과정을 건너뛰고 바로 시작한다. 그래서 지치고, 흔들리고, 부업이 어렵다고 말한다. 하지만 부업이 어려운 것이 아니라, 설계 없이 시작했기 때문에 어려워진 것이다. 실행은 누구나 할 수 있지만, 설계는 고민한 사람만 할 수 있다.

이제부터는 단순한 이론이 아니라 사람 이야기다. 직장에서 퇴근한 뒤 시작된, 평범한 직장인들의 부업에 관한 현실적인 기록이다. 회사에서 하루를 보내고 집으로 돌아오는 길, 휴대폰을 켜고 "이렇게 10년을 더 다닐 수 있을까"를 고민하던 사람들. 누군가는 스마트스토어를 열었고, 누군가는 에어비엔비를 오픈했고, 또 누군가는 블로그에 글을 쓰기 시작했다. 온라인 셀러, 에어비엔비·모텔 운영, 수익형 블로그. 모델은 달랐지만 질문은 같았다.

"이건 내 시간과 자본에 맞는 부업인가?"

다음 장부터는 그 질문에 답해간 사람들의 이야기를 풀어보려 한다. 특별한 성공담이 아니라, 월급은 그대로인데 물가는 오르는 현실 속에서 몸으로 버티는 부업이 아니라 구조로 버티는 부업을 선택한 평범한 회사원들의 기록이다. 그들은 어디서 흔들렸고, 어떻게 체계화했으며, 결국 어떤 수익 구조를 만들었는지 하나씩 짚어볼 것이다.

5장

부업을 시작할 때 놓치지 말아야 할 기본 세팅

제경비와 세금은
나중에 생각해야 한다는 착각

부업을 시작하는 대부분의 사람들은 같은 순서로 생각한다.

"일단 매출부터 만들자."

수익이 없는데 세금을 고민하는 일은 의미 없어 보이기 때문이다. 하지만 실제로 운영해보면, 세금은 마지막에 생각할 문제가 아니라 처음부터 구조 안에 포함되어야 할 요소임을 깨닫게 된다.

많은 사람이 매출이 늘어나면 수익도 함께 늘어난다고 생각한다. 하지만 실제로는 매출이 증가할수록 매입과 절세 전략의 차이가 더 크게 벌어진다. 특히 온라인 셀러 구조에서는 이 차이가 명확하다. 예를 들어 쿠팡에서 10,000원에 상품을 판매한다고 가정해보자. 10,000원이 그대로 수익이 되는 것은 아니다.

- 플랫폼 수수료
- 배송비 및 물류비
- 상품 매입 단가
- 포장비
- 부가세

이 모든 비용을 제외하고 나서야 실제 마진이 나온다. 이 과정을 정확히 계산하지 않으면, 겉으로 보이는 매출과 실제 남는 금액 사이에 큰 차이가 생긴다. 10,000원짜리 상품이 실제로는 1,000~2,000원 남는 구조인 경우도 많다 . 마진율로 보면 10~20% 수준이다.

그래서 이 구조에서는 매출이 아니라 마진율이 핵심이다. 구조를 이해한 사람은 두 가지를 먼저 고민한다. 매출을 늘리는 것과 매입 단가를 낮추는 것이다. 매출은 규모의 문제이고, 매입 단가는 효율의 문제다. 같은 상품을 더 낮은 단가로 공급받을 수 있다면, 같은 매출에서도 순수익은 크게 달라진다. 결국 좋은 사업은 매출이 큰 사업이 아니라 순수익이 높은 사업이다.

상품명	판매가	상품원가	지불배송비	포장비용	수수료	수수료(원)	총 수수료	부가세	판매마진	판매마진율	최종마진	최종 마진율
A	9,900	2,450	2,350	1,750	0.11	1,089	5,189	226	2,035	21%	1,730	17%
	9,900	2,730	2,350	1,750	0.11	1,089	5,189	198	1,783	18%	1,515	15%
B	9,800	1,645	2,350	1,750	0.11	1,078	5,178	298	2,679	27%	2,277	23%
	16,800	3,290	2,350	1,750	0.11	1,848	5,948	756	6,806	41%	5,785	34%
C	19,800	8,300	2,350	1,750	0.11	2,178	6,278	522	4,700	24%	3,995	20%
D	16,900	6,700	2,350	1,750	0.11	1,859	5,959	424	3,817	23%	3,244	19%
E	12,800	3,500	2,350	1,750	0.11	1,408	5,508	379	3,413	27%	2,901	23%
F	7,300	185	2,350	1,750	0.11	803	4,903	221	1,991	27%	1,693	23%
G	7,500	600	2,350	1,750	0.11	825	4,925	198	1,778	24%	1,511	20%
H	29,800	11,200	2,350	1,750	0.11	3,278	7,378	1,122	10,100	34%	8,585	29%
	38,100	17,500	2,350	1,750	0.11	4,191	8,291	1,231	11,078	29%	9,416	25%
	58,800	31,500	2,350	1,750	0.11	6,468	10,568	1,673	15,059	26%	12,800	22%
I	9,900	1,960	2,350	1,750	0.11	1,089	5,189	275	2,476	25%	2,105	21%
J	8,800	1,960	2,350	1,750	0.11	968	5,068	177	1,595	18%	1,356	15%
	14,800	3,920	2,350	1,750	0.11	1,628	5,728	515	4,637	31%	3,941	27%
K	13,500	3,045	2,350	1,750	0.11	1,485	5,585	487	4,383	32%	3,726	28%
L	9,800	2,608	2,350	1,750	0.11	1,078	5,178	201	1,813	19%	1,541	16%
M	18,700	5,600	2,350	1,750	0.11	2,057	6,157	694	6,249	33%	5,311	28%
N	18,500	5,215	2,350	1,750	0.11	2,035	6,135	715	6,435	35%	5,470	30%
O	22,900	8,750	2,350	1,750	0.11	2,519	6,619	753	6,778	30%	5,761	25%
	10,900	2,800	2,350	1,750	0.11	1,199	5,299	280	2,521	23%	2,143	20%
P	21,500	8,680	2,350	1,750	0.11	2,365	6,465	636	5,720	27%	4,862	23%
Q	19,500	7,350	2,350	1,750	0.11	2,145	6,245	591	5,315	27%	4,517	23%
R	14,500	4,480	2,350	1,750	0.11	1,595	5,695	433	3,893	27%	3,309	23%

로켓그로스 입고 상품 최종마진율 계산표

세금은 구조의 일부

여기에 세금이 더해진다. 직장인이 사업자등록을 하고 사업소득이 발생하면, 반드시 종합소득세 신고 대상이 된다. 회사에서 연말정산을 해줘도 사업소득은 별도로 신고해야 한다. 신고하지 않으면 가산세가 발생할 수 있다.

사업소득은 순수익 기준으로 과세된다. 따라서 매입비, 배송비, 광고비, 포장비 등 사업 관련 비용을 정확히 처리해야 한다. 특히 청년창업자의 경우 세금 구조 이해는 더 중요하다. 청년 창업 세액감면 제도는 만 15세 이상 34세 이하 청년을 대상으로 하며, 병역 이행 기간은 최대 6년까지 추가 인정된다. 즉 병역을 이행한 경우 최대 만 40세까지 혜택 대상이 될 수 있다.

제조업, 통신판매업, 연구개발업 등 다양한 업종이 포함되며, 창업일로부터 5년간 소득세 또는 법인세를 감면받을 수 있다. (2026년 기준)

- 비수도권: 100% 감면
- 수도권 비과밀 지역: 75% 감면
- 수도권 과밀억제권역: 50% 감면

부가세와 종합소득세의 현실

사업자가 가장 기본적으로 관리해야 할 세금은 부가가치세다. 부가세는 사업자의 수익이 아니라, 고객이 낸 금액 중 잠시 보관하는 돈이다. 예를 들어 11,000원에 판매했다면 그중 1,000원은 국가에 납부해야 할 부가세다. 일반과세자는 1년에 두 번 납부한다.

- 1~6월 매출 → 7월 납부
- 7~12월 매출 → 다음 해 1월 납부

세금을 고려하지 않고 매출을 모두 사용해버리면, 납부 시기에 큰 부담이 된다. 여기에 매년 5월 종합소득세가 추가된다. 직원이나 외주를 쓰면 원천세도 발생한다. 사업자 등록 시 등록면허세, 통신판매업 등록 시 별도 등록면허세도 있다. 금액이 크지 않더라도, 사업자는 이런 세금 구조 안에서 운영된다.

기록이 곧 절세다

그래서 핵심은 비용을 쓰는 것이 아니라, 비용을 기록하는 것이다.

- 사업자카드 사용
- 홈택스 카드 등록
- 매입·비용 정리

이 기본만 지켜도 세금 구조는 완전히 달라진다. 소득세법 시행령 제55조에는 필요경비로 인정되는 항목이 명시되어 있다. 매입비, 임차료, 인건비, 차량유지비, 사업자대출 이자, 공과금, 접대비, 기부금 등은 필요경비로 인정된다. 단, 사업과 무관한 개인 지출은 경비처리가 되지 않는다. 적격증빙을 갖춘 비용 관리가 중요하며, 필요하다면 기장 세무사와 상담하는 것이 안전하다.

결국 부업은 '많이 파는 게임'이 아니다. 많이 남기는 구조를 설계하는 게임이다. 제경비와 세금을 이해하는 순간, 부업은 단순한 판매가 아니라 수익 구조 설계로 바뀌기 시작한다.

사업자등록 형태를 파악하자

부업을 시작하면 가장 먼저 고민하게 되는 한 가지가 사업자 형태다. 많은 사람이 "일단 사업자등록만 하면 된다"고 생각하지만, 사업자 형태에 따라 세금 구조, 책임 범위, 확장 가능성까지 완전히 달라진다.

사업자는 크게 개인사업자, 간이과세자, 법인사업자 이렇게 세 가지다.

개인사업자

가장 일반적인 형태다. 사업자와 개인이 법적으로 동일한 주체로 인정된다. 사업에서 발생한 수익은 개인 소득으로 간주되며 종합소득세가 부과된다.

장점은 간단하다는 것이다. 등록 절차가 쉽고, 유지 관리 부담도 적다. 초기 비용도 거의 없다. 온라인 셀러, 블로거, 통신판매업 등 대부분의 부업은 개인사업자로 시작한다. 초기 매출이 크지 않을 때는 세금 구조상 법인보다 유리한 경우도 많다.

하지만 단점도 분명하다. 사업상 책임이 개인에게 그대로 연결된다.

문제가 발생하면 개인 자산까지 책임 범위에 포함될 수 있다. 또한 종합소득세는 누진세이므로 수익이 커질수록 세율도 함께 올라간다.

간이과세자

간이과세자는 개인사업자의 한 형태로, 일정 매출 이하의 소규모 사업자에게 적용된다. 가장 큰 특징은 부가세 부담이 낮다는 점이다. 일반과세자는 매출의 10%를 기준으로 부가세를 계산하지만, 간이과세자는 업종별로 1.5~4%의 낮은 세율이 적용된다. 다만 매입액의 0.5%만 공제 가능하며, 직전연도 매출이 4,800만 원 미만인 경우 세금계산서를 발급할 수 없다.

연간 매출이 1억 400만 원 미만이어야 간이과세가 유지된다. 기준을 넘으면 일반과세자로 자동 전환된다. 초기 매출이 적은 부업 단계에서는 간이과세가 유리할 수 있지만, 확장 단계에서는 제약이 생길 수 있다.

부가가치세 사업자 구분

구분	기준 금액	세액 계산
일반과세자	1년간의 매출액 10,400만 원 이상	매출세액(매출액의 10%) - 매입세액 = 납부세액
간이과세자	1년간의 매출액 10,400만 원 미만	(매출액 × 업종별 부가가치율 × 10%) - 공제세액 = 납부세액 ※ 공제세액 = 매입액(공급대가) × 0.5%

법인사업자

법인은 개인과 사업이 완전히 분리된 구조다. 법인 명의로 수익이 발생하고, 법인 명의로 세금을 납부한다. 수익이 일정 규모 이상으로 커지면 세금 구조상 개인사업자보다 유리해질 수 있다. 또한 투자 유치, 계약, 확장 측면에서도 법인이 유리하다.

하지만 관리가 복잡하다. 회계와 세무가 더 체계적으로 관리되어야 하며, 대표자의 급여 구조도 중요하다. 대표가 법인에서 급여를 받으면 4대 보험이 적용된다. 이미 직장에 다니고 있다면 4대 보험 이중가입 상태가 되고, 이 사실이 기존 직장으로 통보될 수 있다.

그래서 직장인이 법인을 운영할 경우 대표자를 무급여로 설정하는 사례도 많다. 급여 대신 배당으로 수익을 가져가는 방식이다. 배당은 금융소득으로 분류되며 4대 보험 대상이 아니다. 다만 배당소득세 15.4%가 원천징수된다. 예를 들어 1,000만 원을 배당받으면 약 154만 원이 세금으로 빠지고, 실제 수령액은 약 846만 원이다. 일정 기준을 넘으면 종합과세 대상이 된다. 급여로 가져갈지, 배당으로 가져갈지는 개인 상황에 따라 다르므로 세무 전문가와 상담하는 편이 안전하다.

회사가 부업 사실을 알 수 있을까?

직장인이 가장 궁금해하는 질문이다. "회사에서 알 수 있을까?" 원칙적으로는 사업자등록 여부나 사업소득 발생 여부가 회사에 자동 통보되는 구조는 아니다. 사업자 정보는 국세청이 관리한다.

다만 예외는 있다. 대표 급여를 받으면서 4대 보험이 이중가입되면 관련 기관을 통해 확인될 수 있다. 또 하나는 건강보험료다. 부업 소득이 일정 기준을 넘으면 '보수 외 소득월액 보험료'가 부과된다. 이 보험료는 개인에게 직접 고지되며, 회사로 통보되는 구조는 아니다. 즉, 일반적인 경우 회사가 자동으로 부업 사실을 알 수 있는 시스템은 없다.

하지만 이해관계 충돌, 내부 감사, 동일 업종 경쟁 등의 문제가 발생하면 겸직 여부가 확인될 수 있다. 특히 회사 업무에 영향을 줄 수 있는 활동은 문제가 될 수 있다. 많은 경우 부업 사실은 구조적으로 드러나는 것이 아니라, 개인의 언급을 통해 알려진다. 가벼운 대화나 자랑에서 시작된다. 그래서 부업은 과시가 아니라 구조다. 조용히 설계하고, 조용히 확장하는 것이 가장 안정적이다.

2부

온라인 셀러 –
나만의 작은 쇼핑몰 만들기

1장

부업으로
온라인 시장에
뛰어들기

순수익 월 천 달성한
온라인 셀러의 시작

온라인 셀러란 말 그대로 온라인에서 물건을 파는 사람이다. 계정 하나를 만들고, 상품 하나를 올리는 일 자체는 생각보다 어렵지 않다. 실제로 여기까지는 많은 사람이 금방 도달한다. 문제는 그다음이다. 대부분은 이 지점에서 멈춘다. 어떻게 시작해야 하는지, 무엇을 팔아야 하는지에 대한 질문에 스스로 답하지 못해서다. 방법이 어려워서라기보다는, 방향을 잡지 못하는 경우가 훨씬 많다.

나와 아내가 부업으로 온라인 셀러 사업자를 세 개나 만들게 된 이유도 거창한 사업 계획 때문은 아니었다. 출발점은 아주 현실적인 이유였다. 결혼 이후의 생활 그리고 반복되는 일상이었다. 회사를 다니며 하루가 비슷한 패턴으로 흘러가다 보니 '이대로 몇 년을 더 보내도 괜찮을까'라는 생각이 자연스럽게 들었다. 적어도 주말만큼은 부부가 함께 즐길 수 있는 취미 하나쯤은 있어야겠다고 느꼈다.

당시 우리는 주말을 보내는 방식이 달랐다. 각자 따로 시간을 보내는 날이 잦아질수록, 함께 보내는 시간이 줄어 아쉬웠다. 신혼부부라면 한 번쯤 느껴봤을 감정이다. 우리도 다른 부부들처럼 함께 몰입할 수 있는 무언가를 찾고 싶었다. 그렇게 선택한 취미가 프리다이빙이었다.

아내와 함께 주말마다 프리다이빙 강습을 듣기 시작했고, 그 취미가 훗날 온라인 셀러라는 선택으로 이어질 것이라고는 그때는 전혀 생각하지 못했다. 하지만 대부분의 온라인 셀러가 그렇듯, 우리의 시작 역시 '돈을 벌기 위한 사업'이 아니었다. 삶 속에서 자연스럽게 시작된 경험이었다. 그리고 바로 이 지점이 많은 사람이 온라인 셀러를 어렵게 느끼는 이유이기도 하다.

온라인 셀러로 이어진 프리다이빙

프리다이빙 취미에서 시작한
온라인 셀러의 입문

프리다이빙은 우리 부부에게 충분히 매력적인 취미였다. 팀에 들어가 강습을 받고, 하나씩 기술을 익혀갈수록 자연스럽게 프리다이빙과 수영 장비에 관심이 생겼다. 장비를 꾸미는 소품들에도 눈이 갔다. 필요한 물건을 찾고, 직접 써보며 비교하는 과정 자체가 재미있었다.

직접 만들어본 프리다이빙 넥웨이트

당시 프리다이빙 시장은 매우 작았다. 국내에 정식으로 유통되는 제품이 많지 않았고, 선택지는 더욱 제한적이었다. 그래서 대부분의 프리다이버 동호회에서는 장비를 직접 만들어 쓰거나, 해외 제품을 구매 대행으로 들여오는 경우가 많았다. 원하는 제품이 있으면 '구하는 방법'부터 고민해야 하는 시장이었다.

그 무렵, 내가 사용하던 다이빙 장비를 소소하게 꾸며본 뒤 그 과정을 온라인에 올려보기 시작했다. 특별한 판매 목적이 있었던 것은 아니다. 다만 기록처럼 남겨두고 싶었고, 같은 취미를 가진 사람들과 공유하고 싶었다. 그 행동이 결과적으로 온라인 셀러의 시작이 되었다.

우리 부부의 일상은 단순했다. 평일에는 각자 회사로 출근했고, 주말이 되면 어김없이 수영장을 찾았다. 퇴근 후에는 다음 주말 다이빙 이야기를 했고, 주말에는 물속에서 하루를 시작하고 마무리했다. 어느새 수영장은 집과 회사 다음으로 가장 많이 드나드는 공간이 되었다. 그러다 보니 자연스럽게 프리다이빙 관련 장비를 하나둘 사 모으기 시작했고, 그 경험이 이후의 선택으로 이어졌다.

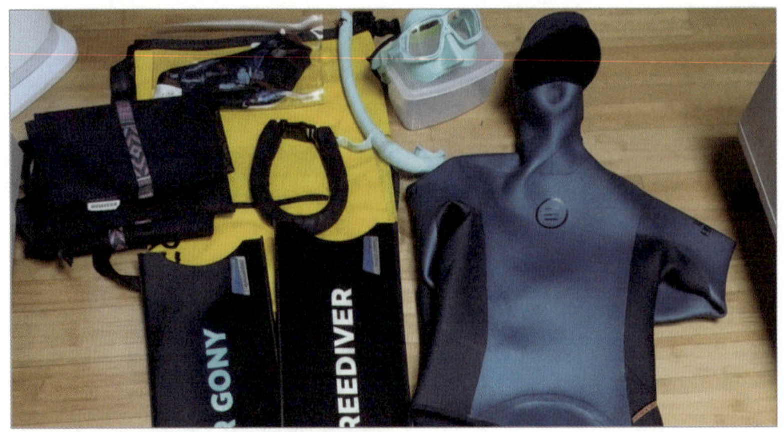

프리다이빙 관련 장비

슈트, 핀, 마스크, 가방, 소소한 액세서리까지 관심의 범위는 점점 넓어졌다. 당시 프리다이버들이 가장 즐겨 입는 슈트는 국내에서 배럴이 가장 유명했고, 다이빙 핀이나 가방 같은 장비는 선택지가 많지 않아 해외 직구 제품을 사용하는 경우가 대부분이었다. 필요한 물건이 있어도 국내에서 바로 구하기는 쉽지 않은 환경이었다.

프리다이빙뿐만 아니라 스쿠버다이빙, 수영까지 물에서 하는 취미 생활을 이어간 시간이 어느덧 1년 정도 쌓였을 무렵이었다. 그때 처음으로 네이버 스마트스토어팜(현재의 네이버 스마트스토어)에 제품을 한두 개 올려봤다. 큰 기대 없이 시작했지만, 생각보다 빠르게 첫 판매가 이루어지기 시작했다.

다이빙과 수영 용품을 꾸미는 소품들은 예상보다 훨씬 빠른 반응을 보였다. 처음에는 주변 동호인들 사이에서 소소하게 알려지는 정도일 거라 생각했지만 주문량은 빠르게 늘어났다. 다이빙을 즐기는 사람들끼리는 이미 느슨하게 연결되어 있었고, 사진 한 장과 짧은 후기 한 줄이 또 다른 주문으로 이어졌다. 주문 수량 자체는 많아 보이지 않았지만, 매주 조금씩 분명하게 증가하고 있었다. 그렇게 우리 부부는 첫 번째 온라인 셀러 사업자를 만들게 되었다.

그 이후 우리의 하루는 자연스럽게 두 개로 나뉘기 시작했다. 낮에는 회사원으로서의 하루를 살았고, 밤이 되면 온라인 셀러가 되었다. 퇴근 후 집에 돌아오면 잠시 쉬는 시간도 없이 바로 컴퓨터 앞에 앉았다. 재료를 꺼내고, 제품을 만들고, 포장까지 마쳐야 하루가 끝났다.

작업은 늘 밤늦게까지 이어졌다. 시계를 보면 어느새 자정을 넘겨 있었고, 정신을 차리고 나면 새벽 1시, 때로는 2시가 되기도 했다. 새벽 1~2시, 우리 부부는 항상 완성된 물건을 들고 택배를 붙이기 위해 편의점으로 향했다. 그 시간이 당시 우리의 일상이었다.

두 번째 판매 사업자를 만들다

매일 밤 택배 송장을 붙이는 루틴은 어느새 익숙해졌다. 택배를 붙이고 집으로 돌아오면 곧바로 잠자리에 들었다. 몸은 분명히 피곤했지만, 통장은 두 배를 넘어 어느새 N배로 쌓여가고 있었다. 당장의 수익 규모보다도, 노력한 만큼 결과가 눈에 보인다는 점이 계속 움직이게 만드는 힘이었다.

그러던 어느 날, 두 번째 온라인 판매 사업자를 만들게 되는 계기가 생겼다. 병원에서 오랫동안 근무하시던 아버지가 퇴직을 하신 뒤, 병원 근처에 작은 의료기기 매장을 열었다. 오프라인 매장은 비교적 안정적으로 운영되고 있었지만, 아버지는 점점 온라인 판매에 관심을 보이기 시작하셨다. 어느 날 아버지가 이런 말을 하셨다.

"의료기기도 블로그 같은 데에 올려서 팔아보면 어떨까?"

이미 다이빙과 수영 용품을 온라인으로 판매하며, 작은 주문 하나하나를 직접 만들고 보내던 경험이 있었다. 그래서 우선 네이버 스마트스토어에 의료기기를 하나씩 올려보기 시작했다. 제품군만 다를 뿐, 기본적인 구조는 비슷하다고 생각했다. 하지만 의료기기는 전혀 다른 세계였다. 의료기기 광고 심의와 인증·허가라는 또 다른 장벽이 있었고, 제품 하나를 온라인에 판매하기 위해서도 여러 단계를 거쳐야 했다.

회사를 다니며 까다로운 절차를 하나씩 신청하고 해결해나가다 보니, 둘이서 두 개의 사업자를 동시에 관리하기가 점점 어려워졌다. 자연스럽게 역할이 나뉘었다. 아내는 수영 용품과 다이빙 관련 제품의 온라인 판매를 맡았고, 나는 의료기기 온라인 판매를 책임지기 시작했다. 어제까지는 회사에 다니는 평범한 부부였는데, 어느 날 돌아보니 우리는 두 개의 온라인 스토어를 운영하는 사업자가 되어 있었다.

그렇게 소소하게 제품을 만들어 판매하기 시작한 지 어느덧 8년이라는 시간이 흘렀다. 우리 부부는 네이버에서 제품 키워드 1위를 다수 보유하게 되었고, 처음 올렸던 제품의 누적 리뷰 수는 8,000건을 넘겼다. 거창한 계획 없이 시작한 부업이었지만, 꾸준히 쌓인 시간은 분명한 결과로 돌아왔다.

★ 4.92 (최근 6개월 4.95) · 8,279 리뷰 보기 > ?

리뷰와 별점을 쌓은 온라인 판매

온라인 판매에 대한 관심이 커지면서, 자연스럽게 다른 온라인 셀러들과의 네트워킹도 시작하게 되었다. 다양한 셀러들을 만나 이야기를 나누면서 시장의 변화를 체감할 수 있었다. 최근 온라인 판매는 쿠팡 중심으로 판매량이 이동했고, 중국 셀러들의 대량 진입, 알리·테무와 같은 초저가 중국 플랫폼의 등장으로 국내 소규모 셀러들의 경쟁력이 점점 약해지고 있었다.

이 과정에서 하나의 공통된 흐름이 보였다. 예전처럼 한 채널, 한 상품에 집중하는 방식보다는 다채널·다품종 판매로 트렌드가 빠르게 바뀌고 있다는 점이었다. 여러 판매 채널을 동시에 활용하고, 특정 브랜드가 아닌 수요 중심의 상품을 빠르게 테스트하는 방식이 점점 주류가 되고 있었다.

기존에 운영하던 나의 온라인 판매 사업자는 이미 월 1,000만 원 이상의 순수익을 만들고 있었다. 다만 방식은 정반대였다. 하나의 아이템을 정하고, 시간을 들여 공들여 올리는 구조였다. 제품 수는 많지 않았지만, 대신 안정성과 반복 구매에 집중한 운영 방식이었다.

반면, 부업으로 시작한 많은 셀러들은 다른 전략을 선택하고 있었다. 네이버, 쿠팡, 11번가, G마켓, 옥션, 토스 등 여러 판매 채널에 동시에 입점하고, 경쟁이 상대적으로 적으면서 수요가 확인된 제품을 중국에서 사입해 판매하는 방식이었다. 한 가지 제품에 올인하기보다, 여러 상품을 빠르게 시도하며 반응을 보는 구조였다.

이런 판매 방식은 소량으로 여러 품목을 가져오기 때문에 초기 투자 금액이 크지 않았고, 리스크를 분산할 수 있다는 점에서 충분히 매력적으로 보였다. 그래서 새로운 사업자를 하나 더 만들고, 이 방식으로 온라인 판매를 직접 시작해보기로 했다. 이것이 나의 세 번째 온라인 판매 사업자다.

결과는 예상보다 빨랐다. 세 번째 사업자는 오픈 첫 달에 월 1,000만 원의 매출을 달성했다. 이전과는 전혀 다른 방식이었지만, 시장의 흐름을 그대로 반영한 전략이 성과로 이어졌다.

이제 우리는 쌍둥이 아들을 키우는 부부가 되었고, 아이들을 위한 튜브를 직접 만들어 판매하기 시작했다. 삶의 단계가 바뀌었을 뿐, 온라인 셀러라는 선택은 여전히 자연스러운 흐름이었다. 온라인 시장은 지금도 기회가 열려 있는 공간이고, 무엇보다 내 삶과 가장 밀접하게 맞닿아 있는 시장이라고 생각한다.

바쁜 본업으로 시간이 부족한 직장인에게도, 자본금이 없어 사업을 망설이는 사람에게도 온라인 셀러 시장은 여전히 열려 있다. 거창하게 시작하지 않아도 되고, 처음부터 큰 목표를 세울 필요도 없다. 부업이라면 더욱 그렇다.

가볍게 시작해도 괜찮다. 내가 고른 상품이 실제 판매로 이어지는 경험은 생각보다 큰 몰입을 만든다. 그 과정을 반복하다 보면 어느 순간, 부업이었던 일이 삶의 중심으로 옮겨와 있을지도 모른다. 핵심은 시작의 크기가 아니라, 계속 이어갈 수 있는 방식이다.

> **TIP**
> ## 사업자등록증 만드는 방법
>
> 사업자 등록에 대한 안내 관련 추가 콘텐츠는 'N잡 아카데미' 네이버 프리미엄 콘텐츠 무료 글에서 확인할 수 있다. 

온라인 셀러가
최고의 N잡인 이유

많은 사람이 온라인 시장은 진입 장벽이 낮다고 말한다. 하지만 지금의 온라인 시장은 결코 만만한 공간이 아니다. 체감상으로는 오히려 그 어느 때보다 전쟁터에 가깝다. 2024년 기준 스마트스토어 셀러 수는 약 60만 명을 넘어섰고, 쿠팡에는 약 30만 명의 셀러가 입점해 있다. 숫자만 보더라도 경쟁 강도가 어느 정도인지 짐작할 수 있다.

셀러 수가 급증하면서 플랫폼 간 경쟁은 더욱 치열해졌고, 트렌드는 이전보다 훨씬 빠르게 변하고 있다. 신조어와 유행 상품은 한 달 단위로 바뀌고, 조금만 늦어도 흐름에서 밀려나기 쉽다. 이 변화를 놓치지 않기 위해서는 늘 시장에 촉각을 곤두세우고 있어야 한다.

플랫폼의 정책 변화 역시 상시로 주시해야 한다. 예를 들어 스마트스토어는 2023년부터 2025년 사이 검색 알고리즘이 최소 세 차례 이상 전면 개편되었다. 이 과정에서 셀러들은 상품 노출 순위에 변화가 없는지, 기존 전략이 여전히 유효한지 끊임없이 점검하고 다시 공부해야 했다. 온라인 판매는 한 번 세팅해두고 끝나는 구조가 아니라, 계속해서 업데이트가 필요한 영역이다.

여전히 계속 커지고 있는 시장

그렇다면 이런 치열한 환경 속에서도 왜 여전히 온라인 셀러가 최고의 N잡으로 불릴까. 역설적으로 셀러 수가 계속 늘어난다는 사실 자체가 답이 될 수 있다. 이는 온라인 시장이 포화됐다는 신호이기도 하지만, 동시에 시장 자체가 계속 커지고 있다는 의미이기도 하다.

실제로 2025년 11월 기준 온라인 쇼핑 거래액은 24조 1,000억 원으로, 1년 전보다 6.8% 증가했다. 이는 2017년 1월 관련 통계 집계가 시작된 이후 가장 큰 규모다. (국가데이터포털, 2025년 11월 온라인 쇼핑 동향) 국내 이커머스 시장의 파이는 여전히 커지고 있고, 그 안에는 지금도 충분한 기회가 존재한다는 뜻이다.

온라인 셀러는 부업으로 시작하기에 필요한 조건을 비교적 고르게 갖추고 있다. 큰 자본 없이 시작할 수 있고, 실패하더라도 리스크가 크

국내 이커머스 시장

지 않으며, 성과가 비교적 빠르게 나타나는 구조다. 이 점 때문에 여전히 많은 직장인들이 온라인 셀러를 첫 부업으로 선택한다.

첫째, 투자금이 적고 리스크가 낮다. 위탁판매 방식으로 시작하면 재고를 미리 구매할 필요가 없어 0원으로도 시작이 가능하다. 상품이 판매된 뒤에 공급처에 주문을 넣는 구조이기 때문이다. 사입 판매를 하더라도 처음부터 많은 물량을 들일 필요는 없다. 소량 테스트 기준으로 보면 초기 투자금은 10~20만 원 내외면 충분하다. 실패하더라도 감당 가능한 범위에서 경험을 쌓을 수 있다.

둘째, 집에서 컴퓨터 한 대로 바로 시작할 수 있다. 노트북과 간단한 작업 공간만 있으면 운영이 가능하다. 시간과 장소의 제약이 크지 않기 때문에 실제 부업 셀러들을 보면 직장인뿐만 아니라 육아맘, 대학생까지 참여층이 매우 다양하다. 출퇴근 이후의 자투리 시간만으로도 운영이 가능하다는 점은 큰 장점이다.

셋째, 루틴만 만들면 자동화가 가능한 구조다. 업무 흐름을 정해놓고 그대로 반복하면 본업에 큰 지장 없이 운영할 수 있다. 기본적인 구조는 상품 소싱 → 등록 → 판매 관리의 반복이다. 이 과정에서 단순 업무 일부를 외주로 맡기면, 실제로 본인이 직접 투입해야 하는 시간과 노동량을 크게 줄일 수 있다. 일정 수준 이상에서는 '시간을 쓰는 일'에서 '구조를 관리하는 일'로 전환이 가능하다.

넷째, 일이 즐거워지면서 돈이 되는 취미가 된다. 직접 고른 상품에 소비자의 반응이 바로 돌아오고, 실제 판매로 이어질 때의 성취감은 생각보다 크다. 이 경험은 꽤 강한 몰입을 만든다. 특히 자신이 관심 있거나 익숙한 카테고리의 상품을 다루면 일에 대한 부담은 줄고, 재미는 더 커진다. 자연스럽게 '일하는 시간'이 '돈이 되는 취미'로 바뀌게 된다.

다섯째, 단기간에 성과가 나타나 현금흐름을 만들기 쉽다. 상품 하나만으로도 빠르면 하루 이내에 매출이 발생하는 경우가 있다. 그만큼 성과가 눈에 보이게 나타나는 속도가 빠른 부업이다. 시즌 상품이나 트렌디한 아이템을 공략하면 매출 상승 속도는 더 가파르다. 이렇게 만든 현금흐름을 다시 일부 재투자해 상품을 소싱하는 방식으로, 비교적 빠른 자본 회전이 가능하다.

치열한 경쟁 속에서도 부업으로 시작해 빠르게 성과를 만들고, 결국 본업으로 전환하는 사람들을 현장에서 많이 봐왔다. 처음부터 비장하게 시작할 필요는 없다. 일단 가볍게 시작해도 충분하다. 온라인 셀러는 현실적으로 접근할 수 있으면서도, 재미와 수익을 동시에 노릴 수 있는 N잡이 될 수 있다.

부업으로도 잘 파는
사람들의 특징

요즘 스마트스토어나 쿠팡에서 판매하고 있다고 하면, 눈을 반짝이며 이렇게 묻는 지인들이 많다.

"저도 이제 시작해보고 싶은데, 어떤 것부터 팔아야 할까요?"

온라인 셀러에 대한 관심은 높아졌지만 그만큼 많은 사람이 중도에 포기하는 분야이기도 하다. 실제로 2025년 기준 통신판매업, 즉 온라인 쇼핑몰은 전체 업종 가운데 1년 내 폐업률이 높은 업종 중 하나로 조사됐다. 국세청 통계에 따르면 무려 30.2%가 개업 후 1년 안에 문을 닫는다. 온라인 시장이 쉽고 빠르게 돈을 벌 수 있는 공간이라는 인식과는 꽤 다른 결과다.

왜 이런 일이 반복될까. 이유는 비교적 단순하다. "쿠팡으로 월 매출 몇천만 원 찍었다더라" 같은 성공 사례만 보고, 충분한 이해 없이 쉽게 뛰어드는 경우가 많기 때문이다. 과정과 조건은 보지 않고, 결과만 보고 시작한다. 심지어 "이 상품만 팔면 무조건 성공한다"는 식의 유튜브 영상이나, 몇백만 원에 달하는 유료 강의에서 찍어주는 상품에 사람들이 한꺼번에 몰려드는 장면도 종종 보게 된다. "이 강의 하나면 바로 수익이 납니다" 같은 문구도 흔하다. 하지만 만약 그 말이 사실이었다면, 이미 모두가 온라인 셀러로 성공했을 것이다.

온라인 셀러는 운이나 요령 하나로 끝나는 일이 아니다. 구조를 이해하지 못한 채 따라가기만 하면, 빠르게 시작한 만큼 빠르게 지치고 떠나게 된다. 이 지점에서 많은 초보 셀러가 발길을 돌린다.

그렇다면 성공하는 사람들과 실패하는 사람들의 차이는 무엇일까. 나 역시 지금은 온라인 셀러로 일하고 있지만, 처음부터 이를 본업으로 시작하지 않았다. 회사에 다니며 '부업'이라는 관점으로 온라인 판매를 병행했다. 주변을 둘러봐도 비슷한 경우가 많다. 부업으로 가볍게 시작했다가, 차근차근 경험을 쌓으며 결국 큰 매출을 만드는 사람들을 적지 않게 보아왔다.

이제 와서 돌아보면, 나는 꽤 오랜 시간 이커머스 업계에 몸담아 왔다. 하지만 '온라인 셀러'로서 명확한 방향성 없이 판매하던 시기에는 눈에 띄는 성과를 만들지 못했다. 무엇을 팔지에만 집중하고, 왜 이 방식으로 파는지에 대한 고민이 없었기 때문이다. 그 시행착오를 거치면서 온라인 셀러의 실패와 성공을 가르는 차이를 조금씩 알게 되었다.

가장 먼저 버려야 할 한 가지는 SNS나 유튜브에 떠도는 후킹성 정보를 무작정 따라 하는 태도다. 다른 사람이 잘 팔고 있다는 이유만으로 상품을 그대로 베껴 파는 방식은 단기적으로는 그럴듯해 보일 수 있지만, 결국 실패로 이어질 가능성이 높다. 이미 경쟁이 끝난 시장에 뒤늦게 뛰어드는 셈이기 때문이다.

그렇다면 부업 셀러로 성공하려면 무엇을 해야 할까. 핵심은 '무엇을 팔지'보다 '어떻게 시작할지', 그리고 '어떤 방향으로 갈지'에 있다. 온라인 셀러의 본질을 놓치지 않는 것이 중요하다. 특히 부업으로 판매를 시작한다면, 지금 자신의 시간과 자원에 어떤 방식이 가장 현실적인지부터 판단해야 한다.

그다음 단계에서는 부업을 넘어 하나의 사업으로 확장하기 위해 장기적으로 추구할 방향을 설정해야 한다. 단기 전략과 중·장기 전략을 구분해 설계하는 과정만으로도, 부업 상태에서 월 매출 1,000만 원 달성은 충분히 현실적인 목표가 된다. 그 이후의 성장은 각자의 강점을 어떻게 활용하느냐에 달려 있다.

온라인 셀러의 생존 전략 세 가지

첫째, 방향성이 가장 중요하다. 온라인 사업의 세계는 생각보다 훨씬 넓고 복잡하다. 상품 소싱 방식만 해도 위탁, 사입, 제작 가운데 무엇을 선택할지 결정해야 하고, 판매 플랫폼 역시 네이버, 쿠팡, 에이블리 등 어디에 집중할지 고민해야 한다. 여기에 마케팅 채널까지 고려하면 선택지는 더 늘어난다.

그래서 2부에서는 부업으로 시작하는 이들을 위해 가장 빠르게 성장할 수 있는 현실적인 전략을 구체적으로 다룬다. 단기적인 실행 방법뿐 아니라, 이후 사업으로 확장하기 위해 필요한 방향성까지 함께 짚어 볼 예정이다.

둘째, 남들과 다르게 가야 오래간다. 초기에는 모방을 통해 배우는 과정이 필요하다. 다만 그 단계에 오래 머무르면 한계가 분명해진다. 결국에는 자신만의 차별화된 전략을 찾아야 한다. 이 책에서는 초보자가 진입하기에 비교적 유리한 카테고리를 소개하지만, 그 시장을 직접 경험한 뒤에는 자신에게 맞는 방향을 스스로 찾아야 한다. 시작은 이 책을 참고하되, 지속적인 성장을 위해서는 자신의 방식으로 소화하는 과정이 반드시 필요하다.

셋째, 실패를 대하는 태도가 성장 곡선을 만든다. 부업을 시작하며 의욕적으로 도전했지만, 10개 상품을 테스트해보기도 전에 포기하는 사람을 많이 보았다. 첫 상품부터 바로 성과가 날 수도 있지만, 최소한 10개 정도는 시장을 배우는 과정이라고 생각하는 편이 현실적이다. 실제로 처음에는 전혀 판매가 되지 않다가 2~3개월이 지난 뒤에 갑자기 반응이 오는 상품도 있다. 이 시간을 버티지 못하면 결국 "나는 안 맞는 것 같다"는 결론에 이르게 된다.

반대로 처음부터 방향성에 대한 기준을 세우고 시작했다면, 실패 역시 배움의 과정이 된다. 이런 점에서 오히려 부업이라는 포지션이 더 유리할 수 있다. 손실이 커지기 전에 경험을 먼저 쌓고, 시행착오를 통해 성공 확률을 조금씩 높일 수 있기 때문이다.

온라인 셀러는 결국 '버티는 사람'이 이기는 시장이라고 생각한다. 누구나 실패를 겪는다. 하지만 실패 이후에 무엇을 배우느냐, 아니면 그 지점에서 멈추느냐에 따라 이후의 성장 곡선은 완전히 달라진다. 온라인 셀러는 끝까지 남아 있는 사람이 성과를 만들어내는 분야다.

2장

시작 전 알아야 할
성공과 실패의
한 끗 차이

위탁판매·사입판매· 제작판매의 차이

온라인 셀러가 소자본으로 접근할 수 있는 방식은 위탁판매다. 초기 자본이 거의 들지 않고, 재고를 직접 보유하지 않아도 된다는 점에서 진입 부담이 가장 낮은 구조다. 특히 자본과 시간이 모두 부족한 직장인에게 현실적인 선택지다.

위탁판매는 신상품을 직접 기획하거나 촬영해 업로드하지 않아도 된다. 별도의 광고나 공격적인 마케팅 없이도, 이미 판매가 이루어지고 있는 상품을 그대로 활용할 수 있다. 이 때문에 구조가 비교적 단순하고, 시스템만 이해하면 누구나 바로 시작할 수 있는 방식이기도 하다.

결국 위탁판매의 핵심은 복잡하지 않다. 스마트스토어를 직접 운영하지 않는 상품 제조 공장이나 도매처를 찾고, 그들이 이미 만들어놓은 상품을 대신 판매하는 역할을 맡는 것이다. 판매자는 상품을 직접 만들지 않고, '유통과 판매'에만 집중한다.

국내 위탁판매의 기본 원칙

첫 번째 단계는 판매할 상품 찾기

국내 위탁판매를 이야기할 때 가장 대표적으로 언급되는 곳이 바로 도매매와 도매꾹이다. 두 사이트를 한 문장으로 정리하면, 국내에서 가장 많은 셀러와 상품이 모여 있는 온라인 도매 위탁판매 플랫폼이라고 할 수 있다. 이후 과정은 이 플랫폼에 올라온 상품 중에서 어떤 것을 선택하고, 어떤 기준으로 판매할지를 결정하는 문제로 이어진다. 위탁판매의 성패는 이 지점에서 갈리기 시작한다.

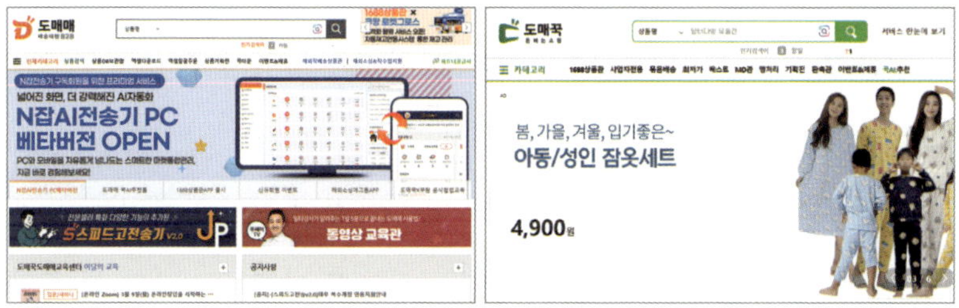

온라인 도매 위탁판매 플랫폼

제조사, 수입사, 도매업체가 상품을 미리 등록해두고, 셀러는 해당 상품 정보를 활용해 자신의 스마트스토어나 쿠팡과 같은 오픈마켓에서 판매하는 구조다. 초보 셀러들이 도매매와 도매꾹을 가장 먼저 찾는 이유는 단순하다. 재고를 미리 사입할 필요가 없고, 제조 공장을 직접 컨택해야 하는 번거로움이 없기 때문이다.

이미 도매매·도매꾹에 등록된 상품을 네이버나 쿠팡에 그대로 등록하고, 주문이 들어오면 해당 도매처에 주문을 넣어 출고를 받는 방식으로 시스템이 구성되어 있다. 이 구조 덕분에 판매자는 상품 제작이나 물류 부담 없이, 판매와 운영에만 집중할 수 있다.

또 하나의 이유는 상품 카테고리의 다양성이다. 생활 용품, 주방 용품, 계절상품, 문구류, 소형 가전까지 없는 카테고리를 찾기 어려울 정도로 상품 풀이 넓다. 무엇을 팔아야 할지 감이 잡히지 않는 초기 단계라면, 단순히 사이트를 둘러보기만 해도 현재 시장에서 어떤 상품이 유통되고 있는지 감각을 익히기에 충분하다.

다만 이 지점에서 초보 셀러들이 자주 오해하는 부분도 있다. 도매매와 도매꾹에 올라와 있는 상품 대부분은 이미 수백 명, 많게는 수천 명의 셀러가 동시에 판매하고 있는 상품이다. 같은 상품을 그대로 올린다고 해서 자연스럽게 판매가 이루어질 것이라 기대해서는 안 된다. 경쟁이 심한 만큼 가격은 빠르게 낮아지고, 마진은 얇아지며, 결국 광고와 마케팅 경쟁으로 이어지기 쉽다.

그래서 초보 셀러 단계에서 도매매와 도매꾹의 역할은 분명하다. 큰 수익을 내기 위한 수단이라기보다, 상품 구조를 이해하고 가격 형성 과정을 관찰하며, 어떤 카테고리에 셀러가 몰려 있는지를 파악하기 위한 학습용 플랫폼에 가깝다. 이 과정에서 쌓은 감각을 바탕으로, 셀러들은 자연스럽게 사입, 해외 소싱, 나아가 자체 제작이라는 다음 단계로 이동하게 된다.

둘째, 제조 공장을 뚫어라

처음 의료기기를 온라인으로 판매했을 때도 시작은 위탁판매였다. 주문이 들어오면 내가 직접 포장하거나 출고하지 않고, 공장에서 바로 소비자에게 발송하는 방식이었다. 재고 부담이 없고 물류를 신경 쓰지 않아도 된다는 점에서 초기 단계에서는 충분히 합리적인 선택이었다. 이후 다른 제품군에도 관심이 생기면서, 자연스럽게 샘플 구매를 시작하게 됐다.

사진과 설명만 보고 상품을 올리는 일과 실제로 물건을 받아 직접 확인하는 일은 전혀 다른 문제다. 온라인 셀러라면 반드시 가져야 할 습관 중 하나는, 내가 팔고자 하는 상품을 직접 구매해보는 확인 과정이다. 나는 보통 한 상품군당 3~5개 정도를 샘플로 구매한다. 그리고 그중 상당수는 결국 판매하지 않고 정리한다. 그만큼 하나의 상품을 업로드하기까지 비교해야 할 요소와 체크해야 할 기준이 많다는 뜻이다.

대기업이 판매하고 있거나 이미 대량으로 잘 팔리는 상품들은 대부분 시장 진입 장벽이 매우 높다. 브랜드 인지도, 광고비, 유통 구조까지 이미 완성되어 있기 때문이다. 오히려 개인 셀러에게 현실적인 선택지는 적당히 팔리지만, 꾸준한 수요가 유지되는 상품이다. 규모는 작아 보여도 안정적인 매출을 만들 수 있다.

샘플로 구매한 상품을 자세히 살펴보면 뒷면에 '제조원' 정보가 표기된 경우가 많다. KC인증을 받은 제품이라면 인증 번호를 조회해 실제 제조 공장이 어디인지까지 확인할 수 있다. 이 정보가 다음 단계로 나아가는 중요한 단서가 된다.

확인한 제조 공장 이름을 네이버 지도에 검색해보면, 생각보다 많은 정보가 나온다. 물티슈 제조 공장, 소파 제조 공장처럼 특정 제품군을 전문으로 하는 공장들이 전국 곳곳에 존재한다. 이들 대부분은 우리가 익숙한 쇼핑몰 형태가 아니라, 자체 홈페이지를 운영하고 있는 경우가 많다. 홈페이지에 들어가 보면 타사 제조 상품 포트폴리오와 함께 공장에서 직접 기획·제조한 이른바 '공장 브랜드' 상품들이 정리되어 있다.

흥미로운 점은 이런 공장들이 자사 브랜드 상품을 적극적으로 판매하지 않는 경우가 많다는 것이다. 대부분 OEM이나 ODM 물량을 소화하느라 바쁘고, 직접 마케팅이나 온라인 판매에는 큰 힘을 쏟지 않는다. 그 결과, 공장 기반이지만 시중에서는 쉽게 보지 못한 니치한 상품들이 의외로 많이 존재한다.

구체적인 예로 친환경 상품을 제조하는 공장을 들 수 있다. 세탁세제를 찾던 과정에서 우연히 발견한 곳이었는데, 공장 브랜드 상품만 해도 여러 종류를 보유하고 있었다. 모두 친환경 콘셉트라 기본적인 경쟁력이 있었고, 동시에 시장에서 흔히 보지 못한 유니크한 제품들도 눈에 띄었다. 이 지점에서 온라인 셀러의 선택지가 갈린다. 이미 많은 사람이 파는 상품을 따라갈지, 아니면 공장과 가까운 위치에서 아직 드러나지 않은 상품을 발견할지다. 이 선택의 차이는 시간이 지날수록 결과의 차이로 이어진다.

친환경 상품을 제조하는 공장

제조 공장을 찾은 뒤에는 쿠팡 검색창에 '친환경 세제'와 같은 키워드를 입력해본다. 판매량 순으로 정렬한 뒤, 상위에 노출되는 제품과 공장 제품을 비교해 샘플을 구매해보는 방식이다. 이렇게 하면 현재 시장에서 어떤 제품이 팔리고 있는지, 그리고 공장 제품이 어느 지점에서 경쟁력이 있는지를 비교하기가 훨씬 수월해진다.

제조 공장을 직접 찾는 일은 생각보다 어렵지 않다. 이미 온라인에 유통되고 있지 않은 제품을 비교적 저렴한 조건으로 확보하고, 위탁 배송으로 시작할 수 있다면 그것만으로도 충분한 경쟁력이 된다. 개인 셀러가 다음 단계로 넘어가기 위한 가장 현실적인 방법 중 하나다.

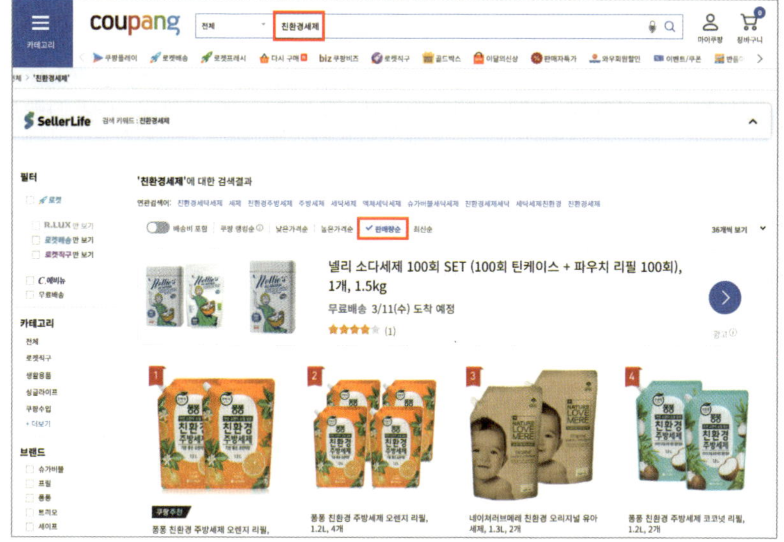

쿠팡에서 경쟁 상품 검색하기

셋째, 위탁 공장을 컨택하는 방법

부동산을 매입하려면 공인중개사무소를 먼저 찾아야 하듯, 상품을 제대로 구매하고 판매하려면 결국 공장을 컨택하는 방법을 알아야 한다. 온라인에서 상품을 살펴보다 보면 소개 페이지에 '단가 문의'라고만 적혀 있는 경우를 종종 보게 된다. 이는 아직 유통 구조가 완전히 열려 있지 않다는 뜻이자, 반대로 말하면 새로운 셀러가 진입할 여지가 남아 있다는 신호이기도 하다.

이럴 때 바로 사입부터 고민할 필요는 없다. 먼저 위탁판매가 가능한지 제안해보는 접근이 좋다. 만약 위탁판매가 어렵다는 답변을 받더라도, 단가가 낮은 상품이라면 소량 사입을 제안해볼 수 있다. 공장 입장에서는 테스트 물량이 큰 부담이 아니고, 셀러 입장에서도 리스크를 최소화할 수 있는 방식이기 때문이다.

공장 컨택은 무엇보다 '방식'이 중요하다. 가장 기본적이면서도 효과적인 방법은 위탁판매 제안 내용을 정리해 이메일로 먼저 전달한 뒤, 전화로 한 번 더 연락을 취하는 방식이다. 메일만 보내고 기다리기보다 직접 의사를 전달하는 편이 응답률이 훨씬 높다. 실제로 국내 공장 위탁판매 제안에 성공하려면 몇 가지 공통적인 포인트가 있다.

무작정 "위탁판매가 가능한가요?"라고 묻기보다는, 내가 운영하고 있는 스토어의 성격과 방향성을 먼저 설명하는 방식이 좋다. 어떤 고객을 대상으로 판매하는지, 어떤 카테고리의 상품을 주로 다루는지 그리고 왜 이 공장의 상품에 관심을 갖게 되었는지를 간단하게라도 정리해 전달해야 한다. 공장 역시 '어떤 판매자와 일하게 되는지'를 중요하게 본다.

무엇보다 태도가 중요하다. 공장은 판매가 아니라 제조가 본업인 곳이다. 성급하거나 무례한 접근에는 반응하지 않는 경우가 많다. 반대로 예의와 정성이 담긴 메시지를 전달하면, 생각보다 긍정적인 답변을 받는 경우도 적지 않다. 거래는 결국 사람과 사람 사이의 일이라는 점을 잊지 말아야 한다.

위탁판매 확정 시 반드시 합의해야 할 항목

위탁판매를 진행하기로 했다면, 시작 전에 몇 가지 핵심 조건을 반드시 합의해야 한다. 이 부분을 명확히 하지 않으면, 이후 운영 과정에서 불필요한 갈등이 생기기 쉽다.

❶ **상세 페이지 활용 가능 여부** 공장에서 제공하는 기존 상세 페이지를 그대로 활용할 수 있는지 확인해야 한다. 사진, 문구, 구성 요소를 수정 없이 사용할 수 있는지, 혹은 일부 편집이 필요한지도 함께 체크하자.

❷ **정산 방식** 기본적으로는 월 정산을 먼저 제안하는 것이 현실적이다. 월 정산이 어렵다는 답변을 받을 경우에는 주 정산으로 조율하는 방식이 무난하다. 정산 주기는 현금흐름에 직접적인 영향을 주기 때문에 초기에 반드시 합의해야 한다.

❸ **수수료 조건** 위탁판매 수수료는 최소 20% 수준으로 책정하는 것이 적절하다. 이보다 낮을 경우 운영 비용과 업무 부담을 고려했을 때 지속적인 판매가 어려워질 수 있다. 수수료는 단순한 숫자가 아니라, 장기 운영 가능성을 판단하는 기준이 된다.

사입판매를 위한 3단계

사입판매의 핵심은 위탁판매에서의 전환과 1688의 활용이다. 물건을 직접 사입해 판매하는 단계로 들어간다고 보면 국내에서는 도매매·도매꾹·제조 공장, 해외에서는 1688을 활용한 중국 수입이 가장 기본적인 구조가 된다.

첫째, 위탁하던 상품 중 '검증된 상품'을 사입하라

도매매·도매꾹·제조 공장에서 위탁으로 판매하던 상품 가운데, 판매량이 꾸준히 나오는 제품이 있다면 더 이상 지켜보기보다 소량 사입으로 바로 테스트해보자. 이미 시장 반응이 확인된 상품은 리스크라기보다 오히려 기회에 가깝다.

온라인 판매를 계속하다 보면 한 가지 사실을 체감한다. 제조 공장이라고 해서 온라인 판매를 전혀 하지 않는 것은 아니며, 지금은 위탁이 가능하더라도 언제 거래가 중단될지 모르는 불확실성을 안고 있다는 점이다. 도매매와 도매꾹 역시 마찬가지다. 오늘 잘 팔리던 상품이 어느 날 갑자기 내려가거나, 공급이 끊기는 구조적 한계를 가지고 있다.

가장 잘 팔리던 위탁 상품이 갑자기 사라지면, 내 스토어의 판매량은 단기간에 크게 흔들릴 수밖에 없다. 판매 중단 통보를 받은 뒤에야 새로운 상품을 찾기 시작하면, 이미 검색 순위와 노출 지표는 상당 부분 하락해 있을 가능성이 높다. 이때의 공백은 생각보다 회복이 어렵다.

그래서 사입은 '확장'이라기보다 보험에 가깝다. 소량이라도 재고를 직접 확보해두면, 공장이나 플랫폼에 대한 의존도를 조금씩 낮출 수 있다. 동시에 판매 흐름을 스스로 통제할 수 있는 여지가 생긴다. 재고 자산을 늘린다는 결정은 단순히 물건을 더 들여오는 행위가 아니라, 내 판매 구조를 외부 변수에서 분리해나가는 과정이다. 셀러가 한 단계 위로 올라가기 위해 반드시 거쳐야 하는 선택이라고 볼 수 있다.

둘째, 중국 내수용 직거래 플랫폼 '1688'을 활용하자

도매매·도매꾹을 어느 정도 경험한 셀러라면, 자연스럽게 이런 질문에 도달한다. "이 상품은 원래 어디서 만들어질까?" 1688은 중국 내수용 도매·공장 직거래 플랫폼으로, 알리 익스프레스나 타오바오가 소비자 대상이라면 1688은 공장, 도매상, 무역상 간 거래가 이루어지는 B2B 시장에 가깝다.

중국 내수용 도매 공장 직거래 플랫폼 '1688'

온라인 셀러들이 1688을 활용해 사입을 시작하는 이유는 분명하다. 가격 구조 자체가 다르기 때문이다. 국내 도매를 한두 번 거친 가격이 아니라, 공장 단가 또는 공장과 가장 가까운 가격을 확인할 수 있다. 다만 처음 접하면 부담스럽게 느껴질 수 있다. 사이트는 전부 중국어이고, 판매자와의 소통도 대부분 중국어로 이루어진다. MOQ(최소 주문 수량), 단가 구간, 포장 방식, 인쇄 여부 등도 직접 확인해야 한다.

그럼에도 구조는 생각보다 단순하다. 사진으로 상품을 찾고, 상세 페이지에서 단가와 수량별 가격, 공장 정보를 확인한다. 물론 리스크도 존재한다. 품질 편차, 커뮤니케이션 오류, 배송 문제, 인증 이슈(KC 등)를 셀러가 직접 책임져야 한다. 하지만 그만큼 가격 경쟁력과 판매 구조에서 우위를 가질 수 있다. 나아가 도매매·도매꾹에 상품을 공급하는 판매자로 전환하는 일도 가능해진다.

1688의 가격은 위안화 기준이기 때문에, 단순 환율 계산으로 판단해서는 안 된다. 국내로 수입되어 내 손에 도달하는 최종 원가 기준으로 계산해야 한다. 나는 보통 위안화 단가에 350원을 곱해, 물류·관세·부대 비용을 포함한 도착 원가로 계산한다.

예를 들어 한 제품의 가격이 19.8위안이라면, 최종 도착 원가는 약 6,930원(19.8위안 × 350원) 정도로 본다. 이 제품을 1만 5,000원에서 2만 원 사이에 판매할 경우, 판매 구조는 대략 2.5배에서 3배 수준이 된다. 이 지점에서 사입의 의미가 분명해진다.

그래서 많은 셀러들이 비슷한 흐름을 거친다. 도매매·도매꾹으로 시장을 익히고 → 1688을 통해 사입 구조를 이해한 뒤 → 패키지 변경, 브랜드화, 나아가 자체 상품으로 확장해나간다. 이 단계 전환이 곧 셀러의 성장 경로다.

> **TIP**
>
> ## 중국 제작 vs 국내 제작
>
> 초보 셀러가 제작 상품을 다룰 때 반드시 알아야 할 내용이 있다. 현재 국내 온라인 판매 시장에서는 제조, 도매, 소매의 경계가 거의 무너진 상태다. 제조 공장이 온라인 쇼핑몰을 직접 운영하기도 하고, 소매 판매자가 집에서 직접 제품을 제작해 판매하기도 한다. 초보 셀러 입장에서는 비교적 작은 규모로도 제작에 도전할 수 있다는 점이 국내 시장의 큰 장점이다. 제작 상품을 고려하기 전에 반드시 체크해보자.

❶ 최소 주문 수량(MOQ: Minimum Order Quantity)

MOQ는 공장에서 제품을 제작할 때 요구하는 최소 주문 수량을 의미한다. 국내 공장의 경우 상품 종류에 따라 차이가 있지만, 대체로 MOQ가 100~500개 수준인 경우가 많다. 반면 중국 공장은 MOQ가 1,000개 이상인 경우도 흔하다.

국내 공장과 해외 공장을 모두 이용해 제작을 진행해본 경험상, 나는 국내 공장의 경우 MOQ를 약 500개 선으로 맞춰 계약하고, 해외 공장은 보통 1,500개 단위로 진행하고 있다. 특히 국내 의류 제작의 경우, 인스타그램 프리오더 방식으로 판매하는 셀러가 많다. 최근에는 이런 판매 방식이 늘면서, 100개 이하의 소량 주문도 받아주는 공장도 점점 많아지고 있다. 초보 셀러라면 이런 구조를 활용해 초기 리스크를 줄일 수 있다.

❷ 중국 제품의 품질 관리

1688을 통해 중국 제품을 수입해본 경험이 있다면, 품질 편차가 상당하다는 점을 체감했을 것이다. 어떤 제품은 기대 이상으로 괜찮은 반면, 불량률이 높거나 품질이 지나치게 낮은 경우도 적지 않다.

구매 대행을 이용하면 중간에서 불량 제품을 어느 정도 걸러주지만, 배송 대행을 통해 직접 검수할 경우 불량이 생각보다 많이 발생하는 상황을 겪게 된다. 반면 국내 제작 상품은 전반적으로 품질이 안정적이고, 불량률도 상대적으로 낮은 편이다.

초보 셀러라면 처음부터 대량 제작에 들어가기보다, 국내 제작으로 품질 기준과 판매 흐름을 먼저 경험해본 뒤 해외 제작으로 확장하는 편이 훨씬 안전하다. 제작은 수익을 키우는 수단이지만, 동시에 가장 큰 리스크가 될 수도 있기 때문이다.

스마트스토어와
쿠팡으로 진입하기

왜 대부분의 초보 셀러는 스마트스토어에서 막힐까? 온라인 판매를 시작하려는 셀러들을 만나 보면 비슷한 질문을 자주 듣는다.

"상품은 올렸는데 전혀 안 팔려요. 도대체 어떻게 팔아야 하나요?"

스마트스토어에서 많은 초보 셀러가 좌절하는 이유는 명확하다. 스마트스토어는 상품만 올린다고 판매가 일어나는 플랫폼이 아니기 때문이다. 현재의 스마트스토어는 이미 경험 많은 셀러들이 자리 잡은 시장이다. 여러 후속 작업과 마케팅을 병행하지 않으면 매출이 발생하기 어렵다. 이 점을 이해하지 못한 채 진입하면, 초반부터 벽에 부딪히기 쉽다.

스마트스토어가 입문자에게 어려운
네 가지 이유

그렇다면 스마트스토어가 입문자에게 특히 어려운 이유는 무엇일까.

우선 첫째, 순위 변동이 매우 작다. 스마트스토어의 가격 비교 영역은 기본적으로 네이버 랭킹 순으로 정렬된다. 이 순위는 모든 사용자에게 동일하게 노출되며, 한 번 형성된 키워드 순위는 쉽게 바뀌지 않는다. 처음 100위권에 진입한 상품을 상위 1~5위까지 끌어올리기 위해서는 상당한 시간과 노력이 필요하다. 네이버 스마트스토어의 순위는 최근 판매량, 유입 순위, 리뷰 지수, 반품률 등 여러 지표를 종합해 평가된다. 이 구조 때문에 순위 변동 폭이 크지 않고, 신규 셀러가 단기간에 치고 올라가기 어렵다.

둘째, 판매는 1~5위에 집중된다. 소비자 입장에서 네이버 쇼핑을 이용할 때, 첫 페이지에 노출되는 상품만 살펴보는 경우가 대부분이다. 일반적으로 첫 페이지에는 약 8개의 상품이 노출되는데, 이 중 광고 상품이 3개, 비광고 상품이 5개 정도다. 실제 판매는 1~5위 상품에서 대부분 발생한다. 5위권 밖으로 밀려나면 노출과 클릭이 급격히 줄어들고, 그에 따라 판매량도 빠르게 감소한다. 초보 셀러가 체감하는 '아무리 올려도 안 팔리는' 상황은 여기서 시작된다.

1위부터 5위까지 판매가 집중되는 구조

셋째, 이미 자리 잡은 고수 셀러들이 많다. 스마트스토어에는 초창기부터 상위권을 유지해온 이른바 '고인물' 판매자들이 많다. 리뷰 수만 수천, 많게는 수만 개에 이르는 상품도 흔하다. 판매량과 재구매율이 이미 안정화된 상품은 일반적인 마케팅이나 단순 트래픽 유입만으로는 경쟁이 어렵다. 네이버는 최근 '네이버플러스 스토어'를 도입해 개인 맞춤 노출을 강화하고 있지만, 광고를 제외한 자연 노출 상품은 여전히 제한적이고 하단에 배치되는 경우가 많다. 구매 전환 측면에서는 여전히 불리한 구조다.

넷째, 광고비 입찰 단가가 높다. 네이버 스마트스토어의 검색 광고는 입찰 방식이다. 더 높은 광고 단가를 제시한 상품이

경쟁이 심한 네이버

상위에 노출된다. 첫 페이지에 노출되는 광고 상품은 3개뿐이며, 경쟁이 치열한 키워드의 경우 클릭당 광고비가 2,000원을 넘는 경우도 많다.

클릭 한 번에 커피 한 잔 값이 나간다는 의미다. 이런 구조는 초기 자본이 적은 초보 셀러에게 상당한 부담으로 작용한다. 광고를 하지 않으면 노출이 어렵고, 광고를 하자니 비용이 부담되는 딜레마에 빠지게 된다.

이런 이유로 스마트스토어는 '입문 플랫폼'이라는 인식과 달리, 실제로는 경험과 자본이 쌓인 셀러에게 유리한 구조를 가지고 있다. 초보 셀러가 스마트스토어에서 막히는 이유는 개인의 역량 부족이 아니라, 플랫폼 구조에 대한 이해 부족에서 비롯되는 경우가 훨씬 많다.

쿠팡의 로켓그로스, 초보 셀러에게는 유리하다

쿠팡은 개인 맞춤형 상품 노출이 이루어지는 구조이며, 상품 순위가 비교적 자주 롤링되는 플랫폼이다. 신규 가입 셀러의 상품을 일정 기간 우선 노출해준다는 이야기가 나오는 이유도 이러한 구조 때문이다. 스

마트스토어와 비교하면 초보 셀러가 상위 노출을 경험할 가능성이 상대적으로 높은 환경이라고 볼 수 있다.

순위권 외 노출 영역이 많다

쿠팡은 쇼핑 플랫폼으로, 검색 기반 포털인 네이버와는 성격이 다르다. 네이버가 검색 결과의 신뢰도와 누적 지표를 중시한다면, 쿠팡은 광고 집행과 전환 성과에 따라 노출을 적극적으로 조정하는 경향이 있다.

쿠팡에는 '쿠팡 추천 상품' 영역 외에도 다양한 광고 영역과 연관 상품 추천 영역이 존재한다. 이 때문에 키워드 상위 순위에 들지 못하더라도, 광고 세팅만 잘하면 충분한 노출과 판매를 기대할 수 있다.

광고비 진입 장벽이 상대적으로 낮다

네이버 광고는 입찰 방식으로, 더 높은 금액을 제시한 상품이 상위에 노출된다. 반면 쿠팡 광고는 설정한 예산 범위 안에서 비율제로 노출되는 구조다. 단순히 입찰가가 높다고 해서 항상 상위에 노출되는 방식은 아니다.

예를 들어 네이버에서는 1,000원을 입찰한 상품이 1위, 900원이 2위로 고정되는 반면, 쿠팡에서는 상대적인 비율과 성과에 따라 낮은 입찰가의 상품도 상위에 노출되는 경우가 발생한다. 물론 이는 단순화한 예시이며, 실제 효율은 광고 설정과 상품 전환율에 따라 달라진다.

중요한 점은 쿠팡에서는 반드시 높은 CPC(Cost Per Click, 클릭당 광고비)를 제시하지 않아도 꾸준한 광고 노출이 가능하고, 전환율만 관리하면 수익 구조를 만들어갈 수 있다는 것이다.

로켓그로스를 활용하면 운영이 자동화된다

쿠팡은 자체 4PL 시스템인 로켓그로스를 운영하고 있다. 4PL이란 외부 물류 전문 업체가 셀러의 물류 업무를 대신 수행하면서, 배송뿐 아니라 판매 지원까지 제공하는 구조를 말한다.

상품을 로켓그로스에 입고하면 주문 처리부터 배송, 정산까지 대부분의 과정이 자동으로 진행된다. 물론 보관비와 입·출고 비용이 발생하고, 객단가가 낮을수록 비용 부담이 커질 수 있다. 하지만 일정 비용을 감수하면 운영 시간을 크게 줄일 수 있기 때문에, 본업이 있는 직장인에게는 매우 현실적인 선택지다.

쿠팡 로켓그로스가 모든 셀러에게 완벽한 해답은 아니다. 다만 시간과 체력이 제한된 초보 셀러, 특히 부업으로 시작하는 직장인에게는 자동화라는 측면에서 가장 효율적인 시스템 중 하나임은 분명하다.

> **TIP**
>
> ### 쿠팡 윙 판매자 가입 방법
>
> 쿠팡 윙 판매자 가입 방법에 대한 추가 자료 및 관련 콘텐츠는 'N잡 아카데미' 네이버 프리미엄 콘텐츠 무료 글에서 확인할 수 있다. 

무엇을 팔 것인가: 카테고리와 상품 선택

쇼핑몰의 특성을 어느 정도 이해했다면, 이제 어떤 상품을 팔지 결정해야 한다. 이때 많은 초보 셀러가 처음부터 이렇게 말한다.

"나는 캠핑을 좋아하니까 캠핑 용품을 팔아야지."

하지만 이렇게 취향부터 정해버리면, 오히려 상품을 찾는 과정이 훨씬 어려워진다. 잘 팔리는 상품을 찾기도 쉽지 않은데, 카테고리까지 미리 제한해버리면 선택지는 급격히 줄어든다. 현재 온라인 시장에서는 특정 카테고리에 집착할수록 초보 셀러가 살아남기 어려워진다. 온라인 셀러 입문자라면 처음부터 카테고리를 정하지 말고 '지금 잘 팔리는 상품'부터 살펴보는 편이 훨씬 현실적이다.

여러 카테고리의 상품을 직접 접해보면, 그 과정에서 자신에게 잘 맞는 상품군이 자연스럽게 드러난다. 문제는 감이 아니라 기준이다. 그렇다면 과연 어떤 상품을 선택해야 '잘 팔리는 상품'에 가까워질 수 있을까.

쇼핑 인사이트, 데이터를 믿어라

네이버에는 데이터랩이라는 분석 채널이 있다. 이 안에 있는 '쇼핑 인사이트' 탭을 활용하면, 현재 잘 팔리고 있는 상품들을 카테고리별로 확인할 수 있다. 막연한 추측이 아니라, 실제 판매 데이터를 기반으로 시장을 바라볼 수 있는 도구다.

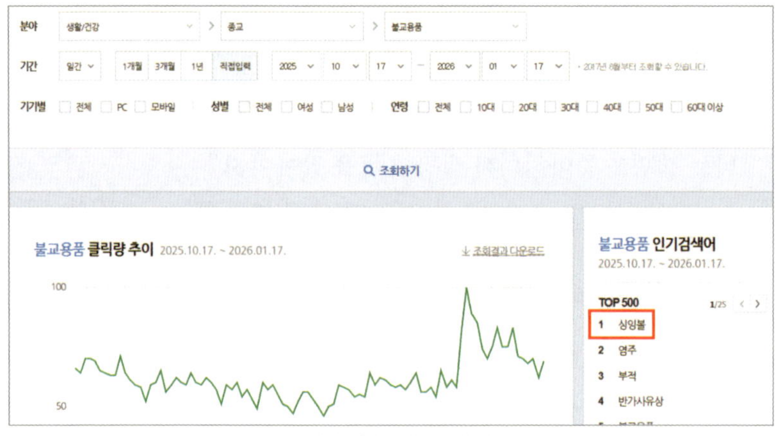

네이버 데이터랩 이용하기

예를 들어 내가 판매했던 상품 중에 '싱잉볼*'이라는 제품이 있다. 나는 요가를 하지도 않고, 불교와 관련된 지식도 거의 없다. 그럼에도 이 상품을 선택한 이유는 단 하나, 데이터랩에서 확인했을 때 지표가 좋았기 때문이다.

그렇다면 이 제품은 실제로 잘 팔릴까. 네이버에서 싱잉볼 판매량

---

* 싱잉볼이란? '노래하는 그릇'이라는 뜻을 가진 티베트·네팔 지역의 전통 악기로, 명상과 요가, 힐링 용도로 사용된다.

1위 상품을 보면, 최근 7일 기준 매출 약 677만 원, 구매자 수 76명을 기록하고 있다. 쇼핑 키워드 분석 지표를 살펴보면 전반적으로 '좋음' 또는 '아주 좋음' 수준을 유지하고 있으며, 경쟁 강도도 상대적으로 낮다. 초보 셀러가 진입하기에 부담이 크지 않은 구조다.

싱잉볼

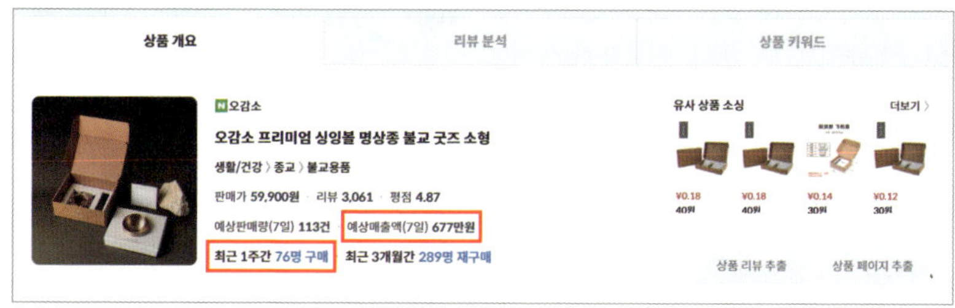

싱잉볼에 대한 검색 결과

이 사례가 의미하는 바는 분명하다. 내가 좋아하는 상품이 아니라, 데이터가 말해주는 상품을 파악하는 일이 온라인 셀러의 출발점이다. 취향은 그다음 문제다.

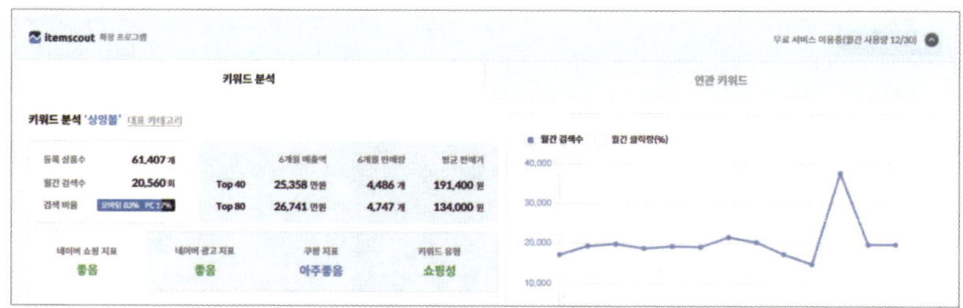

싱잉볼에 대한 키워드 분석'

빅파워 이상의
타 스토어 분석하기

초보 셀러라면 스스로 처음부터 하나하나 만들어내려 하기보다 이미 성과를 내고 있는 스토어를 분석하는 방법이 훨씬 효율적이다. 특히 네이버에서 '빅파워' 이상 등급을 받은 스토어들은 참고할 만한 자료가 매우 많다.

네이버 스토어는 크게 네 가지 등급으로 나뉘며, 파워 스토어 이상부터는 별도의 배지가 부여된다. 그중 빅파워는 최근

네이버 스토어 등급

3개월 기준 판매 건수 500건 이상, 판매 금액 4,000만 원 이상을 달성한 스토어로, 월 평균 1,000만 원 이상의 매출을 꾸준히 만들어낸다. 기본적으로 이 단계에 도달한 스토어들은 상품 구성과 운영 방식이 탄탄하다.

그래서 초보 셀러일수록 빅파워 이상 스토어를 적극적으로 분석하는 편이 유리하다. 이런 스토어에 들어가보면 어떤 상품이 잘 팔리는지, 어떤 키워드 조합으로 상품을 구성하는지 한눈에 파악할 수 있다. 단

빅파워 이상의 스토어를 벤치마킹하기

순히 상품을 따라 하라는 의미가 아니라, '상품을 바라보는 기준'을 배우는 과정에 가깝다.

이런 스토어들을 몇 곳 선정해 리스트로 정리해두는 방법을 추천한다. 그리고 주기적으로 방문하며 신규 상품이 올라오는지, 기존 상품 구성이 어떻게 바뀌는지를 살펴본다. 이 반복적인 관찰이 자연스럽게 트렌드 분석이 되고, 동시에 새로운 소싱 아이디어를 발굴하는 루틴으로 이어진다.

잘 파는 셀러들의 스토어는 곧 시장의 흐름을 가장 빠르게 반영하는 지표다. 초보 셀러에게 이보다 더 좋은 참고 자료는 많지 않다.

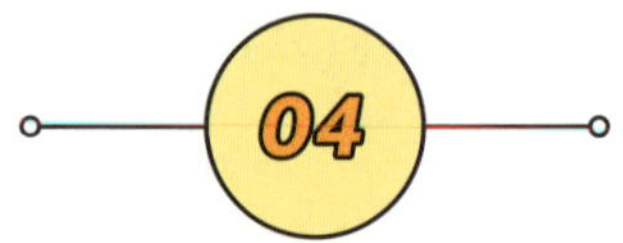

잘 팔리는 아이템 찾기

잘 팔리는 아이템을 찾기 위해서는 단순히 요즘 뜨는 상품을 따라가기보다, 상품을 바라보는 기준을 먼저 만드는 일이 중요하다. 그 출발점은 의외로 단순하다. 상품명만 보고도 "이건 조금 다르다"는 느낌이 드는지 살펴보면 된다.

예를 들어 상품명만 봐도 특이하고 '친환경' 키워드를 붙이기에 충분한 제품이 하나 있다고 가정해보자. 이름 자체에서 기능과 차별점이 동시에 드러나는 상품이다. 이런 경우 가장 먼저 해야 할 일은 같은 상품을 파는 다른 판매자가 있는지 검색해보는 것이다.

실제로 '다래월드 물 없이 쓰는 바디워시'를 검색해보면 동일한 상품을 판매하는 셀러가 거의 없다. 그렇다면 자연스럽게 다음 질문으로 이어진다.

다래월드 물 없이 쓰는 바디워시

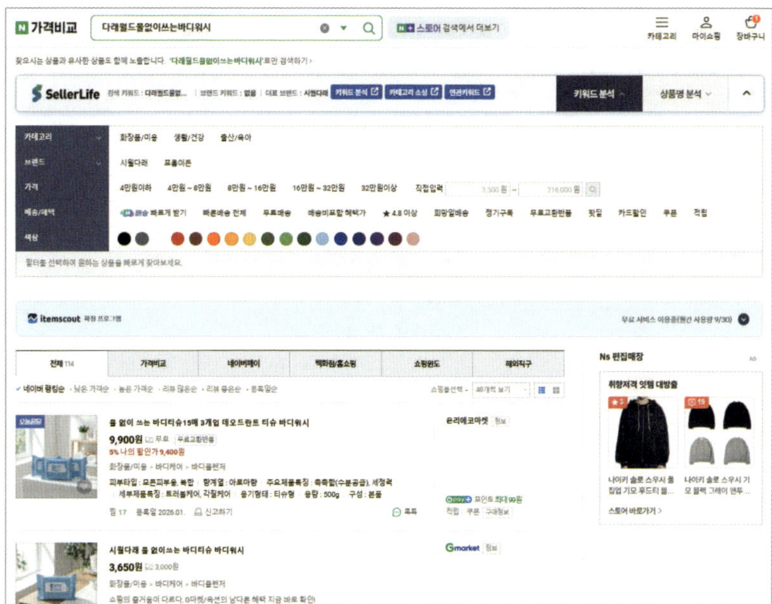

다래월드 물 없이 쓰는 바디워시 검색 결과

'물 없이 쓰는 바디워시'는 과연 잘 팔릴까. 정말 수요가 있는 상품일까.

데이터를 이용하면
더 정확하게 확인이 가능하다

이럴 때 바로 데이터로 확인한다. '물 없이 쓰는 바디워시'라는 표현이 낯설다면, 소비자가 실제로 어떤 키워드로 이 상품을 인식하고 있는지를 확인해봐야 한다. 이 경우 '샤워티슈'라는 키워드로 판매되고 있는 상품들을 아이템스카우트와 같은 도구를 통해 비교해보면 생각보다 판매량이 상당히 높음을 확인할 수 있다.

샤워티슈로 검색한 결과

이 사례가 말해주는 포인트는 분명하다. 완전히 새로운 상품을 만들어내는 것이 아니라, 이미 수요가 검증된 시장 안에서 표현과 콘셉트가 다른 상품을 찾는 것이다. 초보 셀러에게는 번뜩이는 아이디어가 아니라, 이렇게 질문을 던지고 데이터를 확인하는 습관이 필요하다.

상품을 고르는 눈은 한 번에 생기지 않는다. 하지만 이런 과정을 반복하다 보면 '이건 테스트해볼 만하다'는 감각이 조금씩 쌓이기 시작한다. 이 감각이 바로 잘 팔리는 아이템을 찾는 출발점이다.

3장

온라인 셀러의 성공 전략

무자본 위탁판매,
다르게 시작하는 법

위탁판매로 시작하더라도 브랜드명, 콘셉트, 로고는 처음부터 잡고 가는 편이 좋다. 아직 상품 수가 많지 않더라도, 이 스토어가 어떤 방향으로 가는 곳인지는 초반에 정리해두면 이후 운영이 훨씬 수월해진다. 브랜드는 매출이 커졌을 때 갑자기 만들어지는 게 아니라, 판매를 시작하는 순간부터 자연스럽게 함께 만들어지는 개념에 가깝다.

스토어는 단순한 판매 공간이 아니다. 운영자의 기준과 선택이 축적되는 하나의 공간이다. 그래서 브랜드를 뒤로 미루기보다는, 처음부터 최소한의 틀이라도 잡아두어야 한다. 많은 사람이 브랜드를 지나치게 거창하게 생각하지만, 실제 브랜드의 출발점은 훨씬 단순하다.

브랜드는 대단한 철학이나 화려한 이야기로 시작되지 않는다. 나만의 취향, 나만의 소싱 기준 그리고 어떤 상품을 선택하고 어떤 상품을 제외하는지에 대한 판단이 반복되며 형성된다. 이 기준들이 하나의 방향으로 묶일 때, 그 자체로 이미 브랜드가 된다. 나만의 색깔이 반영되는 순간부터 브랜드는 시작된다.

상품을 이것저것 판매하더라도 결국 그 공간은 내가 운영하는 스토어다. 누군가는 가격 대비 실용성을 기준으로 상품을 고를 수 있고, 누군가는 디자인이나 감성을 우선해 구성할 수도 있다. 어떤 기준을 택하느냐에 따라 스토어의 분위기는 완전히 달라진다. 어떤 상품을 고르고, 어떤 상품을 과감히 제외했는지에 따라 판매자의 주관과 판단 기준이 자연스럽게 드러난다.

브랜드는
처음부터 가져가야 한다

의도하지 않더라도 운영 기간이 길어질수록 스토어에는 고유한 색깔이 쌓인다. 이 색깔이 바로 소비자가 느끼는 브랜드 이미지다. 이른바 '만물상'처럼 보이는 다이소나 무인양품 역시 브랜드가 없는 것이 아니다. 가격대, 상품 구성, 디자인 톤, 매장 분위기처럼 일관된 선택의 결과가 하나의 브랜드로 인식될 뿐이다. 결국 브랜드란 새로 만들어내는 무언가가 아니라, 판매 과정 속에서 반복된 선택이 쌓여 만들어지는 결과물에 가깝다.

위탁판매라고 해서 브랜드를 생각하지 않아도 될까? 아니다. 오히려 위탁판매일수록 명확한 기준이 반드시 필요하다. 상품을 직접 만들지 않기 때문에 기준이 없으면 스토어는 쉽게 흔들린다. 잘 팔리던 상품이 단종되거나, 공장이 갑자기 거래를 중단하는 일도 흔하다. 이때 기준이 없는 스토어는 그때그때 유행하는 상품만 따라가게 되고, 결국 정체성을 잃기 쉽다.

어떤 상품을 선택했고, 어떤 상품은 의도적으로 제외했는지 이런 선택의 기록이 쌓이며 브랜드는 만들어진다. 운영 초반에는 매출 차이가 크게 느껴지지 않을 수 있지만, 시간이 지날수록 이 기준은 운영 안정성으로 이어지고, 충성 고객을 만든다.

최근에는 AI를 활용하면 브랜드 구축의 진입 장벽도 많이 낮아졌다. 간단한 브랜드 로고나 기본적인 패키징 디자인 정도는 전문 디자이너가 없어도 충분히 구현할 수 있다. 완벽한 브랜드를 만든다는 목적이 아니라, 나만의 기준을 시각적으로 정리하는 수준이면 충분하다. 이 기준을 얼마나 빨리 세우느냐에 따라, 위탁판매는 단기 판매로 끝날 수도 있고 장기적으로 확장 가능한 구조가 될 수도 있다.

팔아보지 않으면 알 수 없고, 겪어보지 않으면 정리되지 않는다. 그 시행착오의 축적이 결국 셀러만의 브랜드로 이어진다.

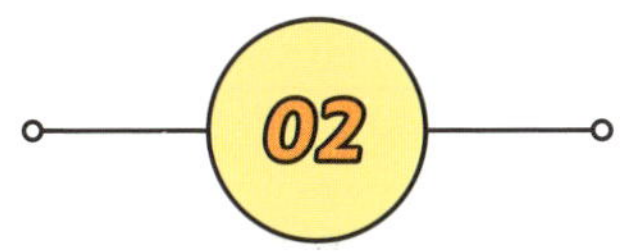

중국 상품 사입의 시작, 1688

온라인 판매를 시작하면 가장 먼저 마주하게 되는 고민은 "도대체 어디서 상품을 가져와야 할까"라는 질문이다. 국내 도매 사이트만 살펴봐도 도매꾹, 도매매, 오너클랜 등 다양한 유통 플랫폼이 존재한다. 초보 셀러 입장에서는 선택지가 많아 보이지만, 막상 들어가보면 비슷한 상품 구조 속에서 방향을 잡기 어렵다.

최근에는 중국 시장에 대한 접근성이 크게 낮아지면서, 많은 셀러가 중국 B2B 도매 플랫폼인 1688을 활용하고 있다. 국내 도매 단계를 거치지 않고, 공장 또는 공장과 가까운 유통 단계에서 직접 상품을 확인할 수 있기 때문이다. 가격 구조를 이해하기에도 훨씬 유리하다.

처음에는 중국 사이트라는 이유로 부담을 느끼는 경우도 많다. 하지만 실제로는 생각보다 진입 장벽이 높지 않다. 크롬이나 엣지 브라우저를 이용하면 중국어로 된 페이지도 자동 번역 기능을 통해 한국어로 비교적 수월하게 확인할 수 있다. 기본적인 탐색과 비교 정도는 큰 어려움 없이 진행할 수 있다.

중국 플랫폼 '1688' 이용하기

이렇게 1688을 접하게 되면, 상품을 바라보는 기준 자체가 달라지기 시작한다. 국내에서 보던 가격이 왜 그렇게 형성되었는지, 유통 과정에서 마진이 어디에서 붙는지를 자연스럽게 이해하게 된다. 이런 이유로 1688은 온라인 셀러에게 사실상 필수적인 상품 사입처라고 볼 수 있다.

첫째, 1688에서 상품 검색하기

1688에서 상품을 찾는 방법은 크게 두 가지다. 텍스트로 검색하는 방법과 이미지를 통해 검색하는 방법이다. 초보 셀러라면 이미지 검색 방식을 적극적으로 활용하면 더 수월하다.

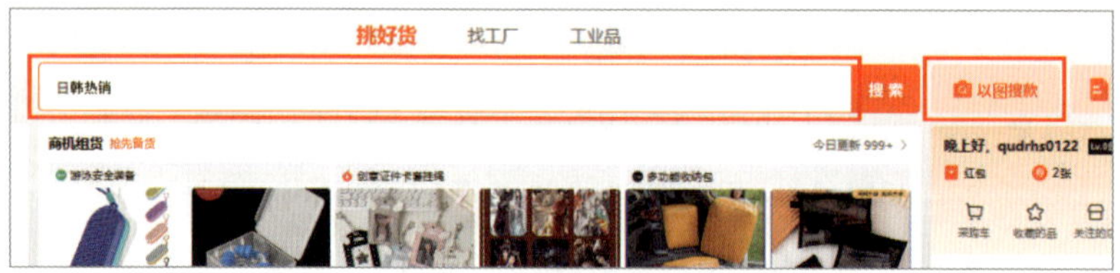

텍스트 검색과 이미지 검색

나의 경우, 이미 국내에서 판매하고 있거나 판매를 고민 중인 제품을 이미지로 검색하는 방식을 자주 사용한다. 앞서 예시로 들었던 싱잉볼을 기준으로 살펴보자. 싱잉볼 이미지를 1688의 이미지 검색란에 업로드하면, 해당 제품을 판매하는 중국 판매자들이 다수 노출된다.

확인해보면 가격대는 대략 29~33위안 선에 형성되어 있다. 이를 앞에서 설명한 방식대로 한국 도착 단가로 계산하면 약 10,150원에서 11,550원 수준이다. (위안화 × 350원 기준) 이 과정을 통해 국내 판매가와 비교했을 때, 가격 구조와 마진 범위를 보다 명확하게 가늠할 수 있다.

싱잉볼을 판매하는 다수의 판매자들

이처럼 1688은 단순히 물건을 싸게 가져오는 거래처가 아니라, 온라인 판매 구조를 이해하는 기준점을 만들어주는 플랫폼이다. 초보 셀러일수록 이 과정을 통해 시장을 바라보는 눈을 먼저 키워야 한다.

같은 상품이라도 판매자에 따라 품질과 상태는 다를 수 있다. 따라서 제품을 구매하기 전에는 반드시 리뷰 수가 충분한 상품을 먼저 살펴보고, 판매량이 어느 정도 확보된 제품을 선택해야 한다. 가격만 보고 결정하기보다는 실제 거래가 얼마나 반복되었는지를 기준으로 삼는 편이 훨씬 안전하다.

신뢰할 만한 판매자를 고를 때는 기준을 단순하게 잡아야 좋다. 우선순위는 거래 금액(누적 판매량) → 서비스 평점 → 판매자 업력 → 제조 공장 여부 순으로 판단하면 된다. 특히 거래 금액과 판매량은 가장 직관적인 지표다. 반복적인 거래가 이루어졌다면 그만큼 시장에서 검증이 되었음을 의미한다.

서비스 평점 역시 중요하다. 배송 응대, 제품 품질, 클레임 대응 등이 평점에 반영되기 때문에, 단기적인 가격 차이보다 장기적으로 거래가 가능한지를 판단하는 기준이 된다. 판매자 업력이 길수록 운영 안정성도 높아진다. 가능하다면 제조 공장 여부까지 확인하자. 실제 공장일 경우 단가 협상은 물론, 로고 인쇄나 패키징 변경 같은 확장 협의가 가능해진다. 단순 유통상이 아니라 제조 기반 판매자라면, 이후 브랜드화 단계로 넘어갈 때 선택지는 훨씬 넓어진다.

각 상품 상세 페이지의 우측 하단을 보면 물결 모양 아이콘이 표시된 경우가 있다. 이는 '알리톡톡'을 통해 판매자와 직접 메신저 상담이 가능하다는 의미다. 단순 문의부터 재고 확인, 납기 일정까지 실시간으로 소통할 수 있으며, 대량 주문이나 로고 인쇄, 패키징 변경이 필요한 경우에는 이 기능을 통해 중국 공장과 직접 협상할 수 있다.

둘째, 상품을 고른 뒤에는 국내 통관 절차를 거쳐야 한다

해외 상품을 수입할 때는 단순히 물건을 들여온다고 끝이 아니다. 원산지 표기, 포장 기준, KC인증 여부 등 국내 기준에 맞는 여러 조건을 충족해야 정상적으로 통관이 이루어진다.

통관 방식은 크게 배송 대행과 구매 대행, 두 가지로 나뉜다. 배송 대행은 물류 중심의 방식으로, 해외 판매자가 발송한 상품을 물류창고에서 받아 국내로 전달하는 구조다. 이 경우 통관 서류 준비나 제품 검수 과정이 제한적일 수밖에 없다. 초보 셀러가 진행하면 통관 보류나 서류 미비로 문제가 발생하는 사례도 적지 않다.

반면 구매 대행은 구조 자체가 다르다. 구매 단계부터 대행 업체가 개입해 상품 확인, 서류 준비, 통관 절차까지 함께 진행한다. 국내 기준에 아직 익숙하지 않은 초보 셀러라면, 배송 대행보다 구매 대행 방식이 훨씬 안정적이다.

구매 대행 업체 SSROAD

내가 주로 활용하는 구매 대행 업체는 SSROAD다. 이곳은 배송 대행과 구매 대행을 모두 원스톱으로 처리할 수 있어, 초기 사입 단계에서 부담을 줄이기에 적합하다. 특히 처음 테스트하는 상품의 경우 대량이 아닌 1~2개 수준의 소량 샘플 발주도 가능해, 리스크를 최소화하면서 품질을 확인할 수 있다.

구매 대행 신청서 작성 요령

구매 대행 신청서는 통관과 상품 구매가 동시에 진행되는 중요한 문서다. 항목을 모호하게 작성하면 구매 지연이나 오류가 발생할 수 있으므로, 아래 기준에 맞춰 명확하게 작성해야 한다.

- 통관 품목: 통관 품목 종류를 미리 검색한 뒤, 해당하는 품목명을 정확히 기재한다.
- 상품명: 1688에 표기된 상품명을 그대로 입력한다. 임의로 번역하거나 축약하지 않아야 한다.
- 단가: 상품 1개당 단가를 기준으로 기재한다. 수량 단가가 아닌 개당 단가임을 명확히 한다.
- 수량: 샘플 구매 단계라면 옵션별로 3개 정도를 추천한다. 최소 수량으로 품질을 확인하는 목적이다.
- 옵션 / 사이즈: 구매할 상품의 옵션, 색상, 사이즈 등을 그대로 복사해 붙여 넣는다. 누락되기 쉬운 항목이므로 주의한다.
- 상품 URL: 1688 상품 페이지의 정확한 URL을 기재한다. 동일 상품 확인을 위해 필수다.

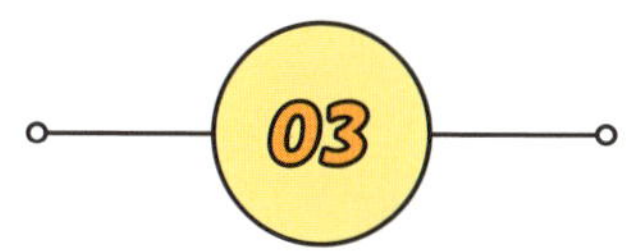

순수익률을 높이는
제작 상품 전략

1688이나 국내 도매 상품을 위탁·사입으로 판매하면, 이미 시장 가격이 어느 정도 형성되어 있는 경우가 대부분이다. 이 구조에서는 플랫폼 수수료를 제외하고 나면 실제로 남길 수 있는 최대 수익률이 30~40%를 넘기기 어렵다. 경쟁이 치열한 카테고리일수록 마진은 10~20% 수준까지 떨어진다.

이 상태에서는 매출이 늘어나도 수익이 크게 쌓이지 않는다. 여기에 광고비, 반품 비용, 재고 리스크까지 고려하면 체감 수익은 생각보다 훨씬 작아진다. 많은 셀러가 일정 단계에서 성장이 멈췄다고 느끼는 이유도 바로 이 지점에 있다.

반면, 나만의 제작 상품을 만들어 판매하기 시작하면 구조는 완전히 달라진다. 중간 도매 마진이 사라지고 유통 단계가 단축되면서, 시장 가격을 설정하는 주도권이 제작 셀러에게 넘어온다. 제작비를 비교적 낮게 관리할 수 있다면, 80%에서 많게는 200% 이상의 마진 구조도 충분히 가능해진다.

어떤 제작 상품이
잘 팔릴까

그렇다면 어떤 제작 상품이 잘 팔리는지는 어떻게 알 수 있을까. 이때 참고하기 좋은 플랫폼이 바로 아이디어스다. 아이디어스는 네이버나 쿠팡처럼 대형 셀러가 장악한 시장과 달리, 개인 작가들이 자신만의 제작 상품을 판매하는 소규모 플랫폼이다. 제작 상품 시장의 흐름을 관찰하기에 적합한 공간이다.

아이디어스를 살펴보면 어떤 유형의 제작 상품이 반복적으로 팔리고 있는지 비교적 쉽게 확인할 수 있다. 물론 아이디어스에 판매되는 상품들이 모두 사입 시장에 존재하지 않는 완전히 새로운 상품은 아니다. 예를 들어 아이디어스에서 판매되는 꽃다발과 1688에서 판매되는 꽃다발을 비교해보면, 기본 소재나 구성은 크게 다르지 않은 경우도 많다.

차이는 '구성 방식'에서 만들어진다. 포장지, 인형, 메시지 카드, 세트 구성 등을 어떻게 조합하느냐에 따라 전혀 다른 상품처럼 보이게 된다. 제작 상품의 핵심은 완전히 새로운 무언가를 만들어내는 데 있지 않다. 기존에 존재하던 상품을 어떻게 묶고, 어떻게 보여주며, 어떤 의미를 부여하느냐에 따라 사입 상품은 충분히 제작 상품으로 확장될 수 있다.

이 지점에서부터 순수익률의 구조가 달라진다. 제작 상품은 단순한 판매 방식의 변화가 아니라, 셀러가 가격과 마진을 다시 설계할 수 있는 단계로 넘어가는 선택이다.

원하는 제작 상품을 찾았지만, 1688에서 동일한 제품이 보이지 않는 경우도 충분히 발생한다. 이럴 때 직접 발로 뛰어볼 수 있는 곳이 방

<table>
<tr><td>아이디어스 꽃다발 종류</td><td>1688 꽃다발 종류</td></tr>
</table>

산시장이나 동대문시장이다. 이곳에서는 각종 부자재, 포장재, 원단, 리본, 인형, 케이스 등 제작에 필요한 거의 모든 재료를 직접 눈으로 확인할 수 있다. 특히 소량 제작이나 테스트 상품을 준비하는 단계라면, 이런 오프라인 시장이 훨씬 현실적인 선택지가 된다.

오프라인 방문이 부담스럽다면 온라인 채널을 활용하는 방법도 있다. 크몽이나 당근과 같은 플랫폼에 제작 의뢰를 올리면, 생각보다 다양한 분야의 전문가를 만날 수 있다. 단순히 '만들어 달라'고 요청하기보다, 제작 과정을 함께 살펴본다는 관점으로 접근해야 한다.

이 과정에서 핵심은 완성된 결과물 자체가 아니라 제작 구조를 이해하는 데 있다. 어떤 재료가 필요한지, 어떤 공정을 거쳐 만들어지는지 그리고 어느 지점에서 비용이 발생하는지를 파악해야 한다. 이 구조가 보이기 시작하면 이후에는 직접 제작을 관리하는 단계로 자연스럽게 넘어갈 수 있다.

제작 상품은 처음부터 혼자 만들어야 하는 영역이 아니다. 외부의 도움을 받아 구조를 배우고, 그 경험을 바탕으로 나만의 제작 방식을 만들어가는 과정이다. 이 단계를 거치면 제작은 더 이상 막연한 영역이 아니라, 충분히 관리 가능한 선택지가 된다.

4장

부업 최적화,
쿠팡 로켓그로스

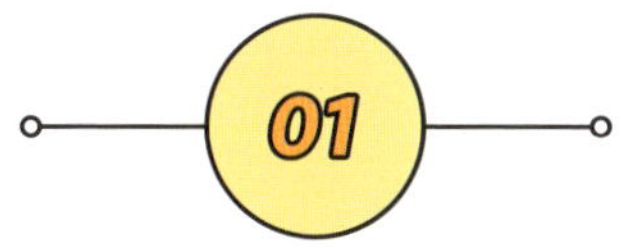

부업에서 사업으로 이어진
결정적 전환점

상품을 판매하다 보면, 어느 순간 이런 아이템이 하나쯤 생긴다. 리뷰가 빠르게 쌓이고, 재구매가 발생하며, 굳이 광고를 하지 않아도 꾸준히 팔리는 상품이다. 이 지점이 바로 부업에서 사업으로 전환되는 첫 갈림길이다. 이때 단순히 상품 수를 늘리는 방향으로 가기보다, 잘 팔리는 상품을 중심으로 경쟁력을 확장하는 전략을 고민해야 한다. 그중 가장 효과적인 방법이 바로 '세트화'다. 세트 구성은 단순히 상품을 더 많이 파는 방식이 아니다. 객단가를 높이는 동시에 구매 전환율까지 함께 끌어올릴 수 있는 구조를 만든다.

첫째, 동일 제품 + 수량형 세트

가장 기본적이면서도 실행하기 쉬운 방식이다. 단일 상품으로 판매하던 제품을 여러 개 묶어 하나의 세트로 구성한다. 예를 들어 칫솔 1개 판매 → 칫솔 3개 세트, 수면 양말 1켤레 → 수면 양말 5켤레 세트와 같은 방식이다. 소비자 입장에서는 '어차피 자주 사용하는 물건'이라는 인식이 생기고, 셀러 입장에서는 자연스럽게 객단가를 높일 수 있다.

둘째, 주력 상품 + 관련 소모품 구성

이미 잘 팔리는 주력 상품이 있다면, 함께 사용하면 좋은 소모품이나 연관 제품을 묶는 방식이다. 단품 판매보다 '같이 쓰면 편리하다'는 명확한 이유가 생기기 때문에 구매 결정 속도가 빨라진다.

예를 들어 커피 드리퍼는 드리퍼 + 여과지 + 계량 스푼 세트 구성이 가능하고, 도시락통은 도시락통 + 소스 통 + 보냉백으로 만들 수 있다. 텀블러 역시 텀블러 + 세척솔 + 여분 패킹 세트와 같은 구성이 가능하다.

셋째, 기념일용 선물 세트

상품을 '물건'이 아니라 '상황'으로 재해석하는 방식이다. 같은 제품이라도 어떤 상황에서 쓰이느냐에 따라 전혀 다른 상품이 된다. 신입사원 입사 선물 세트, 입주 축하 선물 세트, 기념일 감사 선물 세트처럼 구매 목적이 명확해지면, 소비자는 가격보다 편의성을 먼저 보게 된다. 이런 방식으로 상품을 재구성할 때, 부업은 사업으로 넘어가는 전환점을 맞이하게 된다.

이와 함께 중요한 변화가 바로 물류 시스템의 전환이다. 일정 매출 이상이 되면, 더 이상 모든 물류를 직접 처리하는 구조는 한계에 부딪힌다. 이때 3PL, 4PL 그리고 쿠팡 로켓그로스 같은 물류 아웃소싱 시스템을 고려하게 된다.

3PL은 상품 보관, 포장, 출고를 외부 물류센터에 맡기는 방식이다. 셀러는 주문 관리와 상품 기획에 집중하고, 실제 물류는 전문 업체가 담당한다. 배송 품질이 안정되고, 주문량이 늘어나도 운영 부담이 급격히 커지지 않는다.

4PL은 한 단계 더 확장된 구조다. 단순한 물류 대행을 넘어 재고 관리, 출고 전략, 물류 최적화까지 함께 설계해준다. 셀러 입장에서는 물류를 하나의 시스템 영역으로 넘기는 개념에 가깝다.

그리고 쿠팡의 로켓그로스는 물류와 판매를 동시에 확장할 수 있는 구조다. 상품을 쿠팡 물류센터에 입고하면 포장, 배송, 고객 응대까지 대부분의 과정이 자동으로 처리된다. 셀러는 상품 구성과 가격 전략에만 집중할 수 있다.

부업과 사업의 가장 큰 차이는 명확하다. 내가 멈추면 매출도 함께 멈추는 구조인가, 아니면 시스템이 대신 돌아가는 구조인가. 물류 시스템을 구축하는 순간, 온라인 판매는 노동의 영역을 벗어나 운영의 영역으로 이동하게 된다. 이 전환이 이루어질 때, 부업은 비로소 사업이 된다.

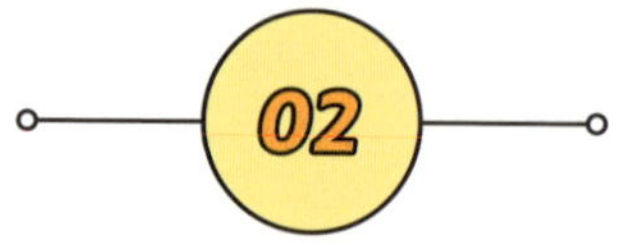

입문자에게 기회가 열리는
시즌 상품의 위력

쿠팡에서의 시즌 상품 매출은 생각보다 훨씬 강력하다. 쿠팡 소비자들의 구매 성향은 '급하게 주문하는 경우'가 많기 때문에, 시즌이 가까워질수록 수요가 짧은 기간에 집중적으로 몰린다. 예를 들어 명절 선물 세트는 명절 3~4일 전까지 주문이 비교적 한산하다가도 명절 하루이틀 전이 되면 한꺼번에 주문이 몰리며 순식간에 품절되는 일이 반복된다.

이러한 특성 때문에 시즌 상품은 오히려 입문자에게 기회가 된다. 시즌이 시작되면 판매 경험이 많은 고수 셀러들의 상품부터 먼저 품절되기 시작한다. 그 과정에서 상대적으로 노출이 적었던 상품이나 신규 셀러의 상품에도 수요가 흘러 들어온다. 시즌 상품은 경쟁이 치열한 동시에, 타이밍만 맞으면 초보자에게도 충분히 기회가 열리는 구조다.

시즌 상품은 월별로 비교적 명확한 흐름을 가진다.

월	시즌 상품
1월	다이어리, 플래너, 다이어트·홈트 용품, 방한 용품, 핫팩
2월	발렌타인데이 선물, 졸업·입학 선물, 신학기 문구, 이사·자취 용품
3월	화이트데이 선물, 신학기 준비물, 어린이집·유치원 용품, 황사·미세먼지 용품
4월	봄나들이 용품, 피크닉·캠핑, 자외선 차단 용품

5월	어린이날·어버이날·스승의 날, 가정의 달 선물 세트
6월	물놀이 용품, 장마 용품, 여름 침구, 쿨매트
7월	휴가·계곡·바다 용품, 쿨링 제품, 여름방학 용품
8월	휴가 용품, 여름 시즌 상품
9월	추석 선물 세트, 명절 포장 용품, 가을 캠핑
10월	핼러윈 용품, 가을 인테리어, 등산·캠핑 용품
11월	수능 관련 상품, 빼빼로데이, 난방 용품, 김장 용품
12월	크리스마스 용품, 연말 파티, 새해 용품, 다이어리

크리스마스 사례

작년 크리스마스를 예로 들어보자. 12월 24일이 되자 크리스마스카드는 대부분 품절 상태가 되었다. 온라인 몰을 검색해도 당일 발송이 가능한 상품은 손에 꼽을 정도였고, 오프라인 매장 역시 남아 있는 물량이 거의 없었다. 수요는 폭발했지만, 상품은 이미 시장에서 사라진 뒤였다.

이 사례가 말하는 메시지는 분명하다. 쿠팡의 시즌 상품은 '얼마나 잘 만들었느냐'보다 '언제 준비했느냐'가 매출을 좌우한다. 시즌을 미리 읽고 준비한 셀러에게는 짧은 기간 안에 큰 매출을 만들 수 있는 기회가 열린다.

크리스마스는 매년 같은 시기에 돌아온다. 12월 24일과 25일이라는 날짜는 단 한 번도 바뀐 적이 없다. 그럼에도 매년 같은 장면이 반복된다. 막판에 수요가 한꺼번에 몰리고, 그제서야 재고를 더 확보하지 못한 점을 아쉬워한다.

크리스마스카드처럼 단가가 낮은 상품일수록 이런 현상은 더 뚜렷하게 나타난다. 가격 부담이 크지 않기 때문에 소비자는 오래 고민하지 않는다. 오늘 꼭 필요하다는 상황이 만들어지면 가격 비교도 하지 않는다. 배송만 가능하다면 바로 결제한다. 이 시점에서는 할인 여부보다 '재고가 있느냐'가 가장 중요한 선택 기준이 된다.

문제는 대부분의 셀러가 이 타이밍을 너무 늦게 인식한다는 점이다. 12월 중순이 지나서야 판매량이 급증하는 흐름을 확인하고 추가 발주를 고민한다. 하지만 많은 셀러가 중국 공장에서 상품을 들여오기 때문에, 실제 물류 입고까지는 최소 7일 이상이 소요된다. 이미 수요가 폭발한 시점에서는 대응이 불가능해진다.

만약 크리스마스카드를 미리 충분히 비축해두었다면 상황은 완전히 달라졌을 것이다. 반대로, 수요 예측 없이 과도하게 재고를 쌓아두었다면 시즌이 지나 악성 재고로 남았을 가능성도 있다. 결국 관건은 '얼마나 많이'가 아니라 '언제, 얼마나 준비했느냐'다.

다음은 작년 크리스마스 시즌에 3D 입체 카드를 판매했던 실제 자료다. 시즌이 가까워지자 방문자 수와 조회 수가 급격히 증가했고, 동시에 재고가 부족해지는 상황이 발생했다. 이 경험을 통해 시즌 상품에서 가장 중요한 점은 상품 자체보다도 타이밍과 재고 관리임을 다시 한번 체감하게 되었다.

상품	방문자	조회	장바구니	주문	판매량	구매전환율	
켄톤팩토리 크리스마스 3D 팝업 입체 카드 성탄절 등록상품 ID: 15868612554 · 옵션 ID: 94087450322 카테고리: 크리스마스카드	2,986 ↗ 29760.00%	3,998 ↗ 30653.85%	456 ↗ 15100.00%	137 ↗ 13600.00%	162 ↗ 16100.00%	3.43% ↘ 55.45%	검색어, 유입경
켄톤팩토리 크리스마스 3D 팝업 입체 카드 성탄절, 흰눈 등록상품 ID: 15868612554 · 옵션 ID: 94087450321 카테고리: 크리스마스카드	2,971 ↗ 22753.85%	4,174 ↗ 29714.29%	482 ↗ 24000.00%	144 ↗ 100.00%	155 ↗ 100.00%	3.45% ↗ 100.00%	검색어, 유입경

시즌 상품의 실제 판매 자료

시즌 상품은 우연이 아니라 반복되는 패턴이다. 이 패턴을 미리 읽고 준비하는 셀러만이 짧은 기간 안에 의미 있는 성과를 만들 수 있다.

리스크를 줄이는 방법

그렇다면 시즌 상품은 어떻게 준비해야 할까. 시즌 상품은 단기간에 큰 매출을 만들 수 있다는 점에서 매우 매력적인 상품군이다. 하지만 '잘 팔린다'는 말만 믿고 아무런 대비 없이 뛰어들면 그 끝은 종종 손실로 이어진다.

지난 사례 하나를 들어보자. 한 강사가 교육생을 대상으로 바라클라바를 유망 시즌 상품으로 추천했다. 당시 SNS와 쇼핑몰에서 판매량이 빠르게 늘고 있었고, '올겨울 대박 아이템'이라는 말까지 돌았다. 이 이야기에 많은 수강생들이 동시에 같은 제품을 대량 사입해, 곧바로 쿠팡에 판매를 시작했다.

결과는 예상과 달랐다. 짧은 시간 안에 동일한 상품이 수백 개 등록되면서 가격 경쟁이 시작됐다. 처음에는 마진이 남던 상품이 며칠 만에 원가 수준까지 떨어졌고, 이후에는 광고비를 쓰지 않으면 노출조차

바라클라바 사례

되지 않는 구조로 바뀌었다. 이런 상황에서는 판매할수록 손해가 커지고, 결국 셀러들은 악성 재고를 떠안게 된다.

이 사례가 보여주는 바는 분명하다. 시즌 상품은 '유행을 쫓는 싸움'이 아니라, 타이밍과 구조를 읽는 싸움이다. 같은 상품을 같은 시점에 같은 방식으로 들고 가면, 결과 역시 비슷할 수밖에 없다. 시즌 상품은 준비하는 방식에 따라 기회가 되기도 하고, 손실이 되기도 한다.

그렇다면 상품의 리스크를 줄일 수 있는 방법은 무엇일까.

첫째, 시즌 상품은 반드시 고마진 구조를 선택해야 한다

시즌 상품은 판매 기간이 짧다. 길어야 한두 달, 짧으면 2~3주 안에 승부가 난다. 이 짧은 기간 안에 의미 있는 매출을 만들기 위해서는 회전율보다 먼저 마진 구조가 갖춰져 있어야 한다. 마진이 얇은 상품은 조금만 가격 경쟁이 붙어도 바로 적자로 전환된다.

대표적인 예가 풍선류다. 풍선은 단가가 낮지만 원가 역시 매우 낮은 고마진 상품군에 속한다. 핼러윈, 크리스마스, 신년, 생일, 파티 등 다양한 시즌에 반복적으로 사용되며, 디자인만 달라져도 전혀 다른 상품이 된다. 재고 부담 대비 활용도가 높은 구조다.

특히 연초 시즌을 보면 이 특징이 더욱 분명해진다. 예를 들어 2026년을 앞두고 '2026 풍선'을 검색해보면, 실제로 많은 셀러가 해당 연도에 특화된 상품을 미리 준비하지 못한다. 대부분은 전년도 재고를 소진하거나, 'HAPPY NEW YEAR'처럼 범용적인 문구의 상품만 등록해둔다.

이때 숫자가 명확히 들어간 2026 전용 풍선은 경쟁자가 거의 없는 상태로 노출된다. 소비자는 새해 파티를 준비하며 자연스럽게 연도를 검색하게 되고, 그 키워드를 정확히 담은 상품은 구조상 상단 노출이 유리해진다. 광고를 쓰지 않아도 초기 트래픽을 흡수할 수 있는 구간이 만들어지는 셈이다.

시즌 상품의 리스크를 줄이기 위해서는, 유행을 늦게 따라가는 소극적 대응이 아니라 마진이 버텨줄 수 있는 구조를 먼저 설계해야 한다. 이 기준이 있어야 짧은 시즌 안에서도 수익을 남길 수 있다.

크리스마스 풍선이나 핼러윈 풍선을 1688에서 찾아보면 생각보다 훨씬 저렴한 가격으로 사입이 가능하다. 국내에서는 개당 몇 천 원에 판매되는 상품들도 원가를 들여다보면 단가가 몇 백 원 수준인 경우가 많다. 이 가격 차이에서 시즌 상품의 마진 구조가 만들어진다.

예를 들어 아래 이미지의 풍선의 경우, 개당 구입 단가는 약 130원이고 5개 기준으로는 682원이다. 이 풍선을 5종 세트로 구성해 크리스마스 시즌에 10,800원에 판매했다. 만약 5개입 세트 기준으로 100세트를 주문한다면, 총 매입 금액은 68,200원에 불과하다.

여기서 계산은 단순해진다. 판매가 10,800원을 기준으로 보면, 단 6세트만 판매해도 매입 원가는 모두 회수된다. 다시 말해 시즌 초반에 6개만 팔아도 손익분기점을 넘기는 구조가 만들어진다. 이후 발생하는 매출은 사실상 이익 구간에 들어간다. 광고를 쓰지 않더라도 자연 유입으로 몇 건만 추가로 발생해도 수

크리스마스 및 핼러윈 풍선

익은 빠르게 쌓인다. 시즌 상품이 매력적인 이유가 바로 여기에 있다. 초기 비용이 크지 않은 상태에서, 수익 전환 시점이 매우 빠르게 도달하기 때문이다.

다른 예로 설날 시즌에 딱지치기를 판매했던 경험이 있다. 이 이야기를 하면 많은 사람이 "딱지치기를 누가 사요? 그런 게 정말 팔려요?"라고 묻는다.

하지만 생각보다 많은 사람이 딱지치기를 구매한다. 설날은 아이들에게 '명절 놀이 시즌'이다. 윷놀이, 제기차기, 공기놀이처럼 가족이 함께할 수 있는 전통 놀이에 대한 수요가 짧은 기간 동안 급격히 올라간다. 특히 요즘은 집 안에서 아이들과 간단히 즐길 수 있는 놀이 용품에 대한 관심이 높아졌고, 드라마 〈오징어 게임〉의 영향으로 딱지를 찾는 부모들도 늘었다.

딱지치기의 원가는 생각보다 매우 낮다. 중국 기준으로 보면 개당 약 245원 수준에서 사입이 가능하다. 하지만 이 상품은 단품으로 팔기보다 묶음 상품으로 구성할 때 진짜 힘을 발휘한다. 8개입 세트, 16개입 세트, 40개입 대용량 세트처럼 구성할수록 객단가와 마진이 함께 올라간다.

명절 시즌에는 '이게 팔릴까?' 싶은 상품들이 의외로 잘 팔린다. 평소에는 잘 움직이지 않던 상품도 특정 날짜와 상황이 결합되는 순간 전혀 다른 상품이 된다. 내가 판매했던 딱지치기는 그 대표적인 사례다. 시즌 상품은 반드시 트렌디할 필요가 없다. 화려하지 않아도 되고, 최신 아이템일 필요도 없다. 그 시기에 꼭 필요한 이유만 명확하다면 충분히 매출을 만들어낼 수 있다.

딱지 판매 현황

둘째, 시즌 상품은 반드시 묶음 상품을 공략해야 한다

특히 어린이집 선물 세트, 크리스마스 선물 세트, 입학 선물 세트처럼 선물 목적이 분명한 시즌에서는 묶음 상품의 힘이 훨씬 크게 작용한다. 이 시기의 소비자는 개별 상품을 하나하나 비교하지 않는다. "이걸 사면 한 번에 해결될까?"를 먼저 본다.

어린이집 선물을 예로 들어보자. 부모 입장에서는 수십 명의 아이들에게 나눠줄 선물을 준비해야 한다. 하나하나 고르는 과정은 번거롭고, 실패하고 싶지도 않다. 이때 이미 구성된 선물 세트는 선택의 부담을 크게 줄여준다. 여기에 포장까지 되어 있다면, 구매 이유는 더욱 명확해진다.

크리스마스도 마찬가지다. 아이에게 줄 선물, 친구에게 건넬 작은 선물, 파티용 답례품까지 한 번에 해결하고 싶어 하는 수요가 몰린다. 이 시점에서는 단품보다 '크리스마스 선물 세트'라는 이름이 붙은 상품이 훨씬 빠르게 선택된다.

입학 선물 세트 역시 구조는 동일하다. 연필, 지우개, 네임 스티커, 필통처럼 개별로 보면 평범한 상품들이지만, 이를 하나로 묶는 순간 하나의 선물이 된다. 상품 자체가 달라지는 것이 아니라, 구매 목적에 맞게 재구성되는 것이다.

시즌 상품에서 묶음 전략은 단순한 수량 판매가 아니다. 소비자의 고민을 대신 해결해주는 방식이며, 동시에 객단가와 전환율을 함께 끌어올릴 수 있는 가장 현실적인 방법이다. 단품은 필요할 때만 구매하지만, 세트 상품은 "지금 사두자"라는 결정을 훨씬 쉽게 만든다. 특히 시즌 상품은 구매 시점이 매우 짧기 때문에, 세트 구성이 판매량을 크게 좌우한다.

세트 구성의 사례

또 하나의 장점은 가격 구조다. 묶음 상품은 단품 대비 객단가를 자연스럽게 끌어올릴 수 있다. 가격이 다소 높아지더라도 소비자는 이를 비싸다고 느끼기보다, 구성이 괜찮다고 인식한다. 그 결과 마진율은 물론 전체 매출 규모까지 함께 커진다.

시즌 상품에서 세트 전략은 선택이 아니라 필수에 가깝다. 짧은 기간 안에 성과를 만들어야 하는 구조에서 세트 구성은 가장 현실적인 해답이 된다.

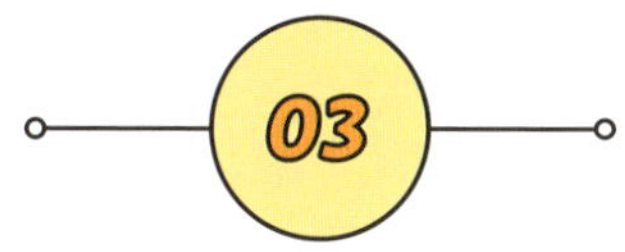

시즌에 따라 달라지는
로켓그로스 광고 전략

로켓그로스는 다음 날 배송이 가능한 구조라는 점에서 시즌 상품과 궁합이 매우 좋다. 특히 크리스마스이브나 핼러윈 전날처럼 "내일 당장 필요하다"는 상황에서는 그 효과가 극대화된다. 이 시점의 소비자는 더 이상 가격을 비교하지 않는다. 오늘 주문하면 내일 받을 수 있는지, 그 한 가지만 본다. 그래서 같은 상품이라도 일반 배송보다 로켓그로스 상품이 훨씬 빠르게 선택된다. 시즌 막바지로 갈수록 이 차이는 더 크게 벌어진다.

이때 중요한 전략은 전날 매출을 최대화하는 운영 방식이다. 시즌 상품은 하루 차이로 매출이 완전히 갈린다. 특히 크리스마스이브 전날이나 핼러윈 전날 밤은 시즌 전체 매출의 상당 부분이 집중되는 구간이다. 이 시간을 어떻게 운영하느냐에 따라 시즌 성과가 결정된다.

그래서 이 날은 평소와 같은 광고 운영을 하면 안 된다. 오히려 의도적으로 광고비를 높게 집행하는 전략이 필요하다. 이 시점은 마진을 아끼는 날이 아니라, 재고를 회수하는 날이다. 하루 안에 회전이 끝나기 때문에 광고비 대비 매출 효율이 매우 높게 나타나는 경우가 많다.

구체적으로는 시간대 전략이 중요하다. 낮 시간에는 입찰 광고비를 낮게 유지한다. 낮에는 비교 구매가 많고 실제 구매 전환은 상대적으로 낮다. 이 시간대에 무리하게 광고비를 쓰면 효율이 떨어진다.

반대로 18시 이후부터는 전략을 전환한다. 퇴근 이후, 아이를 재우기 전, 밤 시간대에 소비자는 '내일 꼭 필요한 물건'을 급하게 찾기 시작한다. 이때 입찰가와 일일 광고비를 과감하게 올려 노출을 집중시킨다. 검색 상단에 노출되기만 해도 클릭과 전환이 빠르게 발생한다. 시즌 상품에서 로켓그로스는 단순한 배송 옵션이 아니다. 구매 결정을 앞당기는 결정적 요인이며, 막판 매출을 끌어올리는 가장 강력한 무기다.

광고 전략

이처럼 특정한 날에는 그날에 맞는 광고 운영 규칙이 필요하다. 쿠팡 광고에는 자동 규칙 기능이 있는데, 이를 잘 활용하면 시즌 전날에 매우 유리한 운영이 가능하다.

쿠팡 광고에서는 "오후 6시 이전에 일 예산의 ○○%가 소진되면, 광고 중지 없이 ○○%까지 예산을 증액한다"와 같은 형태의 자동 규칙을 설정할 수 있다. 이 규칙의 핵심은 광고를 멈추지 않고 예산을 자동으로 확장한다는 점이다. 일반적으로 일 예산을 모두 소진하면 광고는 중지되지만, 자동 규칙을 설정해두면 특정 조건을 만족했을 때 예산이 늘어나며 노출이 계속 유지된다.

이 구조를 시즌 상품에 적용하면 운영 전략이 달라진다. 먼저 일 예산을 비교적 낮게 설정해둔다. 낮 시간대에는 과도한 노출이 필요하지 않기 때문이다. 이 구간은 비교성 클릭이 많고 실제 구매 전환율은 낮은 편이다.

그리고 18시 이후를 기준으로 광고비 증가 비율을 크게 설정한다. 예를 들어 오후 6시 이전에 일 예산의 일정 비율이 소진되면, 그 시점부터 광고비가 자동으로 크게 상승하도록 규칙을 걸어두는 방식이다. 이렇게 하면 퇴근 이후, 구매 의도가 가장 강해지는 시간대에 광고 노출이 집중된다. 결과적으로 광고비는 하루 종일 분산되지 않고, 전날 밤이라는 가장 중요한 시간대에 몰아서 사용되게 된다.

쿠팡은 밤 11시 이전 주문 시 다음 날 수령이 가능한 로켓 배송 시스템을 갖추고 있고, 소비자들 역시 이 구조를 잘 알고 있다. 그래서 밤 11시 직전에 주문이 집중된다. 이 시간대에 광고비를 과감하게 집행해 상단에 노출된 상품은, 클릭을 넘어 바로 매출로 이어지는 경우가 많다.

시즌 상품에서 자동 규칙은 단순한 편의 기능이 아니다. 가장 중요한 시간대에 광고비를 집중시키는 전략 도구다. 이 차이가 시즌 매출의 크기를 결정한다.

5장

성공하는 셀러의 더 심플한 마케팅 노하우

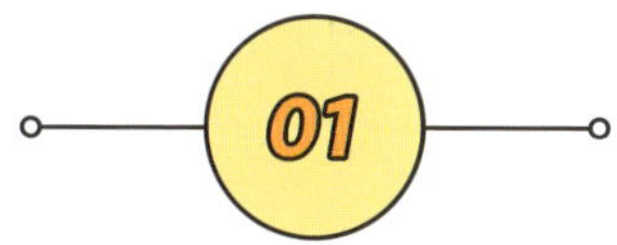

상품명 SEO는 기본이다

실제로 상품을 업로드할 때 가장 중요한 요소는 무엇일까. 바로 상품명을 어떻게 잡느냐다. 이 과정을 흔히 키워드 SEO(Search Engine Optimization, 검색 엔진 최적화)라고 부른다. 같은 상품이라도 어떤 단어를 상품명에 넣느냐에 따라 노출량은 완전히 달라진다. 사진이 아무리 좋아도, 가격 경쟁력이 있어도 검색되지 않으면 팔리지 않는다.

그래서 상품을 올리기 전에 반드시 거쳐야 할 단계가 있다. 상품명을 먼저 정하는 것이 아니라, 키워드를 먼저 수집해야 한다. 키워드 수집은 감이 아니라 구조로 접근해야 한다. 기본적인 방법은 다음과 같다.

첫째, 네이버에서
경쟁 상품의 키워드를 확인한다

가장 기본이면서도 가장 효과적인 방법이다. 네이버 쇼핑에서 내가 판매하려는 상품을 그대로 검색해본다. 예를 들어 '액막이 명태'라는 키워드를 찾고 싶다고 가정해보자. 네이버에서 '액막이 명태'를 검색하면 상단에 노출된 상품들의 상품명을 바로 확인할 수 있다.

이때 중요한 점은 단순히 하나의 단어만 쓰지 않는다는 것이다. 실제 상위 노출 상품들의 상품명을 살펴보면 다음과 같은 키워드들이 함께 섞여 있는 것을 확인할 수 있다.

#액막이명태 #행운 #북어 #개업선물 #집들이 #이사

하나의 상품 안에 여러 '상황 키워드'가 함께 담겨 있다. 이는 셀러들이 무작위로 적은 것이 아니라, 실제로 검색되는 단어들을 조합해 상품명을 구성했기 때문이다.

만약 상품명을 '액막이 명태 인테리어 소품' 정도로만 설정한다면, 검색될 수 있는 범위는 극단적으로 줄어든다. 반면 상위 노출 상품들은 하나의 상품에 여러 검색 이유를 동시에 담는다. 이것이 키워드 SEO의 핵심이다.

키워드 확인하기

키워드는 내가 만들어내는 것이 아니다. 이미 소비자가 검색하고 있는 단어를 가져오는 것이다. 그래서 가장 좋은 힌트는 플랫폼이 직접 보여주는 연관 검색어다.

먼저 네이버다. 네이버 검색 창에 키워드를 입력하면, 검색 창 아래에 '연관 검색어'와 '함께 많이 찾는 검색어'가 자동으로 노출된다. 이 영역은 단순 추천이 아니다. 실제 사용자들

연관 검색어 확인하기

이 함께 검색한 이력이 누적되어 만들어진 결과다. 즉, 이 단어들은 이미 검색 수요가 존재한다는 의미다.

예를 들어 '액막이 명태'를 검색하면 액막이 명태라는 단어만 나오는 것이 아니라 선물, 집들이, 개업, 인테리어, 북어 등 다양한 연관 키워드가 함께 등장한다. 이 연관 검색어들은 그대로 상품명 후보가 된다. 특히 선물, 개업, 집들이처럼 목적이 분명한 키워드는 전환율이 매우 높다. 단순히 구경하는 검색이 아니라, 구매를 전제로 한 검색이기 때문이다.

다음은 쿠팡이다. 키워드 수집 관점에서 보면, 사실 쿠팡은 네이버보다 훨씬 강력한 플랫폼이다. 쿠팡은 쇼핑 전용 플랫폼이기 때문에, 연관 검색어 자체가 구매 중심으로 정제되어 있다. 검색창에 키워드를 입력하는 순간부터 하단과 추천 영역에 매우 구체적인 연관 검색어들이

노출된다.

같은 '액막이 명태'라도 쿠팡에서는 사이즈, 용도, 선물 상황, 가격대 중심의 키워드가 더 많이 등장한다. 이는 실제 구매 전환으로 이어진 검색 패턴이 반영된 결과다. 그래서 쿠팡 연관 검색어는 단순 참고 자료가 아니라, 실전에 바로 활용할 수 있는 키워드 데이터에 가깝다.

특히 쇼핑 카테고리 위주의 상품일수록 키워드 수집에서는 네이버보다 쿠팡이 더 많은 힌트를 제공하는 경우가 많다. 두 플랫폼을 함께 활용하면 상품명을 구성할 수 있는 키워드의 폭은 훨씬 넓어진다.

셋째, 네이버 데이터랩을 활용하자

네이버 데이터랩은 키워드의 검색량과 흐름을 수치로 확인할 수 있는 도구다. 감으로 판단하는 단계가 아니라, 실제 데이터로 키워드를 걸러내는 과정이라고 보면 된다.

연관 검색어와 경쟁 상품 분석을 통해 키워드를 충분히 모았다면, 다음 단계는 이 단어들이 실제로 검색되고 있는지를 확인하는 것이다. 이 역할을 해주는 것이 바로 네이버 데이터랩이다. 데이터랩에서는 특정 키워드의 검색량 추이, 최근 몇 개월간의 상승·하락 흐름 그리고 시즌성 여부를 한눈에 확인할 수 있다.

이 과정에서 반드시 적용해야 할 기준이 있다. 먼저 검색량이 지나치게 낮은 키워드는 과감히 제외해야 한다. 아무리 상품과 잘 맞는 단어라도, 검색 자체가 거의 없다면 노출될 기회가 없다.

다음으로 트렌드 흐름을 함께 살펴봐야 한다. 검색량이 일시적으로 급등했다가 급격히 하락하는 키워드는 주의가 필요하다. 이런 키워드는 이슈성 단어일 가능성이 높고, 실제 상품을 업로드하는 시점에는 이미 수요가 끝난 경우가 많다.

반대로 검색량이 아주 크지 않더라도, 매년 비슷한 시기에 반복적으로 상승하는 키워드는 매우 좋은 후보가 된다. 이런 키워드는 예측 가능한 시즌성을 가지며, 장기적으로 안정적인 상품 운영 전략을 세우는 데 도움이 된다.

네이버 데이터랩은 '될 것 같은 키워드'를 고르는 도구가 아니라, 버려야 할 키워드를 먼저 걸러내는 필터다. 이 과정을 거칠수록 상품명에 들어가는 키워드의 밀도는 높아진다.

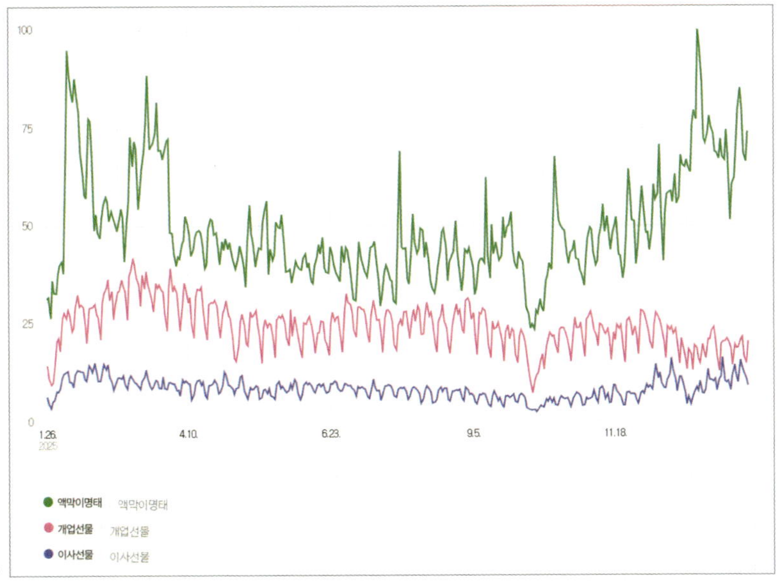

데이터랩에서 키워드의 검색량 확인하기

넷째, 키워드를 잡았다면
서브 키워드를 반드시 리스트업해야 한다

메인 키워드 하나만으로는 노출에 분명한 한계가 있다. 실제 검색은 단일 키워드보다 여러 단어가 결합된 형태로 이루어지는 경우가 훨씬 많다. 그래서 메인 키워드를 중심으로, 구매로 이어질 가능성이 높은 서브 키워드들을 함께 구성해야 한다.

예를 들어 메인 키워드가 다음과 같다고 가정해보자.

메인 키워드: #액막이명태

이 키워드 하나만으로는 검색 범위가 제한적이다. 하지만 이 상품이 사용되는 '상황'을 함께 붙이면 이야기가 달라진다.

서브 키워드: #행운 / #북어 / #개업선물 / #집들이 / #이사

이처럼 서브 키워드는 상품 기능이 아니라 구매 이유를 설명하는 키워드다. 사람들은 '액막이 명태'라는 단어보다 '개업 선물', '집들이 선물', '이사 선물'처럼 목적을 먼저 떠올리는 경우가 훨씬 많다. 그래서 서브 키워드를 고를 때 기준은 명확하다. 검색량이 조금 적더라도 구매 전환 가능성이 높은 키워드를 선별해야 한다는 점이다.

마지막 단계, SEO에 최적화된 방식으로 키워드를 배치하자. 메인 키워드와 서브 키워드를 모두 정리했다면, 이제는 무엇을 넣느냐가 아니라 어떻게 넣느냐의 문제다. 같은 키워드를 가지고도 상품명 구성 방식

에 따라 노출 결과는 크게 달라진다. 특히 스마트스토어는 상품명 구조에 매우 민감한 플랫폼이기 때문에, 아래 원칙을 지키는 것이 중요하다.

상품명을 가장 효과적으로 잡기 위한 다섯 가지 원칙

상품명은 49자 이내로 작성한다

카테고리별로 세부 기준은 조금씩 다르지만, 일반적으로 상품명은 49자 이내가 가장 안정적이다. 이를 초과하면 검색 최적화 지수가 하락할 수 있다. 많이 넣고 싶다고 무작정 길게 작성하면, 오히려 노출이 줄어드는 구조다. 상품명은 설명문이 아니라 검색용 문장이라는 점을 잊지 말아야 한다.

메인 키워드는 반드시 붙여쓴다

메인 키워드는 반드시 완성형 단어로 붙여서 사용해야 한다.

× 액막이 명태

○ 액막이명태

띄어쓰기를 하면 검색 인식이 분리된다. 메인 키워드는 하나의 단어로 인식되어야 SEO 최적화가 이루어진다.

키워드 순서는 중요하지 않다

많은 사람들이 메인 키워드를 반드시 맨 앞에 넣어야 한다고 생각한다. 하지만 실제 상위 노출 상품을 보면, 메인 키워드가 앞에 있지 않은 경우도 매우 많다. 스마트스토어 검색 로직은 키워드 포함 여부와 조합 구조를 더 중요하게 본다. 억지로 앞에 배치하기보다, 자연스럽게 포함시키는 방법이 훨씬 효과적이다.

중복 단어는 최대 2회까지만 사용한다

중복 키워드는 많이 넣을수록 좋은 것이 아니다. 오히려 SEO 점수를 떨어뜨리는 요인이 된다. 예를 들어 집들이선물 / 이사선물 / 개업선물처럼 '선물'이라는 단어를 반복 사용하는 경우가 대표적이다. 동일 단어는 최대 2회 이내로 제한하자. 그 이상 반복되면 키워드 과다 사용으로 인식되어 노출에 불리해질 수 있다.

서브 키워드는 중요도 순서대로, 완성형 단어로 나열한다

서브 키워드는 문장처럼 쓰는 형태가 아니라, 완성형 키워드를 나열하는 방식이 가장 효과적이다.

× "집들이할 때 좋은 선물용 액막이명태입니다"

○ 집들이선물 / 개업선물 / 이사선물 / 행운소품

구매 목적이 분명한 키워드를 중심으로, 중요도 순서대로 정렬해 배치해야 SEO에 훨씬 유리하다.

왜 처음 상품 등록할 때 SEO를 맞춰야 할까

처음 상품을 등록할 때 SEO 세팅이 제대로 되지 않으면, 아무리 좋은 상품이라도 상위 노출은커녕 검색 유입조차 발생하지 않는 경우가 매우 많다. 그래서 초반 세팅이 잘못된 상품들은 "왜 안 팔리지?"라는 의문만 남긴 채 묻혀버리는 경우가 허다하다.

특히 스마트스토어나 쿠팡 같은 검색 기반 플랫폼에서는 상품 등록 초기에 설정한 상품명 구조와 키워드 값이 이후 노출 흐름에 큰 영향을 준다. 처음부터 검색 알고리즘이 인식하기 좋은 형태로 들어가지 않으면, 나중에 아무리 수정하더라도 회복이 쉽지 않은 경우도 많다. 그래서 초보 셀러에게 SEO는 어렵게 느껴질 수 있다. 용어도 생소하고, 기준도 명확해 보이지 않기 때문이다. 하지만 한 번 구조를 이해하면, SEO는 감이 아니라 반복 가능한 공식에 가깝다.

썸네일과 상세 페이지
제작 팁

온라인 셀러에게 있어 썸네일과 상품 페이지는 단순한 이미지가 아니다. 같은 상품이라도 어떤 이미지로 보이느냐에 따라 클릭률과 전환율이 완전히 달라지는, 판매 성과를 좌우하는 핵심 단계다. 소비자는 상품을 자세히 보기 전에 이미지를 먼저 보고 판단한다. 결국 이미지는 '설명'이 아니라 '선택을 유도하는 장치'에 가깝다.

문제는 대부분의 초보 셀러가 디자인을 지나치게 어렵게 생각한다는 점이다. 포토샵을 배워야 할 것 같고, 전문가에게 맡겨야 할 것 같아 시작 단계에서부터 부담을 느끼는 경우가 많다. 하지만 지금은 툴만 잘 활용하면 전문 디자이너가 아니어도 충분히 경쟁력 있는 이미지를 만들 수 있는 환경이 갖춰져 있다. 핵심은 기술이 아니라, 어떤 이미지를 만들어야 하는지에 대한 방향성이다.

내가 가장 많이 활용하는 방법은 AI 생성 툴인 나노바나나와 디자인 툴인 미리캔버스를 함께 사용하는 방식이다. 이 조합은 촬영 장비나 복잡한 디자인 작업 없이도, 초보 셀러가 바로 적용할 수 있다는 점에서 매우 실용적이다. 특히 상품 테스트 단계나 위탁·사입 초기에는 비용을 들이지 않고도 빠르게 이미지를 만들어볼 수 있다는 장점이 있다.

나노바나나 활용하기

먼저 나노바나나를 활용한 이미지 제작 방식이다. 나노바나나는 실제 상품 촬영이 없어도 AI를 통해 상품 연출 컷, 분위기 컷, 감성 이미지를 만들어낼 수 있는 툴이다. 특히 시즌 상품이나 소품류, 선물 세트처럼 '분위기 연출'이 중요한 상품과 잘 맞는다. 예를 들어 졸업 시즌 상품이라면 실제 촬영 없이도 졸업식 장면이나 축하 분위기를 AI로 구현할 수 있고, 핼러윈 시즌에는 호박, 어두운 조명, 파티 무드 같은 연출도 자연스럽게 만들어낼 수 있다.

이런 방식으로 생성한 이미지는 활용도가 매우 높다. 여러 장을 만들어 썸네일 후보로 테스트해볼 수 있고, 상품 페이지 구성 이미지로도 충분히 사용할 수 있다. 내가 실제로 인형 꽃다발 상품을 나노바나나로 재가공해 활용했던 결과물처럼, 하나의 상품도 연출 방식에 따라 전혀 다른 인상을 줄 수 있다. 결국 이미지는 '잘 찍는 것'보다 '잘 보이게 만드는 것'이 훨씬 중요하다.

이렇게 만들어진 이미지는 썸네일의 메인 비주얼이나 상품 페이지 상단의 메인 컷으로 활용하기에 매우 적합하다. 소비자가 상품을 처음 마주하는 지점에서 시선을 끌어야 하기 때문에, 첫 화면에 들어가는 이미지는 무엇보다 중요하다. 이 역할에 나노바나나로 제작한 이미지가 잘 어울린다.

특히 나노바나나의 가장 큰 장점은 상품을 '과장되게' 보이게 만드는 방식이 아니라, '사용 장면을 자연스럽게 상상하게 만든다'는 점이다. 실제 제품의 형태나 기능을 왜곡하기보다는 소비자가 이 상품을 언제, 어떤 상황에서 쓰게 될지를 이미지로 먼저 보여주는 역할을 한다. 그래서 썸네일이나 메인 컷으로 사용했을 때 거부감이 적고, 클릭 이후 상세 페이지로 자연스럽게 이어지기 쉽다.

나노바나나를 활용한 이미지 제작

미리캔버스를 활용한 상품 페이지 제작

다음은 미리캔버스를 활용한 상품 페이지 제작 방식이다. 미리캔버스는 이미 완성된 템플릿을 기반으로, 텍스트와 이미지만 교체하면 바로 사용할 수 있는 디자인 툴이다. 레이아웃을 처음부터 고민할 필요가 없고, 구성 자체가 이미 판매용 페이지에 맞게 설계되어 있어 초보 셀러에게 특히 유용하다.

포토샵처럼 복잡한 기능이나 전문적인 디자인 지식이 필요하지 않다는 점도 큰 장점이다. 기본적인 드래그와 텍스트 수정만으로도 깔끔한 상품 페이지를 만들 수 있기 때문에, 디자인에 대한 부담 없이 상품 등록에 집중할 수 있다. 나노바나나로 만든 이미지를 미리캔버스 템플릿에 얹기만 해도, 충분히 경쟁력 있는 상품 페이지 구성이 가능해진다.

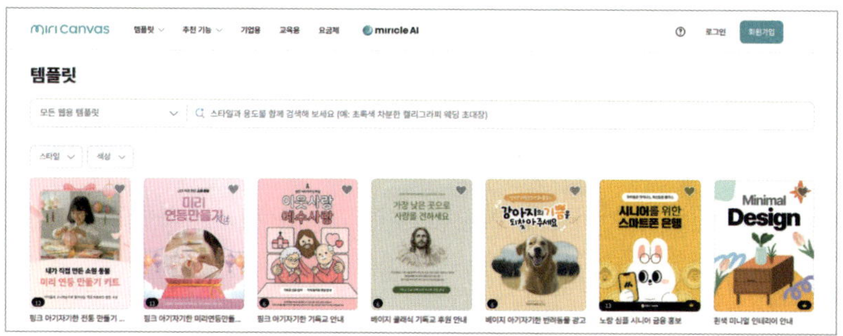

미리캔버스에서 템플릿 이용하기

미리캔버스를 활용했을 때 가장 큰 장점은 하나의 템플릿으로 일관된 상품 페이지를 만들 수 있다는 점이다. 상품을 여러 개 운영하다 보면 페이지마다 구성과 흐름이 제각각이 되기 쉽다. 어떤 상품은 설명이 지나치게 길고, 어떤 상품은 정보가 부족하며, 어떤 페이지에는 꼭 필요한 안내가 빠져 있는 식이다. 이런 상태가 반복되면 스토어 전체의 신뢰도가 떨어지고, 구매 전환율 역시 불안정해질 수밖에 없다.

미리캔버스를 사용하면 이런 문제를 구조적으로 해결할 수 있다. 하나의 기준 템플릿을 만들어두고, 그 틀 안에서 사진과 문구만 교체하는 방식으로 페이지를 제작하기 때문이다. 상품이 달라져도 페이지의 흐름과 구성은 동일하게 유지된다. 덕분에 "이 상품에는 있는데, 저 상품에는 없네" 같은 정보 누락이 거의 발생하지 않는다.

특히 초보 셀러일수록 이 점은 매우 중요하다. 상품 페이지를 여러 개 만들다 보면 어느 순간 귀찮아지거나, '이 정도면 충분하겠지' 하고 넘어가게 되는 경우가 많다. 그 결과 교환·환불 기준, 배송 정보, 구성 안내처럼 중요한 내용이 빠진 페이지가 생기기 쉽다. 미리캔버스 템플릿은 이런 실수를 개인의 성실함이 아니라 구조로 막아준다.

또 하나의 장점은 브랜드의 일관성이다. 색감, 폰트, 문단 구조가 동일하게 유지되면 소비자는 무의식적으로 같은 브랜드라는 인식을 하게 된다. 이는 단순히 디자인이 깔끔해 보인다는 차원을 넘어, '정리된 스토어'라는 신뢰로 이어진다. 이렇게 쌓인 인식은 재구매와 스토어 전체의 안정적인 성장으로 연결된다.

미리캔버스 상품 페이지에 반드시 들어가야 할 정보

미리캔버스로 상품 페이지를 제작할 때는 디자인보다 먼저 정보 구조를 정리해야 한다. 아래 항목들은 구매 전환과 클레임 방지를 위해 반드시 포함되어야 할 기본 요소다.

❶ 상품 핵심 한 줄 요약

이 상품이 무엇인지, 누구를 위한 상품인지 한 문장으로 정리한다. 소비자가 스크롤을 내리기 전, 상품의 용도를 즉시 이해할 수 있어야 한다.
(예: 크리스마스 파티용 풍선 세트 / 어린이집 선물용 구성)

❷ 사용 상황 · 추천 대상

언제, 어떤 상황에서 사용하는 상품인지 명확히 제시한다. 기념일, 시즌, 연령대, 사용 장소 등을 구체적으로 적을수록 구매 결정이 빨라진다.

❸ 구성품 안내

세트 구성, 수량, 포함 품목을 정확하게 표기한다. 특히 묶음 상품일수록 '무엇이 몇 개 들어 있는지'를 명확히 보여줘야 한다.

❹ 사이즈 및 규격 정보

크기, 길이, 용량, 재질 등 실물 기준 정보를 반드시 포함한다. 사진만 보고 크기를 오해하는 상황을 방지하기 위한 필수 항목이다.

❺ 사용 방법 또는 활용 예시

상품을 어떻게 사용하는지 사진이나 짧은 문장으로 설명한다. 복잡한 설명보다 '이렇게 쓰면 된다'는 수준이면 충분하다.

❻ 주의사항 및 안내 문구

파손 가능성, 사용 연령, 보관 방법, 색상 차이 등 분쟁을 예방하는 정보다. 이 영역이 잘 정리될수록 교환·환불 요청이 줄어든다.

❼ 배송 · 교환 · 환불 기준 요약

약관 전체를 나열하기보다 핵심 조건만 시각적으로 정리한다. 구매 전 불안을 줄이고, 구매 결정 속도를 높이는 역할을 한다.

❽ 브랜드 및 스토어 신뢰 요소

브랜드명, CS 안내, 교환 문의 방법 등 구매 후 신뢰를 높이는 정보다. 정리된 스토어라는 인상을 주는 노력만으로도 전환율은 달라진다.

비용 없이 활용하는
네이버 무료 마케팅

파워 등급 이상의 네이버 온라인 셀러라면 반드시 한 번쯤 살펴봐야 할 제도가 있다. 바로 네이버 브랜드 커넥트다. 브랜드 커넥트는 브랜드와 크리에이터를 연결해, 콘텐츠를 통해 상품을 노출시키는 네이버의 공식 마케팅 시스템이다.

스토어 등급이 어느 정도 올라가면, 단순히 네이버 검색 광고에만 의존하는 구조에서 벗어나야 할 시점이 온다. 이때부터는 광고비를 계속 태우는 방식이 아니라, 콘텐츠를 활용한 노출 전략을 함께 고민해야 한다. 브랜드 커넥트는 이 지점에서 매우 현실적인 선택지가 된다.

네이버 브랜드 커넥트는 크게 두 가지 방식으로 운영된다.

첫 번째는 캠페인 제휴 방식

가장 일반적인 형태는 체험단 운영이다. 블로그, 인스타그램 등 다양한 SNS 크리에이터와 브랜드를 연결해 콘텐츠를 제작·노출하는 구조다. 셀러는 브랜드 커넥트 내에서 직접 캠페인을 등록하고, 체험단에 참여할 크리에이터를 모집할 수 있다.

모집형 캠페인을 열어 크리에이터가 직접 지원하도록 할 수도 있고, 이미 브랜드 커넥트에 등록된 크리에이터에게 브랜드가 먼저 역제안을 보내는 방식도 가능하다. 선택지는 셀러가 상황에 맞게 조정할 수 있다.

내가 주로 활용하는 방식은 모집형 체험단이다. 대형 인플루언서 한두 명에게 집중하기보다는, 여러 명의 마이크로 인플루언서를 통해 상품을 분산 노출시키는 방식이 실제 체감 효과가 더 크다고 판단했기 때문이다.

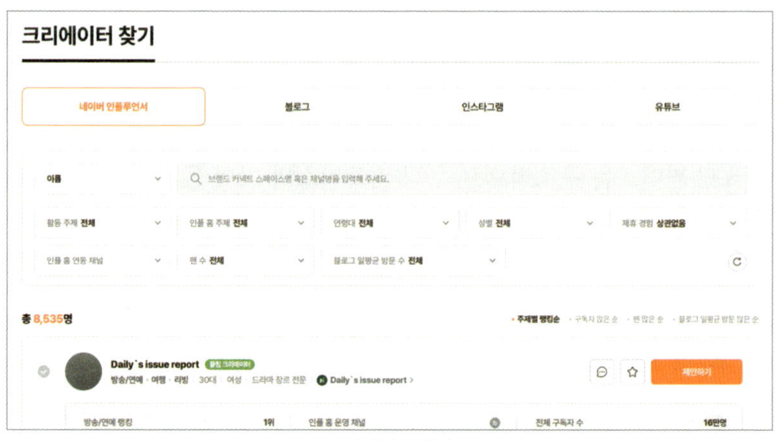

크리에이터 찾기

마이크로 인플루언서는 팔로워 수가 많지 않지만, 콘텐츠의 진정성이 높고 실제 구매 전환율이 좋은 경우가 많다. 특히 스마트스토어 상품처럼 실사용 후기와 경험 공유가 중요한 제품일수록, 이런 형태의 콘텐츠가 훨씬 자연스럽게 작동한다.

브랜드 커넥트의 또 하나 중요한 장점은 리워드 구조를 셀러가 직접 선택할 수 있다는 점이다. 상품만 무상 제공할지, 아니면 콘텐츠 제작에 대한 리워드 금액까지 함께 지급할지 조건을 직접 설정할 수 있다. 이 부분은 초보 셀러에게 특히 중요하다. 처음부터 마케팅 비용을 크게 쓰는 것은 부담이 크기 때문이다. 그래서 초기에는 리워드 금액 없이, 상품 무상 제공 방식으로 체험단을 운영해보는 선택이 충분히 가능하다.

이렇게 생성된 콘텐츠는 단발성 홍보로 끝나지 않는다. 블로그와 검색 결과에 남아, 시간이 지나도 계속 노출되는 자산형 콘텐츠로 쌓이게 된다. 광고비를 쓰지 않고도 브랜드와 상품의 흔적을 남길 수 있다는 점에서 브랜드 커넥트는 비용 대비 효율이 매우 높은 마케팅 수단이다.

두 번째 방식은 쇼핑 커넥트

쇼핑 커넥트는 구조적으로 쿠팡 파트너스와 거의 동일한 어필리에이트 시스템이다. 가장 큰 차이점은 네이버 생태계 안에서 작동한다는 점이다.

어필리에이트란 기업이 상품 판매용 링크를 제공하고 제3자(블로거·크리에이터)가 그 링크를 통해 상품을 소개한 뒤 실제 판매가 발생하면 일정 수수료를 지급하는 방식의 마케팅을 말한다. 쇼핑 커넥트에서는 크리에이터가 네이버 블로그, 포스트, 콘텐츠 영역 등에 스마트스토어 상품 링크를 삽입하고, 이 링크를 통해 구매가 발생하면 사전에 설정된 수수료가 자동으로 크리에이터에게 지급된다.

이 방식의 장점은 매우 분명하다. 셀러 입장에서는 상품을 무상 제공할 필요가 없고, 광고처럼 선결제 비용도 들지 않는다. 실제 판매가 발생했을 때만 비용이 발생하는 구조이기 때문에, 마케팅비를 최대한 효율적으로 운영하고 싶은 셀러에게 특히 유리하다.

수수료율은 셀러가 직접 설정할 수 있으며, 일반적으로 20% 내외가 적절하다. 쿠팡 로켓그로스의 수수료 구조를 고려하면, 네이버 쇼핑 커넥트는 상대적으로 부담이 적은 편에 속한다. 특히 콘텐츠 제작에 강점이 있는 블로거들은 상품을 단순히 홍보하는 데 그치지 않고, 비교·추천·사용 시나리오 형태로 풀어내는 경우가 많다. 이 때문에 광고보다 훨씬 자연스럽고 신뢰도 높은 유입이 만들어진다.

체험단 마케팅이나 콘텐츠 기반 마케팅을 고민하고 있는 온라인 셀러라면, 브랜드 커넥트는 반드시 한 번쯤 검토해볼 만한 마케팅 기법이다. 광고비를 계속 늘리는 방식이 아니라, 콘텐츠를 통해 상품을 알리고 트래픽을 유도할 수 있는 구조이기 때문이다.

다만 한 가지 조건은 있다. 브랜드 커넥트 캠페인에 참여하기 위해서는 네이버 스마트스토어 파워 등급 이상을 충족해야 한다. 이 기준을 넘겼다면, 이제는 광고만이 아니라 콘텐츠를 활용한 마케팅 전략을 함께 가져갈 시점이다.

부업을 넘어
본업으로 가는 방향

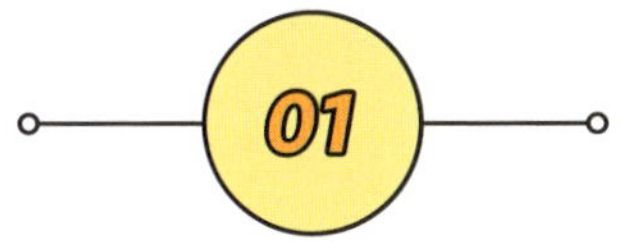

이제는
'내 상품'을 팔 차례

나는 현재 많은 상품을 직접 공장을 통해 제작하고 있다. 튜브도 있고, 수영복도 있고, 작은 키링 같은 소품까지도 모두 내 브랜드로 만들어 판매하고 있다. 하지만 처음부터 이런 구조로 시작하지 않았다. 대부분의 사람들이 "이제는 브랜드 상품을 만들어야 한다"고 말하지만, 실제로 공장에서 제품을 제작해보면 생각보다 넘어야 할 문턱이 많다.

가장 먼저 부딪히는 현실적인 장벽은 최소주문수량(MOQ)이다. 공장은 기본적으로 수백 개, 많게는 수천 개 단위를 요구한다. 여기에 금형비까지 더해지면, 시작 단계의 셀러에게는 상당한 부담이 된다. 자본도 없고, 판매 데이터도 없는 상태에서 무작정 자체 제작으로 들어가면 재고 리스크를 그대로 떠안게 된다. 브랜드를 만든다는 명분은 있지만, 실제 운영 구조는 감당하기 어려운 상황이 되기 쉽다. 그래서 처음부터 모든 상품을 공장에서 새로 제작하는 방식은 현실적이지 않다.

내가 선택했던 방식은 위탁판매와 사입판매를 병행하는 구조였다. 이미 시장에서 검증된 상품을 먼저 판매하면서, 그 과정에서 로고를 입혀보고, 패키지를 바꿔보고, 고객 반응을 확인했다. 어떤 제품이 잘 팔리는지, 어떤 디자인에 반응이 오는지를 데이터를 통해 먼저 쌓아갔다.

상품을 꼭 공장에서 처음부터 새로 만들 필요는 없다. 이미 완성된 기존 상품에 로고를 입히는 방법만으로도 충분히 '내 상품'이 될 수 있다. 제품 본체에 로고를 인쇄하거나, 태그를 추가하거나, 패키지에 로고 도장을 찍기만 해도 브랜드의 형태는 만들어진다. 여기에 브랜드 소개서 한 장만 더해도 상품의 인상은 완전히 달라진다.

소비자는 단순한 제품이 아니라, 브랜드가 있는 상품으로 인식하기 시작한다. 이 작은 차이가 가격에 대한 인식, 신뢰도, 재구매로 이어진다. 이렇게 단계적으로 접근하면 부담은 크게 줄어든다. 처음부터 금형을 파고 대량 생산을 하는 구조가 아니라, 이미 잘 팔리는 상품부터 하나씩 내 브랜드로 옮겨오는 방식이다.

중요한 것은 완벽한 브랜드가 아니다. 잘 팔리는 상품을 기준으로, 하나씩 내 상품으로 바꿔나가는 과정이다. 이 과정을 반복하다 보면, 어느 순간 '브랜드를 만들었다'가 아니라 '이미 브랜드를 운영하고 있는 상태'에 도달하게 된다.

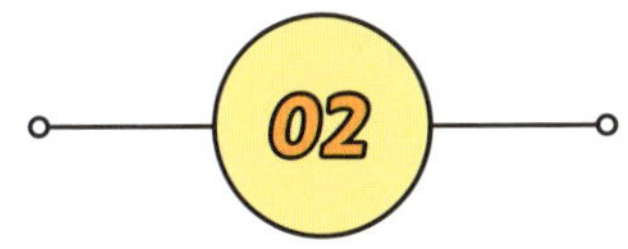

무자본 브랜딩 전략

온라인 셀러 시장에서는 본업으로 셀러를 하는 사람들보다, 오히려 부업으로 시작한 셀러들이 공격적으로 움직이는 경우를 자주 보게 된다. 아마 대부분 경제적 자유나 퇴사를 목표로 하고 있기 때문일 것이다.

문제는 부업으로 온라인 셀러를 시작할 때, 너무 쉽게 "일단 팔아보자"라는 생각으로 접근하는 경우가 많다는 점이다. 당장 잘 팔린다는 상품을 이것저것 모아 올리고, 그때그때 유행하는 제품을 짜집기해 판매한다. 단기 매출은 나올 수 있지만, 시간이 지날수록 스토어의 방향은 점점 흐려진다.

그래서 나는 부업으로 온라인 셀러를 시작하더라도, 처음부터 작은 브랜드를 만든다는 생각으로 접근해야 한다고 강조한다. 거창할 필요는 없다. 브랜드명, 콘셉트, 간단한 브랜드 아이덴티티, 로고 정도만 정리해두어도 충분하다. 이 기준 하나만 있어도 상품을 선택하는 방향이 완전히 달라진다.

정체성 없이 잘 팔리는 제품만 모아 판매하다 보면, 나중에 브랜드로 전환하는 과정이 생각보다 훨씬 어렵다. 이미 스토어 안에 상품들이 너무 뒤섞여 있기 때문이다. 실제로 주변을 보면, 기존 스토어를 그대로 두고 아예 새로운 스토어를 다시 만들어 브랜드를 처음부터 키우는 경우를 정말 많이 보게 된다. 그만큼 초기 방향 설정은 중요하다.

브랜드란 결국 내가 선택한 취향을 하나의 방향으로 모아가는 과정에 가깝다. 색감 하나, 패키지 분위기 하나, 제품을 고르는 기준 하나. 이 작은 선택이 쌓여 스토어의 분위기가 되고, 그 분위기가 곧 브랜드가 된다. 그리고 그 브랜드는 누군가에게는 분명한 '취향 저격'이 된다.

온라인 셀러를 부업으로 시작한다고 해서 가볍게 갈 필요는 없다. 오히려 부업이기 때문에 더 방향이 중요하다. 처음부터 완벽할 필요는 없다. 다만 어디로 가고 싶은지는 정해두는 것, 이것이 브랜드의 시작이다.

가장 먼저 해야 할 일은 간단하다. 브랜드명을 정하고, 로고 이미지를 만들고, 한 줄로 설명할 수 있는 카피를 정리하자. 나노바나나나 챗GPT 같은 도구를 활용하면 비용 없이도 충분히 가능하다.

예를 들어, 아기 수영 용품 브랜드를 만든다고 가정해보자. 이때부터 브랜드는 이미 시작된다. 다음 자료는 챗GPT가 1분 만에 만들어준 브랜드다. 이렇게 브랜드명과 브랜드 서사, 카피라이팅, 로고를 정하고 방

Little Ripple Swim
"아기의 움직임 하나가 만들어내는 첫 물결"
아기가 물속에서 손을 움직일 때, 아주 작은 물결이 생긴다. 그 물결은 크지 않지만, 아기에게는 세상에서 가장 큰 첫 경험이다. Little Ripple Swim은 그 작은 물결이 안전하고 따뜻하게 번져가도록, 곁에서 조용히 함께하는 브랜드다.

직접 만드는
아기 수영용품 브랜드

향성을 잡아나가는 과정이 곧 나만의 브랜드를 시작하는 첫 발걸음이 된다. 브랜드의 이름을 정하고, 왜 이 브랜드를 만들었는지에 대한 이야기를 만들고, 어떤 문장으로 소비자에게 말을 걸지를 정리하는 순간부터 상품은 더 이상 단순한 물건이 아니라 '의미'를 갖기 시작한다.

패키징을 브랜드화하는 방법

다음 단계는 패키징을 브랜드화하는 일이다. 상품에 로고를 입혔다면, 이제 그 브랜드를 고객에게 실제로 보여줄 차례가 된다. 이 역할을 하는 단계가 바로 패키징이다. 패키징은 단순히 상품을 보호하는 상자가 아니라, 고객이 브랜드를 처음 마주하는 순간이다. 브랜드 로고와 카피 이미지를 활용해 박스 도장이나 스티커 형태로 패키징을 만들어보는 정도만으로도 충분한 시작이 된다.

물론 가장 이상적인 방식은 브랜드 전용 박스를 제작하는 일이다. 하지만 현실적인 장벽이 있다. 박스를 새로 제작하려면 최소주문수량이 보통 1,000개 수준부터 시작된다. 여기에 인쇄 비용, 금형비, 보관비까지 더해지면 박스 비용만으로도 부담이 크게 늘어난다. 초보 셀러에게는 과한 투자일 수밖에 없다.

그래서 처음부터 전용 박스를 만드는 방식은 추천하지 않는다. 브랜드를 키워가는 초기 단계에서는 비용보다 유연성이 훨씬 중요하기 때문이다. 이 단계에서는 기성품 박스를 활용하는 방식이 훨씬 현실적이다. 시중에 판매되는 무지 박스나 일반 택배 박스를 사용하고, 그 위에 브랜드 스티커를 붙이거나 로고 도장만 찍어주는 방식이다.

이 방법의 가장 큰 장점은 비용이 거의 들지 않으면서도 브랜드 느낌을 만들 수 있다는 점이다. 스티커는 소량 제작이 가능하고, 도장은 한 번 만들어두면 반복해서 사용할 수 있다.

로고 하나로 달라지는 상품 이미지

그리고 생각보다 이 작은 차이는 크게 느껴진다. 같은 택배 박스라도 아무것도 없는 박스와 로고 스티커 하나가 붙은 박스는 고객이 받았을 때의 인상이 전혀 다르다.

상세 페이지에는 반드시 브랜드 소개가 들어가야 한다. 아무리 작은 상품이라도 예외는 아니다. 키링 하나를 만들어 팔더라도, 브랜드 로고를 걸고 하는 판매와 아무 설명 없는 판매는 고객 입장에서 체감 차이가 매우 크다. 같은 제품이라도 "누가 만든 상품인가"가 보이는 순간, 신뢰와 인식은 완전히 달라진다.

소비자는 물건만 사지 않는다. 그 물건을 만든 사람의 의도와 이야기까지 함께 산다. 그래서 상세 페이지 안에 브랜드 소개가 있느냐 없느냐는 단순한 꾸밈의 문제가 아니라 상품의 격을 나누는 기준에 가깝다.

과거에 내가 판매했던 싱잉볼을 예로 들어보자. 싱잉볼은 제품 자체만 놓고 보면 큰 차이가 없다. 대부분 비슷한 공장에서 생산되고, 형태와 재질도 거의 동일하다. 이런 상품일수록 가격 경쟁에 빠지기 쉽다. 네이버에서 싱잉볼을 가장 잘 판매하고 있는 곳 중 하나가 '오감소'라는 스토어다. 오감소는 단순히 싱잉볼을 파는 곳이 아니다. '소리를 판다'가 아니라, '소리를 빚는다'는 콘셉트를 만들었다. 제품 설명보다 먼저 브랜드 이야기가 나오고, 그 이야기가 소비자의 감정을 먼저 건드린다.

상세 페이지에 브랜드 소개를 넣는다는 것은 "우리는 이런 생각으로 이 상품을 만들었습니다"라는 메시지를 전달하는 일이다. 그 문장 하나가 들어가는 순간, 상품은 단순한 공산품에서 브랜드 상품으로 바뀐다.

내가 왜 이 브랜드를 만들게 되었는지, 그리고 이 브랜드를 통해 고객에게 무엇을 전달하고 싶은지, 이런 간단한 소개만 정리해두어도 스토어의 신뢰도는 눈에 띄게 달라진다. 거창한 철학이 아니어도 괜찮다. 브랜드를 만든 이유와 방향이 보이는 순간, 스토어는 단순한 판매 공간을 넘어 하나의 '선택된 공간'으로 인식되기 시작한다.

차별성을 만드는 브랜드 소개

SNS 채널을 이용한 마케팅 전략

이제 마지막 단계는 SNS 채널을 적극적으로 활용하는 마케팅이다. 브랜드를 만들었다면, 그다음 질문은 분명하다. 이 브랜드를 어디에서 말할 것인가. 아무리 상품과 스토리가 잘 정리되어 있어도, 이를 보여줄 공간이 없다면 브랜드는 존재하지 않는 것과 다름없다. 그래서 내 브랜드를 소개할 수 있는 전용 SNS 채널을 함께 운영하는 전략이 중요하다.

최근에는 특히 스레드를 중심으로 1인 사업자들의 브랜드 홍보가 활발하게 이루어지고 있다. 광고처럼 보이지 않으면서도, 짧은 문장 하나로 브랜드의 성격과 분위기를 전달할 수 있기 때문이다. 여기에 인스타그램을 함께 병행하면 훨씬 안정적인 구조를 만들 수 있다.

신상품이 출시되었을 때는 반드시 콘텐츠를 남겨야 한다. 사진 한 장, 짧은 문장 하나라도 충분하다. 새로운 상품이 나왔다는 사실을 브랜드 채널 안에 기록해야 한다. 이 기록들이 쌓이면서 브랜드의 히스토리가 만들어진다.

인스타그램에는 공동작업자 기능이라는 매우 유용한 기능이 있다. 체험단이나 협찬 콘텐츠를 진행할 때 크리에이터를 공동작업자로 설정하면, 해당 게시물이 체험단 계정과 브랜드 계정에 동시에 노출된다. 내가 직접 게시물을 올리지 않아도 내 피드에 콘텐츠가 채워지는 구조다. 이 방식은 특히 초기 브랜드에게 효과적이다. 콘텐츠를 꾸준히 만들기 어려운 상황에서도 체험단 콘텐츠를 통해 자연스럽게 피드를 유지할 수 있고, 실제 사용 후기가 쌓이면서 신뢰도까지 함께 올라간다.

우리가 잘 아는 다이소 역시 스레드와 인스타그램을 적극적으로 운영하고 있다. 다이소 계정을 보면 특별한 광고를 하지 않는다. 그저 다이소에서 판매하는 제품을 하루에 하나씩 소개할 뿐이다. "오늘은 이거 사세요"가 아니라, "이건 써보니 괜찮더라"는 식의 가벼운 추천이다. 그런데도 반응은 매우 뜨겁다.

이것이 SNS의 본질이다. 잘 만든 광고보다, 일상적인 추천 하나가 더 큰 공감을 만든다. 내 상품을 어떻게 홍보해야 할지 모르겠다면, 새로운 콘텐츠를 고민하기 전에 다른 브랜드 계정을 먼저 살펴보자. 어떤 톤으로 말하는지, 어떤 사진을 사용하는지, 어떤 방식으로 제품을 소개하는지를 관찰하다 보면 자연스럽게 방향이 보이기 시작한다.

SNS를 통해 기록을 쌓아가는 브랜드

브랜드를 만들었다면, 그 이야기가 쌓일 수 있는 SNS를 반드시 병행하자. 브랜드는 한 번에 완성되지 않는다. 말하고, 기록하고, 쌓이는 과정 속에서 비로소 브랜드가 된다.

중국 셀러 공습 속에서
살아남는 법

최근 이커머스 시장은 눈에 띄게 빠른 속도로 변화하고 있다. 그중에서도 가장 큰 변화는 중국과의 물리적·유통적 접근성이 극도로 가까워졌다는 점이다. 예전에는 해외 소싱이라는 개념 자체가 하나의 장벽처럼 느껴졌지만, 이제는 클릭 몇 번이면 중국 공장과 바로 연결되는 구조가 되었다.

이 변화는 소비자에게는 선택지를 넓혀주는 긍정적인 요소일 수 있다. 하지만 국내 온라인 셀러들에게는 전혀 다른 의미로 다가온다. 중국 셀러들의 국내 시장 대거 진입이 이제는 현실적인 위협이 되었기 때문이다.

쿠팡은 오래전부터 중국 셀러 입점을 적극적으로 유도해왔고, 최근에는 네이버 스마트스토어 역시 중국 셀러가 직접 입점할 수 있는 구조로 바뀌었다. 더 이상 중간 유통을 거치지 않고, 중국 판매자가 한국 플랫폼에서 바로 판매하는 시대가 열린 것이다.

그 결과는 이미 곳곳에서 나타나고 있다. 쿠팡에서는 중국 셀러들이 동일 상품을 훨씬 저렴한 가격으로 등록해 아이템 위너를 가져가면서, 기존 한국 셀러들의 매출이 급락했다는 사례가 계속해서 보고되고 있다. 더 나아가 중국 셀러들이 상품 사진을 저작권위원회에 등록한 뒤, 한국 셀러들의 판매 제품을 저작권 위반으로 신고해 판매 정지시키는 사례까지 등장하고 있다.

중국 셀러들이 제품을 공급받는 원가 구조 자체가 다른 상황에서 가격 경쟁은 사실상 불가능에 가깝다. 물류 규모, 인건비, 생산 단가 모든 면에서 구조적 차이가 크기 때문이다. 이 흐름이 계속된다면 한국 셀러들이 가격 경쟁에서 밀릴 수밖에 없다. 이커머스 생태계 자체가 중국 셀러 중심으로 재편될 가능성도 충분히 예상할 수 있다. 지금의 변화는 국내 셀러에게 위기일 수밖에 없다.

국내 셀러가 살아남는 법

그렇다면 국내 셀러들은 이런 위협 속에서 어떻게 살아남아야 할까. 그 해답 중 하나는 KC인증을 전략적으로 활용하는 방법이다.

중국 셀러가 판매하는 제품은 가격 경쟁력과 대량 유통 측면에서 강점을 가진다. 하지만 우리가 경쟁할 수 있는 영역은 분명히 존재한다. 바로 제품의 안정성과 신뢰도다. 유아 용품, 전자기기, 완구류, 의료기기 등은 국내에서 KC인증이 의무화된 제품군이다. KC인증 없이 판매할 경우 불법에 해당하며, 상황에 따라 과태료나 벌금, 심하면 형사처벌까지 이어질 수 있다.

플랫폼 역시 이 문제를 인식하고 있다. 상품 등록 단계에서 KC인증 정보를 요구하거나, 사후 점검을 통해 인증 미비 상품을 정지시키는 사례가 점점 늘고 있다. 제품안전관리원에서는 간헐적으로 제품 샘플 조사를 병행하며 관리 강도를 높이고 있다.

이처럼 이커머스 환경이 점점 제도 중심으로 바뀌고 있는 만큼, KC인증은 단순한 의무가 아니라 국내 셀러가 살아남을 수 있는 하나의 전략이 되고 있다. 실제로 내가 판매하는 제품들 역시 대부분 KC인증을 받고 있다. 가격만으로는 중국 셀러를 이길 수 없지만, '검증된 제품'이라는 신뢰는 여전히 국내 소비자에게 강하게 작용한다.

특히 어린이 안전 인증이 필요한 제품군은 진입장벽이 높은 영역이다. 제품 인증뿐 아니라 공장 인증까지 함께 요구되는 경우가 많아, 중국 셀러들이 쉽게 접근하기 어렵다. 물론 인증 대행 기관을 이용하면 일정 비용이 발생하지만, 직접 인증을 진행하는 것도 생각보다 복잡하지는 않다.

최근 내가 인증을 진행한 기관은 한국건설생활환경연구원(KCL)이다. 인증기관 홈페이지를 통해 담당 부서와 직접 소통할 수 있고, 제품 종류에 따라 어떤 인증이 필요한지 안내를 받을 수 있다. KC인증은 제품 유형에 따라 보통 3~8개의 샘플을 시험 기관으로 발송하게 되며, 이후 시험 항목, 비용, 소요 기간을 안내받아 절차에 따라 진행하면 된다. 인증을 완료한 이후에는 상품 페이지에 인증 내역 일부를 공개해 소비자 신뢰를 높일 수도 있다.

이커머스 생태계는 앞으로도 빠르게 변하고, 중국 셀러의 가격 공습은 더 거세질 가능성이 높다. 이런 환경 속에서 국내 셀러가 선택할 수 있는 방향은 분명하다. 가격 경쟁이 아니라, 안정성과 신뢰성을 기반으로 한 상품 구조를 만들어가야 한다. 이것이 중국 셀러 공습 속에서 살아남을 수 있는 가장 현실적인 전략이다.

한 달 안에
월 매출 500만 원
만드는 루틴

혼자 일하는 셀러의
필수 루틴

1인 셀러로 혼자 일하게 되면, 어느 순간부터 나의 능력이 곧 회사의 전부가 되는 시점이 온다. 기획, 소싱, CS, 포장, 발송까지 모든 일을 혼자 감당해야 한다. 이때 업무를 시스템화하지 않으면 성장 속도에는 분명한 한계가 생긴다. 열심히 일하는 것과 오래 일하는 것은 다르기 때문이다. 그래서 1인 셀러에게 가장 중요한 힘은 의욕이 아니라 루틴과 구조다. 일이 쌓일수록 감정과 체력에 기대는 방식은 오래가지 못한다. 결국 나만의 기준과 반복 가능한 흐름을 만들어야 한다.

1인 셀러에게 필요한
최적의 루틴과 전략

그렇다면 1인 셀러가 반드시 가져야 할 루틴과 전략은 무엇일까.

첫째, 퇴근 후 일정 시간은 무조건 온라인 셀러 업무에 투자해야 한다. 특히 직장인 셀러에게 회식은 가장 큰 변수이자 약점이다. 한 번 술을 마시고 나면 그날 저녁은 사실상 통째로 사라진다. 하루 중 유일한 부업 시간이 날아가는 셈이다. 그래서 나는 회식 자리에 가더라도 술을 최대한 피하려고 했다. 간이 안 좋다는 이유를 대고 술을 거부한 적도 많았다. 회식 분위기가 아니라, 그날 밤 나의 컨디션이 이제는 더 중요하다. 하루 이틀은 괜찮지만 이런 날들이 반복되면 부업은 금세 흐지부지된다.

둘째, 휴대폰을 적극적으로 활용해야 한다. 1인 셀러에게 휴대폰은 단순한 통신 수단이 아니라 핵심 업무 도구다. 모든 CS는 전화가 아닌 네이버 톡톡이나 문의하기로 유도하자. 전화는 시간을 끊어 먹지만, 메시지는 통제할 수 있기 때문이다. 소싱, 마케팅, 경쟁사 분석 역시 마찬가지다. 출퇴근 시간, 대기 시간, 자투리 시간을 활용해 휴대폰으로 미리 확인해두면 저녁에 해야 할 일의 밀도가 완전히 달라진다.

셋째, 택배 동선을 반드시 정리해야 한다. 상품 소싱이나 포장은 집에만 있으면 언제든 가능하다. 문제는 택배 발송이다. 직장에 나가 있는 동안 택배를 보내지 못하는 상황이 가장 큰 걸림돌이 된다. 이 문제에는 몇 가지 현실적인 선택지가 있다. 집으로 계약 택배를 진행하는 방법도 있고, 월 100건 미만이라면 충분히 감당 가능하다. 또는 편의점 택배 수거 시간을 미리 파악해두고 퇴근 후 발송하는 방식도 좋은 대안이 된다. 규모가 커지면 3PL 시스템을 활용해 원격 발송 구조로 전환할 수도 있다.

나 역시 회사에 다닐 때는 집 계약 택배를 활용했다. 점심시간에는 휴대폰으로 CS를 한 번에 몰아서 처리했고, 저녁에 집에 오면 그날 나갈 상품을 포장해 바로 발송했다. 힘들었지만 구조는 단순했다. 이후 물량이 늘어나기 시작하면서 일부 상품을 3PL로 전환했다. 엑셀로 출고 데이터만 정리해 전달하면, 물류센터에서 알아서 포장과 발송이 이루어지는 구조였다. 이 순간부터 시간의 쓰임이 완전히 달라졌다.

1인 셀러에게는 일과 부업 그리고 삶의 경계가 무너지지 않도록 유기적으로 연결하는 구조가 중요하다. 어느 한쪽이 무너지면 다른 영역도 함께 흔들린다. 자신만의 루틴이 생기면 일의 에너지도 달라진다. 루틴과 시스템이 있어야 비로소 앞으로 나아갈 수 있다.

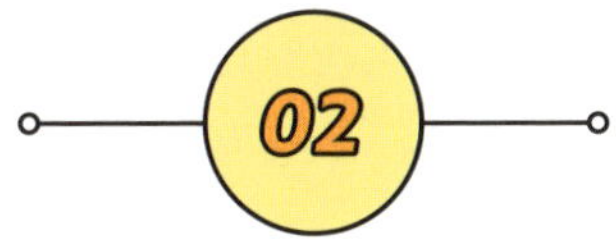

하루 2시간 투자로 만드는
실전 흐름

　최근 온라인 스토어를 하나 더 개설해 직접 운영해보았다. 하루에 1~2시간 정도만 투자하는 상황이었지만, 시작한 지 한 달 만에 월 매출 약 700만 원을 달성했고, 현재는 3개월 안에 월매출 2,000만 원을 목표로 운영 중이다. 새로운 스토어를 세팅하고 상품을 하나씩 소싱하는 과정에서 자연스럽게 나만의 업무 루틴이 만들어지기 시작했다.

새롭게 개설한 온라인 스토어

그래서 처음 부업으로 온라인 셀러를 시작하려는 사람들에게 내가 실제로 사용하고 있는 주간 루틴 구조를 제안하고 싶다. 하루 최대 2시간 투자 그리고 주 2회 상품 소싱 루틴을 유지하면 된다.

온라인 셀러의 업무는 크게 네 가지로 나눌 수 있다. 신상품 런칭, 택배 및 CS 대응, 마케팅 그리고 데이터 분석이다. 이 중에서도 초기 단계에서 가장 중요한 업무는 단연 상품 소싱이다. 처음에는 완성도를 고민하기보다 상품 수를 늘리는 것이 최우선이다. 상품이 많아야 트래픽이 유입되고, 노출될 확률도 늘어나며, 판매가 일어날 가능성 역시 함께 높아진다. 온라인 셀러는 결국 확률 게임이다. 그물이나 낚싯대가 많아야 물고기를 잡을 수 있다.

예를 들어 이런 계산이 가능하다. 2만 원짜리 상품 8종이 하루에 1개씩만 판매된다고 가정해보자. 8종 × 2만 원 × 하루 1개 × 30일이면 월매출은 약 500만 원이다. 복잡한 전략이 없어도 구조만 만들면 충분히 가능한 수치다. 이 구조를 가능하게 만드는 원동력이 바로 주간 타임테이블 루틴이다.

내가 실제로 운영하고 있는 주간 루틴은 다음과 같다. 월요일에는 시장 분석과 황금 키워드 탐색에 집중하고, 화요일에는 1688 등을 활용한 상품 소싱과 구매 대행 신청을 진행한다. 수요일에는 상품 기획과 상세 페이지 작성을 하고, 목요일에는 상품 업로드와 추가 시장 분석을 병행한다. 금요일에는 다시 한 번 상품 소싱과 구매 대행 신청을 진행하고, 토요일에는 상품 기획과 상세 페이지 작성을 마무리한다. 일요일에는 리뷰 관리와 주간 판매 데이터를 분석하며 한 주를 정리한다.

이 루틴이 자리 잡히면 하루 2시간 투자로도 충분히 운영이 가능하다. 일주일에 2개 상품을 런칭할 수 있고, 한 달이면 8개 상품을 업로드하게 된다. 이 상품들이 하루에 1개씩만 판매되더라도 월매출은 자연스럽게 500만 원 수준에 도달한다. 이 흐름이 유지되면 2개월 차에는 월 1,000만 원, 3개월 차에는 1,500만 원 이상으로 매출이 점진적으로 증가하게 된다.

여기에 효율을 높이기 위한 외주 활용 전략을 함께 쓰면 훨씬 수월해진다. 첫째는 상세 페이지 디자인 외주다. 미리캔버스를 활용해 직접 제작해도 되지만, 상품 소싱에 더 집중하고 싶다면 당근마켓이나 알바몬을 통해 외주 디자이너를 고용하는 방법도 좋다. 건당 2~3만 원 수준으로 제작이 가능해 시간 대비 효율이 매우 높다.

둘째는 광고 세팅을 위임하는 것이다. 네이버는 광고 대행사를 통해 기본 세팅만 맡기고, 쿠팡은 AI 광고와 매출 최적화 설정을 활용해 자동 운용하는 방식이 현실적이다. 광고를 공부하느라 시간을 쓰기보다, 초기에는 상품을 하나라도 더 올리는 일이 훨씬 중요하다.

셋째는 상품 사진을 직접 촬영하지 않는 것이다. 1688에 있는 이미지를 그대로 사용하지 않고 AI 툴을 활용해 배경·구도·색감을 변형하면 충분히 차별화가 가능하다. 촬영에 시간과 비용을 들이지 않아도 된다.

이처럼 작은 루틴 하나만 만들어도 하루 1~2시간의 짧은 시간이 쌓이면서 분명한 결과로 이어진다. 핵심은 완벽한 준비가 아니라, 반복 가능한 구조를 먼저 만드는 것이다.

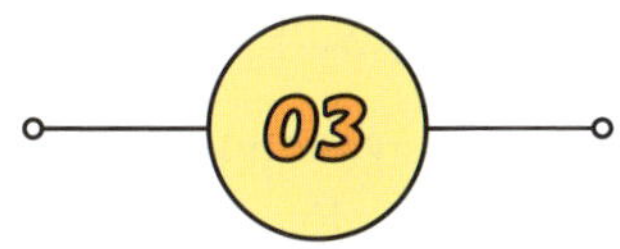

온라인과 오프라인을 연결하는
N잡 시너지

온라인과 오프라인을 함께 운영하면서 가장 크게 체감되는 변화는 원가 구조다. 온라인 사업만 할 때는 대부분 도매상을 통해 물건을 사입하게 된다. 하지만 오프라인 사업을 시작하는 순간 상황이 달라진다. 오프라인 사업자는 물건을 판매하기 이전에 이미 사용자가 된다. 매장에서 실제로 사용되어야 하는 물건이 생기기 때문이다. 이 차이가 온라인과 오프라인을 병행할 때 만들어지는 N잡의 핵심 시너지가 된다.

예를 들어 모텔업을 운영한다면 수건이나 침구류가 매달 반복적으로 필요하다. 키즈풀이나 키즈카페를 운영하면 튜브, 어린이 수영 용품, 물놀이 소품은 소모품처럼 계속 들어간다. 전동카 대여점을 운영한다면 전동카 자체가 핵심 자산이 되고, 의료기기 오프라인 매장을 운영한다면 병원이나 고객이 실제로 사용하는 보조 용품들이 지속적으로 필요해진다.

이런 물건들은 브랜드 인지도보다 단가와 내구성, 실사용 효율이 훨씬 중요하다. 바로 이 지점에서 국내 유통 구조가 아닌 중국 공장이나 해외 제조사에서 직접 수입하는 선택지가 생긴다. 온라인 셀러에게는 수입이 부담스러울 수 있지만, 오프라인 사업자에게는 전혀 다른 이야기다. 어차피 써야 할 물건이기 때문이다. 이미 비용으로 지출될 예정이었던 항목을 수입 구조로 바꾸기만으로도 원가는 크게 낮아진다.

그리고 이 과정에서 자연스럽게 또 하나의 기회가 생긴다. 내가 직접 사용하고, 손님의 반응을 보고, 내구성과 문제점을 확인한 제품은 그 자체로 강력한 콘텐츠가 된다. 이렇게 되면 오프라인은 테스트 공간이 되고, 온라인은 확장 채널이 된다. 수건과 침구를 사용하는 모텔은 동시에 생활 용품 판매자가 될 수 있고, 키즈풀은 자연스럽게 어린이 물놀이 용품 브랜드로 확장될 수 있다. 전동카 대여점은 단순 대여업을 넘어 유통 구조를 가진 사업으로 바뀌고, 의료기기 오프라인 매장은 인증이 필요 없는 제품부터 병행 판매하며 상품 포트폴리오를 넓힐 수 있다. N잡이 단순히 일을 늘리는 개념이 아니라, 하나의 사업이 다른 사업의 비용을 줄여주는 구조로 전환되는 순간이다.

여기에 또 하나 중요한 차이가 있다. 바로 마케팅 구조다. 온라인 사업의 마케팅은 전국 단위의 경쟁이다. 네이버 스마트스토어에서 상품 하나를 상위에 노출시키기 위해서는 수많은 셀러와 동시에 경쟁해야 한다. 가격, 리뷰, 광고비, 콘텐츠 모두가 전국구 싸움이다.

반면 오프라인 사업의 마케팅은 지역 단위 경쟁이다. 같은 네이버 플랫폼 안에 있지만, 싸움의 크기 자체가 다르다. 네이버 스마트스토어에서 상품 하나를 1위에 올리는 것과 네이버 스마트플레이스 지도에서 내 사업장이 상위에 노출되는 것은 구조적으로 같은 원리지만 경쟁 범위는 완전히 다르다. 전국 수천, 수만 개의 셀러와 경쟁하는 온라인과 달리, 오프라인은 동네 반경 몇 킬로미터 안의 경쟁자들과만 비교된다. 그래서 체감 난이도가 훨씬 낮다. 리뷰 관리, 사진 정리, 키워드 세팅만 제대로 해도 상위 노출이 가능해진다.

이 때문에 오프라인 사업을 함께 운영하면 마케팅 난이도 자체가 크게 낮아진다. 지도 노출 하나로 신규 고객이 유입되고, 그 고객 경험은 다시 온라인 콘텐츠로 이어진다. 오프라인에서 쌓은 신뢰는 온라인 판매의 설득력이 되고, 온라인에서 확보한 고객은 다시 오프라인 방문으로 연결된다.

이것이 온라인과 오프라인을 연결했을 때 만들어지는 N잡의 진짜 시너지다. 새로운 일을 계속 추가해서 바쁘게 사는 것이 아니라, 이미 하고 있는 일들이 서로를 밀어주는 구조를 만드는 것이다.

3부

블로그 –
자본금 0원으로 매달
블로그 월세 받기

무자본 블로그로
온라인 월세
세팅하기

평범한 직장인이 월 100만 원
블로그 월세를 만들기까지

나는 10년 차 사무직 직장인이다. 지금은 네이버 블로그를 통해 매달 약 100만 원 수준의 안정적인 현금흐름을 만들고 있지만, 처음부터 부업을 계획했던 것은 아니었다. 블로그를 시작하게 된 계기는 매우 현실적이었다. 바로 세금을 낼 돈이 필요했기 때문이다.

2020년 초부터 소자본으로 부동산 투자를 시작하며 주택 수를 늘리는 데 집중했다. 문제는 세금이었다. 세법이 바뀌면서 2022년 7월과 12월, 개인 재산세와 종합부동산세, 법인 종부세까지 더해 연간 약 500만 원의 세금을 납부해야 하는 상황이 되었다. 월급만으로는 이 고정지출을 감당하기 어렵다는 계산이 나왔고, 결국 월급 외의 수입이 필요하다는 결론에 도달했다. 큰 자본을 들이지 않고, 가능한 한 빠르게 그리고 꾸준한 소득을 만들 수 있는 방법을 찾기 시작했다.

답은 의외로 과거의 기록 속에 있었다. 메모장을 정리하던 중 2021년 10월경 저장해두었던 부업 메모 하나를 발견했다. 유튜브 영상과 그 내용을 요약한 댓글을 캡처해둔 메모였는데, 다시 읽는 순간 바로 이거라는 확신이 들었다.

요약하면 구조는 단순했다. 네이버 아이디로 블로그를 개설하고, 연예 뉴스처럼 비교적 쉽게 쓸 수 있고 이슈가 되는 글을 하루 한 개씩 꾸준히 작성한다. 일주일 정도가 지나면 쿠팡 파트너스를 연동하고, 하루 3~5시간 간격으로 포스팅을 이어간다. 시간이 지나 블로그 지수가 쌓이면 TV, 냉장고, 공기청정기, 전자레인지 같은 가전 제품 리뷰로 확장한다는 방식이었다.

1. 네이버 아이디로 블로그 개설하기
2. 연예 뉴스 기사글 작성하기 (하루 1개씩 꾸준히)
3. 일주일 정도 후에 쿠팡 파트너스 작성하기
4. 하루 3~5시간 간격으로 작성하기
5. 시간이 지나 블로그 지수를 체크해보고 TV, 냉장고, 공기청정기, 전자
   레인지 등 가전으로 작성하기

핵심은 명확했다. 전문성이 없어도 쓸 수 있는 콘텐츠로 시작해 꾸준함으로 블로그 지수를 올리고, 그 위에 쿠팡 파트너스를 얹어 수익 구조를 만든다는 전략이었다. 다시 말해, 무자본으로 시작해 시간과 반복을 자본으로 바꾸는 구조였다. 이 단순한 메모가 이후 내가 '온라인 월세'라 부르게 된 블로그 수익의 출발점이 되었고, 월급 외에 또 하나의 안정적인 현금흐름을 만드는 기반이 되었다.

다행히 나는 원래 기록을 좋아했고, 그 기록을 가장 손쉽게 남기고 다시 찾을 수 있는 수단이 네이버 블로그라고 생각해 꾸준히 포스팅을 해오고 있었다. 이미 글을 쓰는 습관과 공간은 갖춰져 있었기에, 새로운 것을 준비하기보다 방향만 제대로 잡고 실행에 옮기면 되는 상태였다. 그런 점에서 블로그는 나에게 가장 적합한 도구였다.

쿠팡 파트너스 역시 완전히 낯선 영역은 아니었다. 2021년 가을에 한 번 접해 실행해보긴 했지만, 검색 노출은 거의 되지 않았고 지인이 구매해준 단 1건의 실적만 남긴 채 흐지부지 끝났던 경험이 있다. 다만 '이 구조로 수익화가 가능하다'는 개념만큼은 이미 알고 있었고, 문제는 방법이 아니라 실행이었다. 다시 말해, 새로 배우기보다 제대로 해보지 않았던 계획을 끝까지 해보면 되는 상황이었다.

3부에서는 이렇게 이따금 포스팅하던 블로그와 잊혀졌던 쿠팡 파트너스 메모를 출발점으로, 평범한 직장인이 블로그를 통해 월 100만 원의 '온라인 월세'를 만들어가는 과정을 그대로 공유한다. 특별한 재능이나 자본 없이도 가능한 구조가 무엇인지 그리고 그 구조를 어떻게 현실적인 수익으로 연결했는지를 이 여정 속에서 차근차근 보여주고자 한다.

블로그 수익화의
첫 경험

블로그 수익화를 이야기할 때 가장 많이 듣는 질문은 "정말 처음부터 돈이 나왔느냐"이다. 이 장은 화려한 성공담이 아니라, 실제로 수익이 처음 발생했던 구간의 기록이다. 시행착오가 있었고, 효율이 낮은 선택도 있었다. 그럼에도 이 경험이 의미 있는 이유는 특별한 자본이나 재능 없이도 재현 가능한 방식이었기 때문이다.

시작 – 수익화의 첫 포스팅

블로그에 연예·스포츠 기사형 글을 올리며 쿠팡 파트너스를 통해 수익화를 본격적으로 시작한 날짜는 2022년 3월 21일이다. 당시 본업에 치여 하루 1시간도 투자하기 힘든 상황이었지만, 무자본으로 시작할 수 있다는 이유로 네이버 블로그를 선택했다.

- 2022년 3월 21일: 스포츠 기사 첫 포스팅
  https://blog.naver.com/gudrkq89/222679283081

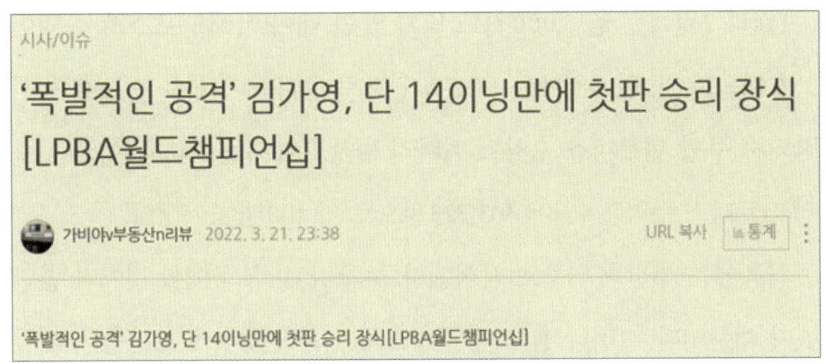

스포츠 기사 첫 포스팅

- 2022년 3월 22일: 쿠팡 파트너스 첫 포스팅

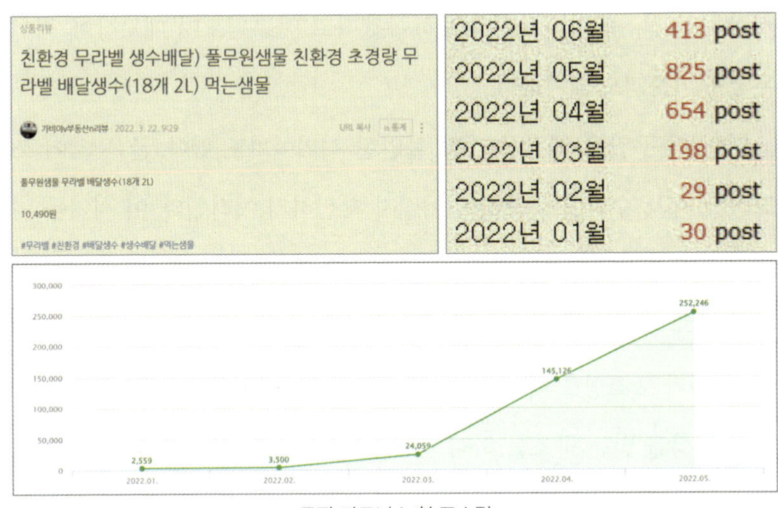

쿠팡 파트너스 첫 포스팅

포스팅은 철저히 모바일 기기만 사용했다. 복사·붙여넣기 중심의 단순한 작업 방식이었다. 핵심은 완성도가 아니라 규칙성이었다. 자투리 시간을 최대한 활용하기 위해 스스로 하나의 루틴을 만들었다.

출근 시간, 점심시간, 퇴근 후, 취침 전으로 하루 4회 포스팅을 반드시 지키겠다고 스스로와 약속했다. 그 결과 2022년 3월에는 198개, 4월에는 654개의 포스팅이 쌓였다. 이 시점부터 변화가 나타나기 시작했다.

1월과 2월에는 월 5,000원도 되지 않던 네이버 애드포스트 수익이 3월에는 24,059원, 4월에는 145,126원으로 증가했다. 블로그 노출이 시작되자 쿠팡 파트너스 수익도 뒤따라 발생했다. 3월 3,468원이었던 쿠팡 파트너스 수익은 4월에 303,723원으로 약 100배 증가했다.

처음에는 생필품 위주로 작성했다. 누구나 자주 구매할 것이라 판단했기 때문이다. 그러나 점차 패턴이 보이기 시작했다. 노트북을 구매할 때 모델명까지 검색했던 경험을 떠올리며, 모델명이 명확한 가전·전자 제품 글에서 반응이 더 좋다는 사실을 체감했다. 이 내용은 블로그를 시작하기 전, 쿠팡 파트너스를 해야겠다고 마음먹으며 메모장에 적어두었던 기준과도 일치했다.

다만 이 구간은 체감상 가장 불안한 시기이기도 했다. 글은 많이 쓰고 있었지만, 수익이 꾸준히 이어질지 확신하기 어려웠다. 이 시기를 넘기지 못하고 포기하는 사람이 많다는 사실을, 이후 상담과 커뮤니티 운영을 통해 알게 되었다.

4월까지 포스팅을 이어간 뒤, 5월에는 기자단 활동을 시작했다. 글을 쓰고 보상을 받는 구조를 하나 더 얹었다. 그 결과 애드포스트, 기자단, 쿠팡 파트너스 수익을 합산한 월 수익은 7월 입금 기준으로 100만 원을 넘어섰다.

3월 21일에 수익화 포스팅을 시작했고, 수익 발생 월 기준으로는 3개월 만인 6월에 월 100만 원을 돌파했다. 7월에 입금된 1,110,285원은 쿠팡 파트너스 5월 발생분, 애드포스트와 기자단 6월 발생분이 합산된 금액이다. 이후 6월에는 쿠팡 파트너스 수익만으로 80만 원을 기록했고, 이는 8월에 정산받았다.

정산 월	회원 ID	구매 건수	취소 건수	수익 금액
2022. 7.	AF5659525	242	34	₩834,625
2022. 6.	AF5659525	193	34	₩479,792
2022. 5.	AF5659525	87	13	₩303,723
2022. 4.	AF5659525	4	1	₩3,468
2021. 7.	AF5659525	6	3	₩1,684

쿠팡 파트너스 수익

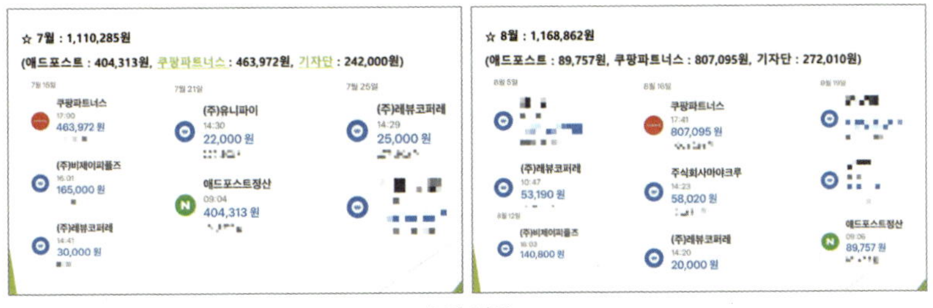

수익 인증

이 경험을 통해 확신하게 된 점이 있다. 블로그 수익화는 특별한 재능의 문제가 아니다. 일정한 구조를 만들고, 포기하지 않고 통과하느냐의 문제에 가깝다.

이 장의 목적은 하나다. "처음 수익은 이렇게 시작된다"는 현실적인 기준을 보여주기 위함이다. 다음 장부터는 이 경험을 바탕으로, 같은 과정을 더 안정적으로 재현하는 방법을 구체적으로 설명해나가려 한다.

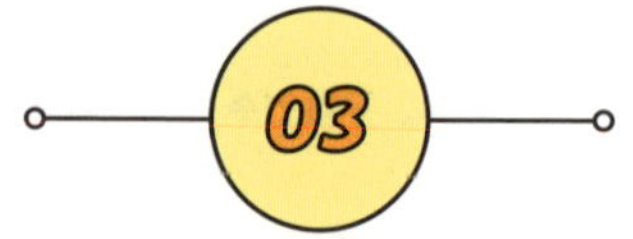

블태기와 슬럼프를 극복하고
수익 증가

월 100만 원 수익을 달성한 뒤에도 블로그는 계속 성장할 것처럼 보였다. 그러나 2022년 7월, 상황은 갑작스럽게 바뀌었다. 당시 쿠팡 파트너스 수익을 만들어주던 전략적 포스팅 방식이 네이버의 로직 변경으로 인해 노출이 급감했다. 쿠팡 파트너스 글이 네이버 쇼핑 내 '리뷰' 카테고리와 연동되어 노출되던 구조가 막힌 것이다.

수익 구조의 핵심이 한순간에 흔들렸다. 여기에 더해 약 500만 원가량으로 예상되던 세금도 "이 정도면 감당할 수 있겠다"는 안일한 판단으로 이어졌다. 긴장이 풀리자 포스팅 빈도는 자연스럽게 줄었고, 글이 줄어들자 수익도 함께 감소했다. 지금 돌아보면 성과가 나기 시작한 바로 그 시점이 가장 조심해야 할 순간이었다.

다시 붙잡으려 했지만,
이미 시작된 블태기

그럼에도 블로그로 수익을 냈던 경험은 쉽게 잊히지 않았다. 현 상황을 타파해보겠다는 마음으로 1일 1포스팅 인증을 하는 블로그 단톡방에 참여해 활동하며 재기를 시도했다. 다시 리듬을 찾으려는 몸부림이었다.

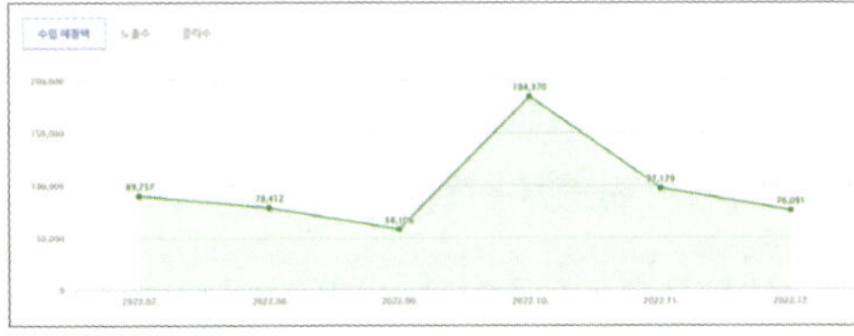

포스팅 변화

그러나 2023년에 접어들며 개인적인 사정이 겹쳤다. 출퇴근 외의 생활을 거의 하지 못하는 암흑기가 찾아왔고, 말로만 듣던 블태기, 즉 블로그와 권태기가 동시에 찾아왔다. 포스팅은 거의 멈추다시피 했다.

그럼에도 예상치 못한 일이 벌어졌다. 블로그를 사실상 방치한 상태였음에도, 쿠팡 파트너스 수익은 2023년 198만 원, 2024년 65만 원이 발생했다. 'n년 전 오늘'처럼 최소한의 생존 포스팅만 유지했을 뿐인데, 과거에 작성해둔 게시물들이 계속해서 수익을 만들고 있었던 것이다.

이 경험은 놀라움과 동시에 후회로 남았다. 그 시기에 조금만 더 꾸준히 포스팅을 이어갔다면, 결과는 완전히 달라졌을 것이라는 아쉬움 때문이다.

2023~24년 블로그 방치 기간 중 수익

연도	애드포스트	쿠팡 파트너스	합계
2023	323,456원	1,986,251원	2,309,707원
2024	113,610원	650,258원	763,868원

다른 길을 찾아
헤맸던 시간

2025년이 되면서 암흑기를 끝내고 다시 N잡러로 돌아가기 위해 여러 시도를 했다. 유튜브, AI 작곡, AI 이미지 판매까지 도전했지만, 투입한 시간에 비해 결과는 기대에 미치지 못했다. 결국 다시 돌아온 곳은 블로그였다. 다만 이번에는 과거와 같은 방식으로 시작하지 않기로 마음먹었다. 2022년에 했던 뉴스 복사·붙여넣기 포스팅 중 일부가 2024년에 지식재산권 침해 이슈로 지적된 경험이 있었기 때문이다. 같은 실수를 반복하고 싶지 않았다.

대신 새로운 제휴 마케팅 플랫폼인 텐핑을 활용해 수익을 만들고자 했다. 초기에는 텐핑에서 제공하는 텍스트를 그대로 활용해 단순 복사·붙여넣기 방식으로 포스팅했지만, 투입 시간 대비 결과는 만족스럽지 않았다. 구조는 바뀌었지만, 본질은 크게 달라지지 않았던 셈이다.

블로그를 살린
주인공은 AI였다

전환점은 의외로 이미 알고 있던 도구에서 나왔다. 유튜브와 AI 작곡, AI 이미지 판매를 시도하며 접했던 챗GPT와 각종 AI 툴을 블로그에 본격적으로 활용해보기로 한 것이다.

스레드에서 보았던 챗GPT 활용 포스팅 프롬프트들을 참고해, 나만의 프롬프트를 만들어 나갔다. 지금 다시 보면 4월 중순에 작성한 챗

GPT 활용 첫 포스팅에는 ####, ** 같은 GPT 특유의 흔적이 그대로 남아 있을 정도로 이해도가 낮았다. 그만큼 서툴렀다.

그러나 이번에는 달랐다. 과거의 실패와 방치 그리고 수익이 남긴 경험 덕분에 포기하지 않았다. 조금씩 프롬프트를 수정하고, 결과물을 손보며 노하우를 쌓아갔다. 블로그를 다시 시작하되, 이번에는 다른 방식으로 오래 가기 위해서였다.

블태기는 누구에게나 온다. 문제는 그 시점이 아니라, 다시 돌아올 수 있는 구조를 남겨두었는지다. 그리고 그 구조를 다시 가동시키는 데 AI는 생각보다 강력한 도구가 되어주었다.

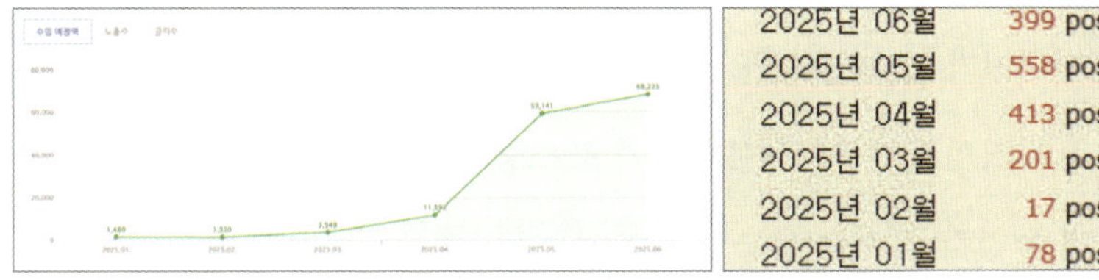

AI 도입 이후에 달라진 포스팅 변화

블로그 결산

구분	3월	4월	5월	6월
포스팅 수 (*10분)	201개	413개	558개	399개
애드포스트	3,549원	11,592원	59,141원	68,225원
체험단(방문)	-	100,000원	440,000원	625,500원
체험단(배송)	-	18,800원	50,000원	91,200원
기자단	-	15,000원	110,000원	349,000원
체험단 기자단 소계	-	133,800원	600,000원	1,065,700원
쿠팡 파트너스	22,368원	22,905원	55,348원	140,744원
텐핑	62,500원	160,000원	292,610원	491,944원
제휴 마케팅 소계	84,868원	182,905원	347,958원	632,688원
수익 합계	88,417원	328,297원	1,007,099원	1,766,613원

AI를 활용해 포스팅을 시작하면서 가장 크게 달라진 점은 작업의 중심이 바뀌었다는 데 있다. 단순 수작업으로 글을 작성하던 때보다 전체 작성 시간은 줄었고, 문장을 어떻게 쓸지 고민하기보다 어떤 글을 쓸지 기획하는 데 더 많은 에너지를 쓸 수 있게 됐다.

포스팅 주제는 네이버 크리에이터 어드바이저(Naver Creator Advisor)를 기준으로 선정했다. 이후 챗GPT로 초안을 작성하고, 썸네일 제작, 제목 수정, 다른 계정으로 스크랩, 검색 노출 여부 확인까지를 하나의 고정된 흐름으로 정리해 프로세스로 쌓아갔다. 이 과정을 반복하면서 포스팅은 더 이상 즉흥적인 작업이 아니라, 재현 가능한 업무가 되었다.

이 방식으로 작업했을 때 일반적인 포스팅은 약 10분 정도가 소요됐다. 이미지가 많이 필요한 글은 추가 작업이 필요해 20~30분 정도가 걸렸다. 과거의 단순 복사·붙여넣기 포스팅과 비교하면 체감 시간은 오히려 더 들었지만, 지수 상승 측면에서는 확실한 효과가 있었다.

기존에 최적화 2 수준에 머물러 있던 블로그는 AI 기반 포스팅을 지속하면서 최적화 4까지 상승했다. 이후 이 상태를 유지하며 과거에 했던 것처럼 체험단, 기자단, 쿠팡 파트너스 포스팅을 병행해 글의 수를 다시 빠르게 늘렸다.

그 결과 7월에는 260만 원, 8월에는 327만 원의 수익을 달성했고, 9월 이후 포스팅 빈도가 줄어든 상황에서도 월 100만 원 수준의 수익을 유지하고 있다. 시행착오를 거치기는 했지만, 이 과정을 통해 무자본으로도 온라인 월세 구조를 만들 수 있다는 확신을 갖게 되었다.

현재 블로그 수익은 크게 세 가지로 구성된다. 네이버 애드포스트, 체험단·기자단 그리고 제휴 마케팅이다. 제휴 마케팅은 네이버 쇼핑 커

블로그 결산

구분	6월	7월	8월	9월	10월
포스팅 수 (*10분)	399개	933개	170개	23개	10개
애드포스트	68,225원	199,211원	139,490원	91,580원	52,065원
체험단(방문)	625,500원	219,000원	180,000원	15,000원	-
체험단(배송)	91,200원	134,500원	26,000원	-	-
기자단	349,000원	440,000원	195,000원	-	-
체험단 기자단 소계	1,065,700원	793,500원	401,000원	15,000원	-
체험단&기자단 수 (*20분)	32개	31개	11개	1개	-
쇼핑 커넥트	-	329,272원	1,136,921원	249,189원	298,867원
쿠팡 파트너스	140,744원	431,212원	687,815원	139,919원	113,213원
텐핑	491,944원	354,222원	540,286원	629,731원	400,613원
제휴 마케팅 소계	632,688원	1,114,706원	2,365,022원	1,018,839원	812,693원
기타	-	247,000원	185,500원	126,000원	167,000원
수익 합계	1,766,613원	2,601,417	3,276,512원	1,377,419원	1,198,758원

(일반 포스팅은 10분, 체험단과 기자단 등 포스팅은 20분 가정)

넥트, 쿠팡 파트너스, 텐핑을 병행하고 있으며, 7월 23일 쇼핑 커넥트 오픈 이후에는 쇼핑 커넥트를 중심으로 포스팅하면서 텐핑도 꾸준히 함께 운영하고 있다.

이후 포스팅 주제를 선정하는 방법, 저품질을 피하는 기준, 프롬프트를 활용한 포스팅 방식, 체험단과 기자단 운영 방법, 제휴 마케팅 활용 전략까지 단계별로 자세히 다룰 예정이다. 독자들이 읽고 공감하는 데서 그치지 않고, 직접 따라 할 수 있도록 최대한 구체적으로 설명해 나가려 한다.

초보자가 그대로 따라 할 수 있는
수익화 로드맵

오픈채팅을 통해 정보를 공유하고 질의응답을 진행하거나, 온·오프라인 무료 특강을 한 경험은 있지만, 책을 통해 독자와 소통하는 일은 나에게도 새로운 도전이다. 그럼에도 집필을 결심한 이유는 분명하다. 잊혀졌던 메모장에서 출발해 실제 결과를 만들었던 경험을, 이번에는 독자들이 그대로 따라 해볼 수 있도록 정리하고 싶었기 때문이다.

3부의 목표는 거창하지 않다. 무자본으로 블로그를 시작해, 현실적으로 유지 가능한 '온라인 월세' 구조를 세팅해보자. 이는 무모한 도전이 아니라, 일정한 시간과 기준만 지킨다면 누구나 시도해볼 수 있는 부업이다. 용돈이 필요한 대학생, 투자금을 모아야 하는 사회초년생, 생활비 부담을 줄이고 싶은 신혼부부, 비교적 시간을 안정적으로 투입할 수 있는 중년층, 은퇴 이후 새로운 소득원을 찾는 노년층까지. 인터넷을 사용할 수 있다면 누구든 그대로 따라 해볼 수 있다.

물론 과정이 항상 순탄하지만은 않았다. 시행착오도 있었고, 중간에 블로그를 방치했던 기간도 있었다. 그러나 그 경험을 통해 확신하게 된 점이 있다. 파워블로거나 특별한 재능이 없어도, 꾸준한 포스팅과 올바른 구조만 갖추면 충분히 살아남을 수 있다는 사실이다.

3부는 그 확신을 독자와 나누기 위해 쓰였다. 읽고 이해하는 데서 끝나는 책이 아니라, 보고 그대로 실행할 수 있는 책이 되기를 바란다. 3부에서 제시하는 기준과 과정을 차근차근 따라온다면, 월 100만 원이라는 목표도 결코 비현실적인 숫자는 아니다.

2장

입문자를 위한
블로그 시작하기

네이버 블로그로
시작해야 하는 이유

오늘 하루를 잠시 떠올려보자. 개인 메일을 주고받을 때, 처음 가는 장소의 위치를 찾을 때, 뉴스나 쇼핑 정보를 검색할 때 가장 먼저 켜는 포털은 어디인가.

대부분의 사람이 내놓는 답은 자연스럽게 네이버다. 나 역시 메일은 네이버 메일, 일정 관리는 네이버 캘린더, 간단한 기록은 네이버 메모, 이동 경로는 네이버 지도에 의존한다. 의식하지 않아도 이미 일상 전반에 깊숙이 스며든 플랫폼이다.

조사 기관마다 수치는 다르지만, 국내 검색엔진 점유율은 네이버가 약 60% 내외로 여전히 1위를 유지하고 있다. 구글(Google)이 빠르게 성장하고 있음에도 국내 점유율은 약 30% 수준에 머문다. 즉, 한국인의 '검색 습관'은 여전히 네이버 중심으로 돌아간다.

검색이 몰리는 곳에 정보가 쌓이면, 그 자체가 자산이 된다. 수익형 블로그를 시작할 때 네이버를 선택해야 하는 가장 결정적인 이유도 여기에 있다. 사람이 모이는 곳에 정보가 쌓이고, 정보가 쌓이는 곳에 돈이 흐른다.

내가 쓴 글이 국내 최대 포털에서 검색되어 불특정 다수에게 노출된다면 이는 마케팅 관점에서 상당한 파급력을 지닌 기반을 확보하는 일과 같다. 그래서 블로그 부업의 출발점은 '어디에 글을 쓸 것인가'가 아니라, '사람이 가장 많이 검색하는 곳이 어디인가'에서 결정되어야 한다.

처음 블로그를 시작할 때 나 역시 티스토리와 구글 애드센스(Google AdSense)를 함께 고민했다. "애드센스 단가가 높다"는 이야기를 수없이 들어왔기 때문이다. 실제로 네이버에 작성한 글을 티스토리에 그대로 옮겨보기도 했고, 애드센스 승인에도 도전해봤다. 하지만 직접 운영해보니 네이버 블로그와 티스토리·애드센스는 출발점부터 접근 방식이 전혀 달랐다.

글의 구조, 키워드 활용 방식, 운영 방향까지 모두 달랐다. 티스토리와 애드센스는 검색 최적화와 기술적인 이해를 전제로 한 중장기 운영에 가깝다. 반면 네이버 블로그는 글을 발행하면 비교적 빠르게 검색에 반영되고, 별도의 세팅 없이도 노출 기회를 얻을 수 있다.

무엇보다 차이가 컸던 지점은 수익 구조다. 네이버 블로그는 체험단, 기자단, 제휴 마케팅처럼 국내 환경에 최적화된 수익 모델과 자연스럽게 연결된다. 글을 쓰는 즉시 현금화 가능성이 열리는 구조다. 지금 돌아보면 이 선택은 충분히 합리적이었다. 블로그로 월세처럼 꾸준한 현금흐름을 만들고 싶다면, 시작은 네이버가 가장 빠른 길이다.

수익화를 위한
블로그 세팅하기

블로그 생성과 블로그 정보 설정

블로그를 개설하는 데에는 사실 1분도 걸리지 않는다. 하지만 수익화를 목표로 하는 블로그라면 출발선부터 접근 방식이 달라야 한다. 많은 초보 블로거가 글쓰기 이전 단계인 '기본 설정'을 가볍게 넘긴다. 하지만 초기 세팅의 완성도가 블로그의 신뢰도와 브랜딩을 좌우한다.

블로그명: 의미 없는 단어는 피한다

블로그명은 앞으로 쌓일 모든 콘텐츠의 간판이다. 나 역시 초기에 감성적인 이름을 사용했다가, 이후 수익형 블로그로 방향을 전환하면서 다시 수정한 경험이 있다. 처음부터 운영 목적을 정해두는 편이 훨씬 수월하다.

일상 기록용인지, 정보 제공형인지, 특정 분야 전문 블로그인지에 따라 블로그명은 달라져야 한다. 아무 의미 없는 조합이나 의도를 알 수 없는 단어는 가급적 피하자.

별명: 생각보다 자주 노출되는 이름

별명은 댓글 작성 시 노출되는 이름이다. 생각보다 자주 보이고, 방문자의 기억에 남는다. 마케팅 목적의 블로그라면 상호명이나 고유한 닉네임을 사용하는 편이 낫다. 블로그명과 별명은 네이버 검색 결과에도 노출되므로 가능하면 중복되지 않는 이름으로 설정하면 더 좋다.

소개글: 짧아도 명확하게

소개글은 길 필요가 없다. 대신 명확해야 한다. 방문자는 글을 읽기 전이나 스크롤을 내리는 과정에서 무의식적으로 이 문장을 확인한다. "안녕하세요. 소통해요." 같은 문구보다는 이 블로그에서 어떤 정보를 얻을 수 있는지, 왜 읽어야 하는지를 한 문장으로 분명히 보여줘야 한다.

블로그 주제 설정: 방향을 먼저 정한다

블로그 주제 설정은 일상, 상품 리뷰, 정보형 콘텐츠 등 블로그의 중심 방향을 정하는 단계다. 이 설정은 이후 카테고리 구성은 물론 검색 노출 방식에도 영향을 준다. 초기에는 하나의 주제를 중심으로 명확하게 설정하는 편이 관리와 성장 모두에 유리하다.

블로그 세팅하기

프로필 이미지와 커버 이미지

기본 제공 이미지는 방문자의 시선을 끌기 어렵다. 전문적인 디자인까지는 필요 없지만, 블로그의 성격이 드러나는 프로필 이미지와 모바일 앱 커버 이미지는 최소한 설정해두어야 좋다. 이미지 하나만으로도 블로그가 '관리되고 있다'는 인상을 줄 수 있다.

기본 서체 설정

나는 블로그 글자 크기를 16으로 고정해 사용한다. 모바일 환경에서 가독성이 가장 안정적인 크기이기 때문이다. 현재 블로그 방문자의 대부분은 모바일을 통해 유입된다. 모바일에서 읽기 불편한 글은 내용이 아무리 좋아도 끝까지 읽히지 않는다.

블로그 수익은 방문자가 내 글을 얼마나 오래 읽느냐, 즉 체류 시간에 직접적인 영향을 받는다. 글자가 작거나, 줄 간격이 답답하면 독자는 바로 이탈한다. 블로그 세팅에서 중요한 기준은 '예쁨'이 아니다. 편하게 읽히는가다. 디자인을 꾸미는 일보다 독자가 부담 없이 끝까지 읽을 수 있는 환경을 만드는 노력이 항상 우선이다.

서체 설정하기

꾸미기 설정 – 위젯 전략

블로그를 처음 시작했을 때는 나 역시 꾸미기에 많은 시간을 썼다. 하지만 운영을 계속하다 보니 디자인에 과도하게 공을 들여도 수익화에 큰 도움이 되지 않는다는 사실을 알게 됐다.

우리는 디자이너가 아니라 콘텐츠 크리에이터다. 블로그의 핵심은 디자인이 아니라 콘텐츠의 양과 누적이다. 그럼에도 불구하고 방문자에게 최소한의 신뢰를 주는 장치는 필요하다. 그 역할을 하는 장치가 바로 위젯이다.

과하게 설정할 필요는 없다. 방문자 그래프, 체험단·기자단 배너, 이렇게 두 가지만으로도 충분하다. 방문자 그래프는 "이 블로그는 실제로 사람들이 찾고 있다"는 가장 직관적인 증거가 되고, 체험단·기자단 배너는 향후 협업과 수익 확장의 가능성을 자연스럽게 보여준다. 꾸미기는 최소화하되, 신뢰를 높이는 장치만 남기자. 이 정도면 블로그 초기 세팅으로는 충분하다.

방문자 그래프는 체험단이나 기자단 선정 과정에서 블로그의 신뢰도를 높여주는 역할을 한다. 운영 이력이 숫자로 드러나기 때문에, 플랫폼 입장에서는 블로그가 실제로 활동 중인지, 일회성 계정은 아닌지를 판단하기가 훨씬 수월해진다.

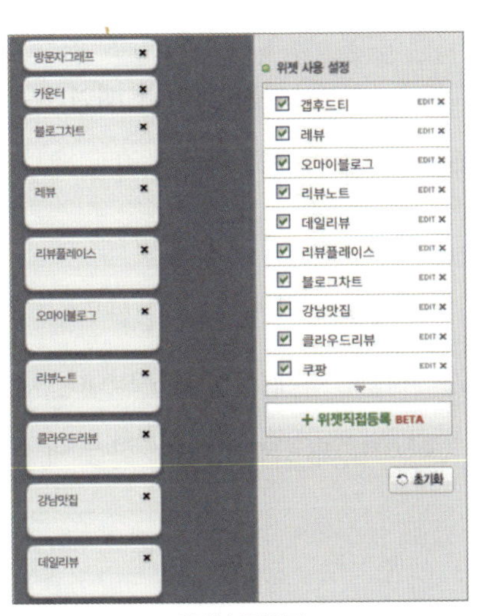

위젯 설정하기

배너 역시 마찬가지다. 체험단·기자단 관련 배너가 설정되어 있으면 해당 플랫폼에서 블로그를 평가할 때 운영 목적이 분명한 계정으로 인식되는 경향이 있다.

실제로 방문자 그래프와 체험단·기자단 배너, 이 두 가지만 설정한 이후 체험단 선정 확률이 눈에 띄게 달라졌다. 꾸미기에 시간을 쓰기보다, 이처럼 평가 기준에 직접적으로 영향을 주는 요소에만 집중하는 편이 훨씬 효율적이다.

블로그 신뢰도 높이기

메뉴와 글 관리

메뉴 관리 – 블로그 카테고리 설정

블로그 카테고리는 반드시 주제 분류 중심으로 구성해야 한다. 포스팅할 때마다 내용에 맞는 카테고리를 정확히 선택하는 습관은 생각보다 중요하다. 이는 네이버 메인 홈 노출뿐 아니라 검색 결과 상위 노출에도 영향을 미치는 요소이기 때문이다.

네이버에서 제공하는 기본 주제 분류를 그대로 사용해도 무방하다. 다만 블로그의 방향성이 분명하다면 의미를 살린 문구로 카테고리명을 약간 변형해 개성을 드러내는 방법도 좋다. 핵심은 멋있어 보이는 이름이 아니라, 글의 성격이 한눈에 드러나는 구조다.

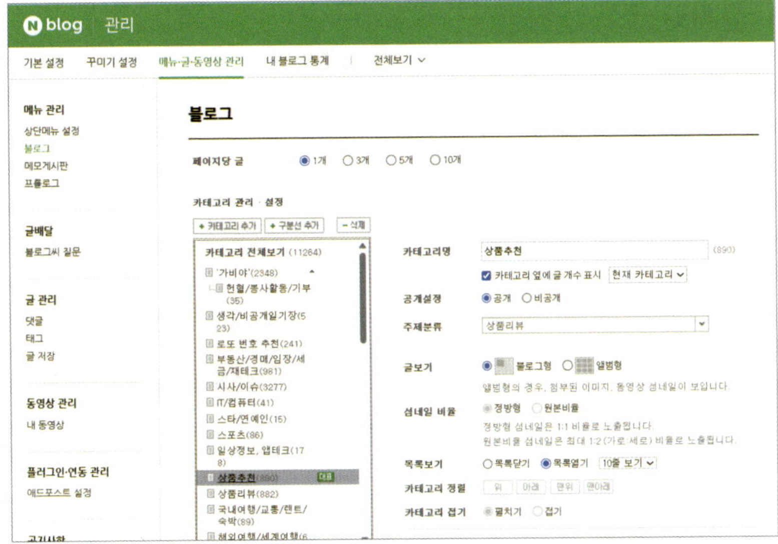

블로그 카테고리 설정

질문 설정

블로그씨 질문 설정도 함께 신경 써두면 좋다. 개인적으로는 '배달'로 설정해두는 방법을 추천한다. 블로그씨 답변을 꾸준히 작성하면 블로그 운영 전반에 긍정적인 효과가 있다. 네이버가 직접 제공하는 콘텐츠를 성실하게 활용하는 블로그를 플랫폼이 부정적으로 평가할 이유는 없다.

실제로 블로그씨 답변만으로 애드포스트 승인을 받은 사례도 확인한 적이 있다. 작은 설정처럼 보이지만, 초기 블로그 신뢰도를 쌓는 데는 충분히 의미 있는 요소다.

나는 블로그 통계를 거의 매일 확인한다. 어떤 글에서 반응이 있었는지, 어떤 키워드로 유입이 발생했는지를 보면 다음에 써야 할 글의 방향이 자연스럽게 보인다. 막연히 "열심히 써야지"라고 다짐하기보다, 이미 독자가 반응한 데이터 위에서 다음 글을 결정하는 편이 훨씬 효율적이다. 특히 초반에는 크리에이터 어드바이저가 방향 설정에 큰 도움이 되었다. 이 도구에 대해서는 다음 내용에서 자세히 다룬다.

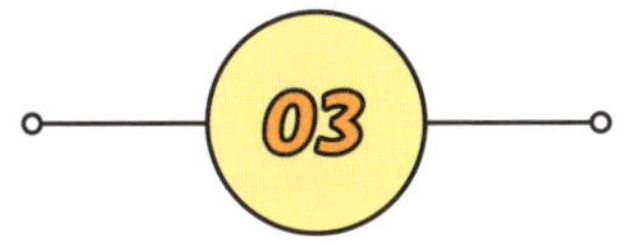

무엇을 써야 하는지 알아보기,
네이버 크리에이터 어드바이저

블로그를 시작한 사람들이 가장 많이 하는 말이 있다.

"오늘은 대체 뭘 써야 할지 모르겠어요."

아이디어가 떠오르지 않아 빈 화면만 바라보다가, 결국 글쓰기를 멈추게 되는 순간, 이른바 '블태기'의 시작이다. 하지만 우리는 일기장을 쓰는 사람이 아니다. 수익형 블로그를 운영하는 사람이다. 내가 쓰고 싶은 글이 아니라, 사람들이 찾고 있는 글을 써야 한다.

이때 가장 강력한 나침반이 되어주는 도구가 바로 네이버 크리에이터 어드바이저다. 크리에이터 어드바이저는 현재 네이버 이용자들이 어떤 주제와 키워드에 관심을 갖고 있는지를 데이터로 보여준다. 글감을 감으로 고르는 것이 아니라, 근거를 가지고 선택할 수 있게 해준다.

접속 경로는 어렵지 않다. '블로그 통계 → 크리에이터 어드바이저 → 트렌드'를 가면 된다. 이 메뉴만 제대로 활용해도 "오늘 뭘 써야 할지 모르겠다"는 고민은 상당 부분 사라지게 된다.

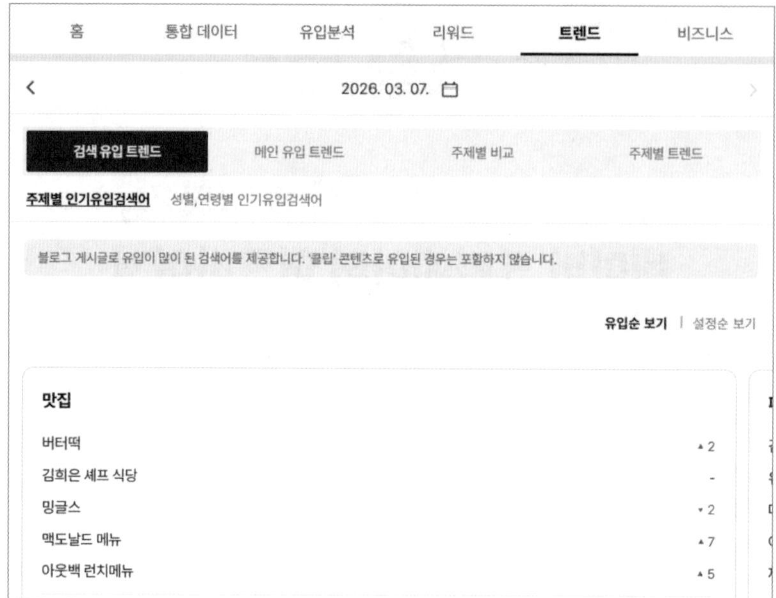

사람들을 끌어들이는 키워드 찾기

이 경로를 따라가면 현재 네이버에서 사람들이 어떤 키워드로 유입되고 있는지, 그리고 실시간 트렌드가 무엇인지 한눈에 확인할 수 있다. 여기서 중요한 설정이 하나 있다. 유입순 보기가 아니라 설정순 보기로 변경한 뒤, 본인이 설정한 주제의 검색 트렌드를 확인해야 한다. 그래야 내 블로그 주제와 직접적으로 연결되는 키워드만 선별해서 볼 수 있다.

이 화면에서 내가 가장 중요하게 보는 요소는 단 하나다. 실제로 검색 유입이 발생하고 있는 키워드다. 검색량이 많아 보이는 키워드보다, 이미 유입이 발생하고 있다는 사실이 더 중요하다. 이 키워드들은 지금이 순간에도 사람들이 검색창에 입력하고 있는 주제이며, 곧바로 글로옮길 수 있는 가장 현실적인 소재가 된다.

이 키워드를 기준으로 글을 작성하면 이미 수요가 존재하는 주제로 포스팅할 수 있다. 이때 포스팅의 주제 분류 역시 동일하게 맞춰주는 편이 좋다. 키워드, 제목, 본문, 주제 분류가 하나의 방향으로 정렬될수록 검색 노출의 효율은 높아진다.

다시 한번 짚고 넘어가자. 수익형 블로그는 나를 표현하는 공간이 아니다. 대중의 수요를 충족시키는 서비스 공간이다. 크리에이터 어드바이저를 통해 사람들이 실제로 궁금해하는 지점을 정확히 짚고, 그 가려운 부분을 해결해줄 때 방문자 수는 자연스럽게 증가한다.

감이 아니라 데이터로 접근하는 순간, 블로그는 취미가 아니라 현금 흐름을 만드는 도구로 바뀌기 시작한다.

유입 키워드 찾기

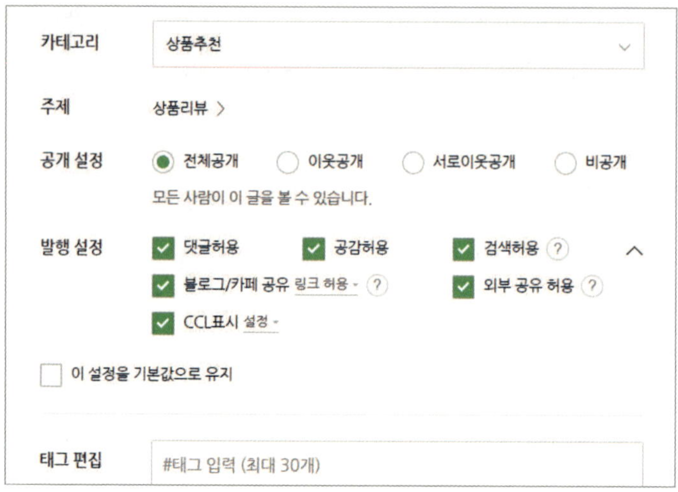

글의 확산 가능성 높이는 설정

또한 글쓰기 설정에서는 댓글 허용, 공감 허용, 검색 허용 그리고 블로그·카페 공유 허용을 모두 체크해두자. 이 설정들은 단순한 기능 옵션처럼 보이지만, 실제로는 글의 확산 가능성을 좌우하는 요소라고 할 수 있다. 특히 '공유 허용' 설정은 뒤에서 다룰 상위 노출 전략의 핵심이 된다. 글이 퍼질 수 있는 구조를 처음부터 열어두는 전략, 이 역시 수익형 블로그를 위한 기본 세팅 중 하나다.

어떻게 써야 하는지 알아보기, SEO 최적화의 기본 원칙

블로그 세계에서 '좋은 글'과 '노출되는 글'은 분명히 다르다. 아무리 문학적으로 훌륭한 글이라도 검색 엔진이 읽지 못하면 그 글은 사실상 존재하지 않는다고 볼 수 있다. 우리는 독자를 감동시키는 작가이기 이전에, 검색 엔진의 기준에 맞춰 글을 설계하는 사람이다. 즉, SEO를 이해해야 한다.

이 차이를 이해하는 데 나 역시 꽤 오랜 시간이 걸렸다. 2022년에는 단순히 제목에 키워드를 넣는 방법이 전부라고 생각하며 복사·붙여넣기 방식의 포스팅을 하기도 했다. 하지만 2025년에 들어 챗GPT를 활용해 글을 쓰기 시작하면서, 본문 내 키워드 배치와 문단 구성까지도 검색 노출에 영향을 준다는 사실을 체감했고, 이후 SEO 개념을 정리해 프롬프트와 글쓰기 방식에 적용하게 되었다.

SEO가 중요한 이유 – 내가 지키는 SEO 기본 원칙

검색 엔진은 사람처럼 글을 읽지 않는다. 의미보다는 구조와 신호로 글을 판단한다. 그래서 제목, 키워드의 위치, 문단의 길이와 구성 방식이 중요하다.

원칙은 단순하다. 제목에는 핵심 키워드를 앞부분에 배치한다. 예를 들어 '강남 맛집'을 키워드로 잡았다면 〈강남 맛집 TOP 5, 현지인 추천 리스트〉처럼 핵심 키워드를 제목 맨 앞에 두는 방식이 효과적이다. 모바일 독자들은 긴 글을 차분히 읽지 않는다. 한 문단은 3~4줄을 넘기지 않는 것이 좋다.

사진은 최소 15장 이상을 기준으로 한다. 사진-글-사진-글의 교차 배치는 독자의 피로도를 낮추고 체류 시간을 자연스럽게 늘려준다. 체험단이나 기자단 포스팅에서 업체가 제공한 사진을 그대로 사용하면 '이미지 중복'으로 저품질 판정을 받을 수 있다. 반드시 밝기나 채도를 조절하거나 워터마크를 넣어 검색 엔진이 새로운 이미지로 인식하게 만들어야 한다.

글은 반드시 정보성 중심으로 작성한다. 광고 느낌이 강해질수록 노출 가능성은 낮아진다. 본문 분량은 1,000자 이상을 기준으로 하며, 장소 리뷰의 경우 위치 정보를 함께 삽입해 네이버 지도 유입까지 노린다.

해시태그는 많을수록 좋다고 할 수 없다. 동일한 형태소를 과도하게 반복하면 검색 누락의 원인이 될 수 있다. 해시태그를 포함해 하나의 포스팅 안에서 특정 형태소가 20회 이상 반복되지 않도록 주의한다. 네이버는 이를 스팸 신호로 인식할 수 있다. 적절한 키워드 배치와 정보성 있는 문장을 1,000자 이상 구성하기가 수익형 블로그 글쓰기의 기본이다.

상위 노출을 위한 스크랩(공유하기) 활용법

정성 들여 포스팅을 마쳤다면 이제는 글을 널리 알리는 단계로 넘어가야 한다. 많은 사람이 지인에게 링크를 보내 "공감 좀 눌러달라"고 부탁하거나, 오픈채팅방에서 이른바 '품앗이'를 진행한다.

실제로 카카오톡 오픈채팅방에서 블로그를 검색해보면 공감, 댓글, 체류 시간을 서로 올려주는 그룹방을 쉽게 찾을 수 있다. 방마다 규칙은 다르지만 공통된 목적은 같다. 상호 간의 공감과 댓글, 체류시간을 늘려 검색 노출 순위를 끌어올리는 것이다.

구글 플레이스토어에는 '하트킹'과 같은 공감 품앗이 앱도 있다. 이 역시 공감을 상호 교환하기 위한 목적으로 많은 사람이 사용하고 있다.

공감, 댓글, 체류 시간이 노출 순위에 영향을 미친다는 점은 사실이다. 다만 내가 수년간 운영하며 체감한 가장 강력한 방법은 이와는 조금 다른 방식이었다.

바로 스크랩(공유하기)다. 포스팅을 완료한 직후 본인의 다른 블로그 계정으로 해당 글을 스크랩한다. 네이버에서는 1인당 최대 3개의 블로그 개설이 가능하기 때문에 누구나 실행할 수 있는 방법이다.

스크랩 방법은 간단하다. 포스팅 하단의 '공유하기' 버튼을 누른 뒤 공유할 위치를 블로그로 선택하면 된다. 스크랩해 가는 블로그의 공개 여부는 중요하지 않다. 해당 게시글이 비공개 상태여도 무방하며, 포인트는 스크랩 숫자가 증가한다는 사실 자체다.

이 방식은 과도한 품앗이나 인위적인 활동 없이도 글의 확산 신호를 만들어주는 가장 효율적인 방법 중 하나였다.

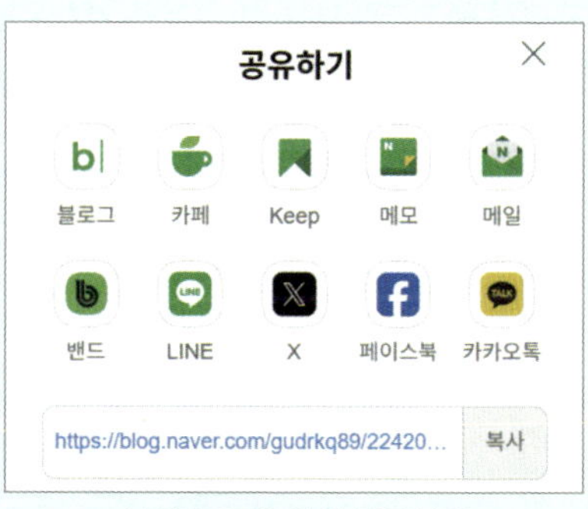

상위 노출을 위한 공유하기

스크랩이 정상적으로 적용되면 포스팅 하단에 표시되는 '담긴 횟수' 숫자가 증가한다. 이 숫자가 올라갔다면 스크랩(공유하기)이 제대로 반영된 것이다.

스크랩 리스트		
제목	담긴 횟수	최근 담기 날짜
에든버러 호텔 추천 기..	1	2026.03.08.
할슈타트 호텔 추천 호..	1	2026.03.08.
부다페스트 호텔 추천 ..	1	2026.03.08.
암스테르담 호텔 추천 ..	1	2026.03.08.

담긴 횟수 체크하기

이 방식의 효과가 알려지면서 오픈채팅방에서도 스크랩 품앗이 방이 따로 존재한다. 나 역시 효과를 확인해보고자 오픈채팅방 활동을 통해 스크랩 수를 14, 17까지 올려본 적도 있다.

하지만 결론은 명확했다. 소비되는 시간과 노력에 비해 눈에 띄는 성과는 크지 않았다. 스크랩 수가 14, 17이라는 것은 그만큼 다른 사람의 포스팅을 스크랩하는 데 시간을 썼다는 의미이기도 하다.

경험상 스크랩은 본인의 다른 블로그 1개로만 진행해도 충분했다. 차라리 스스로 스크랩 1회를 올리고, 그 시간에 포스팅을 하나 더 작성하는 편이 훨씬 효율적이었다.

수익형 블로그에서 가장 강력한 자산은 여전히 콘텐츠의 양과 누적이다. 시간을 어디에 써야 하는지는 이 기준으로 판단해야 한다.

3장

블로그 수익화의 핵심

잘 쓰려고 하지 말고,
많이 쓰기

나는 2022년부터 블로그 오픈채팅방을 운영해왔다. 적게는 100명, 많게는 200명 정도의 직장인이 모여 포스팅 인증을 하고, 서로의 글을 공유한다. 이 방의 목적은 단순했다. 블로그를 멈추지 않게 만들기 위함이다.

이 공간에서 반복해서 등장하는 질문은 거의 정해져 있다.

"무슨 글을 써야 할지 모르겠습니다."

"글 하나 쓰는 데 너무 오래 걸립니다."

"이 정도 퀄리티로 올려도 괜찮을까요."

이에 대한 내 답변은 항상 같다. 잘 쓰려고 하지 말고, 먼저 많이 쓰라고 말한다. 수익화 블로그는 기록장이나 작품집이 아니다. 검색 알고리즘은 글의 문장력이나 정성도를 평가하지 않는다. 제목, 키워드, 체류 시간, 클릭률 같은 지표를 통해 확률적으로 노출 여부를 판단한다. 즉, 블로그 수익은 '질의 경쟁'이 아니라 '확률 게임'에 가깝다.

예를 들어보자. 하나의 글을 쓰는 데 3시간이 걸리고, 그 글이 하루 20뷰를 기록해 한 달에 광고 수익 100원을 만든다면, 시급으로 환산했을 때 사실상 의미 없는 노동이다. 반대로 10분 만에 작성한 글이 검색 상위에 노출되어 하루 500뷰를 만들고, 한 달에 몇천 원의 수익을 발생시키는 경우도 드물지 않다. 이 차이는 실력보다 시도 횟수에서 발생한다.

실제로 많은 초보자가 이런 경험을 한다. 몇 날 며칠을 들여 쓴 글은 조용히 묻히고, 점심시간에 빠르게 작성한 짧은 글이 상위에 노출된다. 이는 블로그만의 현상이 아니다. 유튜브, 인스타그램, 스레드 등 대부분의 알고리즘 기반 플랫폼에서 공통적으로 나타난다. 플랫폼은 '잘 만든 한 편'보다 '다양한 시도 중 반응이 좋은 일부'를 선택한다.

여기서 중요한 사실이 하나 있다. 어떤 글이 노출될지는, 써보기 전까지는 아무도 모른다. 초보자가 스스로 '이 글은 될 것 같다'고 판단하는 기준은 대부분 틀린다. 그래서 초기 단계에서는 선별 능력을 키우기보다, 시도 횟수를 늘리는 방법이 합리적이다.

이 지점에서 많은 사람이 실패한다. 한 편의 글에 많은 에너지를 쓰고, 그 결과에 감정적으로 흔들린다. 조회 수가 나오지 않으면 '내가 글을 못 쓰는 사람'이라고 결론 내린다. 그러나 문제는 글이 아니라 구조다. 포스팅 하나하나에 부담을 주는 방식으로는 오래 버티기 어렵다.

따라서 초반 목표는 명확하다. 글의 완성도를 높이는 게 아니라, 작성 속도를 줄이고 게시 빈도를 늘려야 한다. 하루 1포스팅이 부담스럽다면 이틀에 1개라도 좋다. 핵심은 멈추지 않는 흐름이다. 이 흐름이 쌓이면서 비로소 데이터가 만들어지고, 어떤 주제가 반응을 얻는지 감각이 생긴다.

주의할 점도 있다. '많이 쓰기'는 무작정 아무 글이나 올리라는 의미가 아니다. 검색 가능한 키워드를 중심으로, 최소한의 형식은 갖춰야 한다. 다만 그 기준을 지나치게 높게 잡지 말라는 뜻이다. 초반에는 60점짜리 글 50개가, 90점짜리 글 5개보다 훨씬 많은 정보를 준다.

블로그 수익화의 출발점은 여기다. 잘 쓰는 사람이 되는 것이 아니라, 계속 쓰는 사람이 되는 것. 이 단순한 원칙을 받아들이는 순간, 블로그는 부담스러운 숙제가 아니라 관리 가능한 시스템으로 바뀐다.

수익형 블로그에서 '많이 쓰기'가 중요한 이유 세 가지

알고리즘의 선택 확률

글의 개수가 많을수록, 내 블로그가 특정 키워드 검색 결과에 노출될 확률은 급격히 높아진다. 검색 알고리즘은 한 편의 완성도 높은 글보다 다양한 키워드에 반응하는 여러 개의 글을 통해 블로그의 성격을 판단한다. 즉, 글이 많다는 것은 그만큼 알고리즘에 '선택받을 기회'를 많이 제공한다는 뜻이다. 초보자가 통제할 수 있는 가장 확실한 변수는 바로 이 물량이다.

데이터의 축적

어떤 글이 '터지는지'는 머리로 고민해서 알 수 없다. 실제로 써보고, 올려보고, 반응을 확인해야만 알 수 있다. 많이 써본 사람만이 어떤 제목이 클릭을 부르는지, 어떤 소재가 검색에 살아남는지 감각을 갖게 된다. 이 감각은 이론이 아니라 누적된 실패와 반응 데이터에서 만들어진다. 적은 글로는 절대 얻을 수 없는 자산이다.

심리적 회복 탄력성

한 편의 글에 큰 공을 들이지 않았기 때문에, 노출이 되지 않아도 타격이 적다. "이건 안 됐네. 다음 글 쓰면 되지."라는 가벼운 태도가 가능해진다. 이 심리적 여유가 블로그를 오래 끌고 가는 힘이다. 반대로 한 글에 모든 에너지를 쏟으면, 결과가 나오지 않았을 때 회복이 어렵다. 결국 멈추게 된다. 따라서 수익형 블로그는 처음부터 방향을 잘 잡아야 한다.

여러분의 블로그를 '글자 한 땀 한 땀 장인 정신으로 빚는 공방'이 아니라 '빠르게 물건을 찍어내는 공장'으로 먼저 세팅해야 한다. 퀄리티는 목표가 아니라 결과다. 일정 수준의 양이 채워진 뒤에야, 자연스럽게 따라오는 부산물에 가깝다.

검색 노출이 되는
글 작성하기

열심히 글을 썼는데 검색창에 내 글이 보이지 않는다면, 그만큼 허망한 일도 없다. 이 단계에서 많은 초보자가 가장 먼저 떠올리는 의문은 하나다. "내 블로그가 저품질이 된 건 아닐까."

하지만 실제로 상담과 사례를 살펴보면, 검색이 되지 않는 이유는 대부분 명확하고 기술적인 문제에 가깝다. 노출이 되지 않는다고 해서 곧바로 페널티나 저품질을 의심할 필요는 없다. 경험상, 검색이 안 되는 대표적인 이유는 다음과 같다.

- **게시글 등록 후 24시간이 지나지 않았을 때:** 네이버 검색 로봇이 포스팅을 수집하고 색인하는 데는 일정 시간이 필요하다. 작성 직후에는 검색 결과에 나타나지 않는 것이 정상이다.

- **중복 콘텐츠 또는 스팸 문서로 판단됐을 때:** 다른 사람의 글이나 사진을 그대로 사용하거나, 문장 구조가 지나치게 유사할 경우 스팸 문서로 분류될 가능성이 높아진다.

- **사용자가 검색하는 키워드와 글의 의도가 맞지 않을 때:** 검색자가 실제로 입력할 법한 단어 대신, 작성자만 이해하는 표현을 제목에 사용했을 때 발생한다.

- **네이버 C랭크 및 전문성이 부족할 때:** 블로그 전체 주제와 맞지 않는 글을 갑자기 작성하거나, 특정 분야의 글이 거의 없는 상태에서 경쟁 키워드에 도전하

면 노출 우선순위에서 밀릴 수 있다.

여기서 중요한 점이 있다. 노출이 안 됐다는 사실만으로 불이익을 단정할 수는 없다. 그래서 나는 검색이 되지 않을 때마다 아래의 체크리스트부터 점검한다.

- 글 작성 후 24시간이 지났는가
- 메인 키워드 외의 연관 키워드로도 검색해보았는가
- 제목과 본문에서 키워드를 과하게 반복하지 않았는가
- 글 분량이 지나치게 짧지는 않은가
- 기존 글과 내용이나 구조가 너무 유사하지는 않은가
- 의미 없는 태그나 과도한 링크가 포함되지는 않았는가

실제로는 제목을 한 번 수정하거나, 본문에서 반복된 키워드를 몇 개 삭제하는 대응만으로 해결되는 경우가 적지 않다. 특히 블로그의 전문성이 아직 쌓이지 않은 초기에는, 제목을 더 구체적으로 바꾸는 작업만으로도 검색 노출이 되는 사례가 많다.

또 하나, 많은 초보자가 잘 모르는 방법이 있다. 바로 네이버 검색 반영 요청(제보하기) 기능이다. 글이 정상적인 콘텐츠임에도 불구하고 검색 결과에 전혀 나타나지 않는다면, 네이버 고객센터의 '검색 노출 제보' 메뉴를 통해 직접 요청할 수 있다. 게시글 주소(URL), 제목, 간단한 내용을 입력하면 된다. 개별적인 답변은 제공되지 않으며, 반영까지는 시간이 소요될 수 있다.

이 방법이 노출을 100% 보장하지는 않는다. 그러나 아무 조치 없이 기다리는 것보다는 훨씬 현실적인 대응이다. 결국 핵심은 단기적인 노

출 여부가 아니다. 처음부터 '운에 맡기는 글'이 아니라, 검색 의도를 고려한 글을 쓰는 습관을 들여야 한다. 이 습관이 쌓일수록 검색 노출은 점점 예측 가능한 영역으로 들어온다.

검색 반영 요청하러 가기 (네이버 고객센터)

QR코드를 찍으면 네이버에 요청할 수 있는 페이지로 연결된다. 여기서 게시글 주소(URL), 제목, 내용을 입력하면 된다. 개별적인 답변은 제공되지 않으며, 검색 결과에 반영되기까지는 일정 시간이 소요될 수 있다.

[검색 결과 노출 관련 안내]

게시글의 검색 결과 노출은 시스템에 의해 자동 결정되며,
특정 검색어에 대한 노출 여부나 순위를 보장하거나 예측할 수 없습니다.

- 노출 확인 방법 : 게시글 제목 전체나 본문에 포함된 고유한 문장 등 다양한 검색어를 입력하여 검색 여부를 직접 확인해 주시기 바랍니다.

- 검색 결과의 유동성: 수많은 게시물의 등록, 수정, 삭제가 실시간으로 반영되어 검색 결과는 계속해서 업데이트됩니다. 이에 따라 노출 여부는 언제든 변동될 수 있습니다.

- 결과 안내 : 요청하신 내용의 반영 여부 및 시기는 보장되지 않으며, 본 문의에 대해서는 개별적인 답변을 드리지 않는 점 양해 부탁 드립니다.

※ 네이버 고객센터는 산업안전보건법을 준수하여 고객응대근로자를 보호하고 있습니다.
성희롱, 욕설 등의 폭언을 하지 말아주세요. 폭언 시 상담이 제한되고 법령에 따라 조치될 수 있습니다.

아이디 (선택)	gudrkq89
이메일 (필수)	ga*****@gmail.com
게시물URL (필수)	
게시물URL (선택)	
게시물URL (선택)	
개인정보 수집 및 이용 안내	고객 문의 처리를 위해 개인정보 보호법 제15조제1항제4호(계약의 체결/이행)에 따라, 다음과 같은 개인정보를 수집·이용합니다.

검색 반영 요청하기

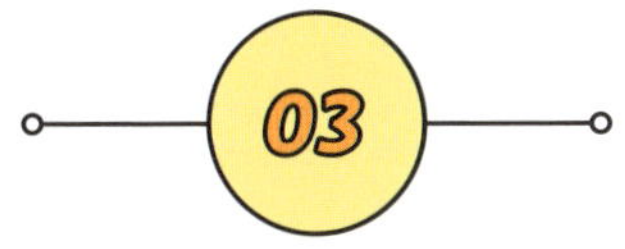

단순 반복 작업으로
글 작성하기

블로그를 '노동'이 아닌 '시스템'으로 만들기 위해서는, 글쓰기를 단순 반복 작업으로 구조화해야 한다. 매번 새로운 아이디어와 문장을 짜내는 방식으로는 오래 버티기 어렵다. 체력도, 집중력도 결국 한계에 부딪힌다. 그래서 나는 지금 거의 모든 포스팅을 정해진 틀로 작성한다. 이 틀은 특별하지 않다. 오히려 최대한 단순하게 고정되어 있다.

- 제목 구조
- 도입부 문장의 흐름
- 소제목의 개수와 배치
- 마무리 멘트의 방향

이 요소들을 매번 새로 고민하지 않는다. 한 번 만들어둔 틀에, 그날 다룰 주제와 키워드만 바꿔 끼우는 방식이다. 글을 '쓴다'기보다는, 내용을 '채운다'는 표현이 더 정확하다. 처음 이 방식을 쓸 때는 솔직히 의문이 들었다.

"이렇게 기계적으로 써도 괜찮을까."
"너무 성의 없어 보이지는 않을까."

하지만 결과는 정반대였다. 글을 쓰는 속도는 눈에 띄게 빨라졌고, 포스팅 간의 품질 편차도 줄었다. 무엇보다 노출이 훨씬 안정적으로 유지됐다. 이는 우연이 아니다. 검색 알고리즘은 독창적인 문체보다, 일관된 구조와 명확한 정보 전달을 더 선호한다.

이 지점에서 블로그 수익화의 성격이 분명해진다. 블로그 수익화는 창작 활동이라기보다, 작업에 가깝다. 그리고 작업은 반드시 반복 가능해야 한다. 반복할 수 없는 방식은, 결국 어느 순간 멈춘다.

지금 돌아보면 가장 아쉬운 선택은 이것이다. 초기에 괜히 글을 예술처럼 쓰려고 했던 것. 한 편 한 편에 의미를 부여하고, 완성도를 지나치게 높이려 했던 것이 오히려 발목을 잡았다.

그래서 기준을 바꿨다. 완벽보다 완료를 우선한다. "이 정도면 정보 전달은 충분하다"는 판단이 들면, 더 다듬지 않고 발행 버튼을 누른다. 수정은 나중에 해도 된다. 일단 세상에 내놓는 것이 훨씬 중요하다.

이처럼 블로그를 단순 반복 가능한 업무로 치환하면, 컨디션에 크게 좌우되지 않는다. 바쁜 날에도, 집중이 잘 안 되는 날에도 최소한의 포스팅을 생산할 수 있는 체력이 생긴다. 블로그 수익화에서 가장 강력한 무기는 재능이 아니라, 이렇게 만들어진 지속 가능성이다.

키워드 검색 사이트 & 검색 누락 확인 사이트

블로그 수익화의 성패는 두 가지에서 갈린다. 어떤 키워드를 선택하느냐, 그리고 내 글이 실제로 잘 노출되고 있는지를 점검하느냐. 감에 의존하지 않으려면 최소한의 도구가 필요하다. 아래는 내가 실제로 매일 사용하는 필수 사이트다.

❶ 키워드 검색 사이트

키워드 검색 사이트는 '쓸 만한 주제인지'를 판단하는 기준점 역할을 한다. 초보자일수록 막연한 아이디어보다 검색 데이터가 존재하는 키워드에서 출발하는 것이 훨씬 안전하다.

키워드마스터

PC와 모바일 검색량을 한눈에 확인할 수 있다. 특히 '문서 수' 대비 '검색량'이 높은 키워드를 찾는 데 유용하다. 경쟁 글은 적은데 검색 수요는 있는, 이른바 황금 키워드를 빠르게 걸러낼 수 있다.

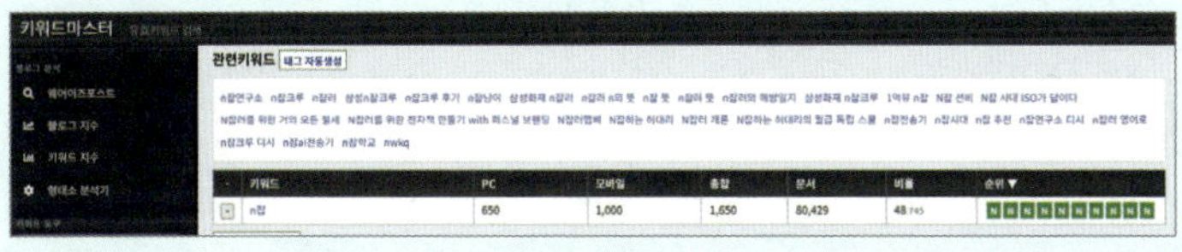

키워드마스터

블랙키위

키워드의 계절성, 성별 유입 비율, 검색 추이를 확인할 수 있다. 당장보다는 한 달 뒤, 두 달 뒤에 검색이 늘어날 키워드를 예측할 때 효과적이다.
이 단계에서 할 일은 단순하다. 메인 키워드 하나를 정하고, 그와 자연스럽게 연결되는 서브 키워드를 조합한다. 너무 복잡하게 설계할 필요는 없다. 초보 시기에는 검색량이 있는 키워드를 제목 맨 앞에 넣는 연습만으로도 충분하다. 이 기본기만 갖춰도 검색 노출 확률은 눈에 띄게 달라진다.

블랙키위

❷ 검색 누락 확인 사이트

글을 작성하고 발행했다면, 거기서 끝이 아니다. 마지막으로 반드시 확인해야 할 단계가 있다. 내 글이 네이버 검색에 정상적으로 등록되었는지 점검하는 일이다.

블로그유틸24

블로그 주소를 입력하면 최근 포스팅 중 검색에서 누락된 글이 있는지 한 번에 확인할 수 있다. 상태가 '이상'으로 표시된다면, 그대로 두지 말아야 한다. 앞에서 다룬 것처럼 제목을 조정하거나, 본문에서 과도한 키워드를 정리해 다시 검색 반영을 유도해야 한다. 이 과정이 번거롭게 느껴질 수 있다. 그러나 이 점검 하나가, 수익이 '0'으로 끝날 수 있는 글을 '100'으로 바꾸는 마지막 단계다.

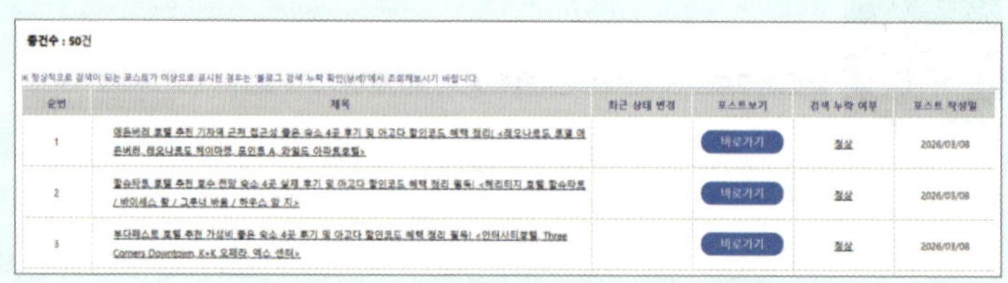

블로그유틸24

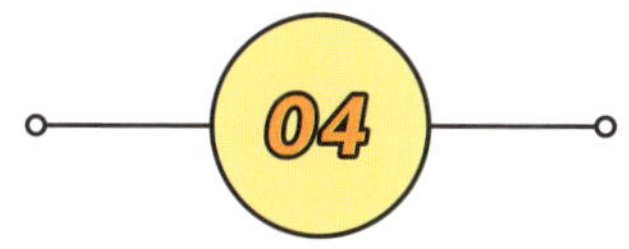

수익화의 첫 관문,
애드포스트 승인받기

블로그 수익화의 첫 관문은 네이버 애드포스트 승인이다. 애드포스트는 내가 만든 콘텐츠에 광고가 붙고, 해당 광고가 클릭될 때마다 수익이 발생하는 구조다. 블로그로 처음 '돈이 찍히는 경험'을 하게 되는 단계이기도 하다.

구글 애드센스가 흔히 '고시'에 비유된다면, 네이버 애드포스트는 '자격증 시험' 정도로 난이도가 낮은 편이다. 일정 기준만 충족하면 비교적 안정적으로 승인받을 수 있다.

애드포스트의 기본 신청 조건은 다음과 같다.

- 블로그 개설 후 1개월 이상
- 전체 게시글 50개 이상
- 전월 기준 일평균 방문자 100명

이 중 두 가지 이상을 충족하면 신청이 가능하며, 실제 승인 확률은 상당히 높은 편이다. 게시글 수가 다소 부족하더라도 방문자 수가 충분히 확보되어 있다면 승인되는 경우도 있다.

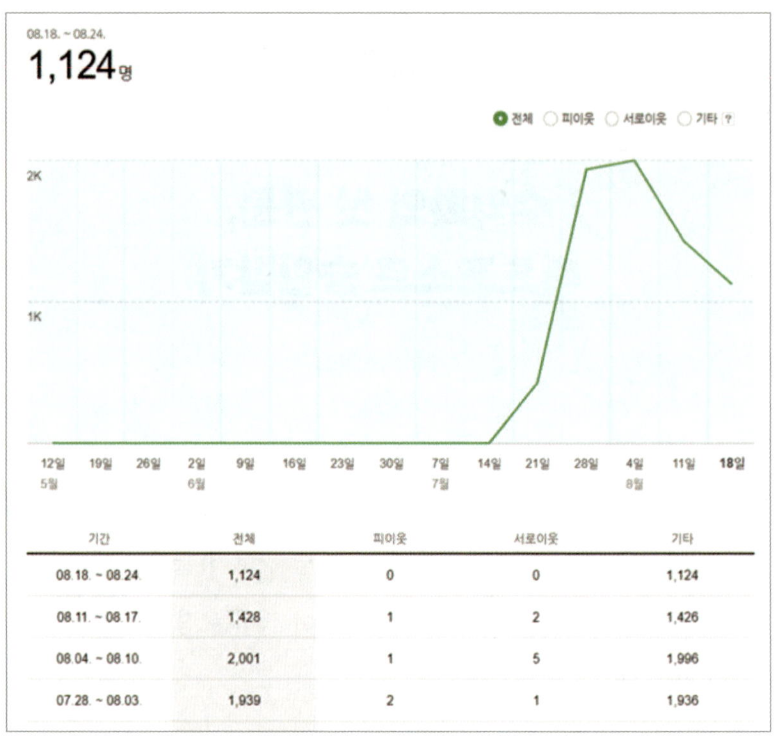

순방문자 수 파악하기

여기서 하나 짚고 넘어갈 점이 있다. 애드포스트는 단순히 글 개수만 보는 것이 아니라, 블로그가 정상적으로 운영되고 있는지를 함께 판단한다. 글이 일정한 주제로 꾸준히 올라오는지, 스팸성 콘텐츠는 없는지 같은 기본적인 운영 상태를 함께 본다.

내가 직접 경험하며 얻은 팁을 하나 공유하자면, 월초에 신청하면 유리하다는 점이다. 애드포스트 심사는 '직전 달'의 지표를 기준으로 진행된다. 블로그 초반에는 방문자 수와 게시 빈도가 들쭉날쭉한 경우가 많다. 이럴 때는 한 달간 꾸준히 활동해 지표를 안정시킨 뒤, 다음 달 1일에 신청하는 것이 가장 깔끔하다. 그래서 나는 항상 통계가 정리되는 월초를 노렸다.

만약 승인 과정에서 보류(반려)되었다고 해도 낙담할 필요는 없다. 애드포스트는 재신청 횟수에 제한이 없다. 반려 사유도 비교적 명확하다.

- '콘텐츠 부족'이라면 글을 10개 정도 더 작성한 뒤 재신청하면 된다.
- '방문자 부족'이라면 이후에 배울 키워드 전략으로 유입을 늘린 뒤 다시 도전하면 된다.

실제로 나 역시 첫 블로그 운영 당시, 개설 후 2주 만에 성급하게 신청했다가 '기간 불충족'으로 거절당한 경험이 있다. 하지만 이후 묵묵히 글을 쌓아 올렸고, 한 달 뒤 승인 메일을 받을 수 있었다.

애드포스트는 능력 시험이 아니다. 포기하지 않고 블로그를 운영하는 사람인지를 확인하는 절차에 가깝다. 이 관문을 통과하는 순간, 블로그는 기록장이 아니라 수익 구조를 가진 매체로 한 단계 올라서게 된다.

- 1차 신청 시 '기간 불충족'으로 반려 (8월 4일, 개설 2주)
- 2차 신청에 최종 승인 (8월 29일)

안녕하세요? 창작자님,
아래와 같이 미디어등록이 보류 되었습니다.

상세내용

미디어 구분	네이버 블로그
미디어 명(URL)	http://blog.naver.com/
사유	블로그 운영기간(30일)이 부족합니다. 블로그 운영기간이 30일 이상이어야 등록이 가능합니다. ※ 블로그 운영 시작일은 [내블로그>프로필>블로그 히스토리]에서 확인할 수 있습니다.

운영기간 부족

안녕하세요? 창작자님,
아래와 같이 미디어가 등록 되었습니다.

상세내용

미디어 구분	네이버 블로그
미디어 명(URL)	http://blog.naver.com/review4848

미디어가 등록되면 해당 미디어에 즉시 광고가 게재됩 니다.

미디어 등록

또 다른 반려 사례

반려되었다고 해서 좌절할 필요는 없다. 부족한 부분만 보완하면 재신청은 언제든 가능하다. 애드포스트는 수익의 크기보다 '이제 블로그로 돈이 벌리기 시작했다'는 사실을 확인하는 첫 단계에 가깝다.

안녕하세요? 창작자님,
아래와 같이 미디어등록이 보류 되었습니다.

상세내용

미디어 구분	네이버 블로그
미디어 명(URL)	http://blog.naver.com/
사유	방문자(UV) 또는 페이지뷰(PV) 수가 부족합니다. 광고 매체로서의 효과를 위해 지난 달 기준 블로그의 방문자 수, 페이지뷰의 미디어 이용 지표를 심사합니다.블로그를 활발히 운영하신 뒤 다음달에 다시 검수를 신청하여 주시기 바랍니다.

또 다른 반려 사례

블로그 수익화는 요령보다 지속력이다. 오늘도 하나를 쓰는 사람과 언젠가 완벽한 하나를 쓰려는 사람의 결과는 완전히 다르다. 다음 장에서는 이 속도를 AI로 어떻게 가속화했는지를 이야기해보려 한다.

초보자가 가장 많이 포기하는 지점

블로그 수익화를 상담하거나 오픈채팅방을 운영하다 보면, 일정 시점에서 거의 같은 말을 듣게 된다.

"이렇게까지 했는데 아직도 수익이 안 나요."

이 질문이 등장하는 구간이 바로 초보자가 가장 많이 포기하는 지점이다. 중요한 점은 이 시기가 실패의 증거가 아니라 대부분의 사람이 반드시 한 번은 지나치는 정상적인 과정이라는 사실이다.

첫 번째 포기 지점은 노출은 되기 시작했지만 수익이 없는 시기다.

글이 하나둘 검색 결과에 보이고, 방문자 수도 조금씩 늘어난다. 하지만 애드포스트 수익은 하루 몇 원 수준이거나, 아예 0원인 날도 반복된다. 이 때 많은 사람이 '내 블로그는 수익형이 아닌 것 같다'고 판단한다. 그러나 블로그 수익화는 거의 예외 없이 노출 → 체류 → 클릭 → 수익의 순서를 따른다. 수익이 늦게 붙는다는 이유만으로 방향이 틀렸다고 단정하기에는 너무 이른 시점이다.

두 번째 포기 지점은 노력 대비 결과가 가장 초라해 보이는 구간이다.

하루에 한두 개씩 글을 쓰고, 키워드를 고민하고, 검색 누락까지 점검했는데도 수익 변화는 미미하다. 이 시점에서 블로그를 '시간 대비 효율이 안 나오는 부업'으로 규정하고 손을 놓는 경우가 많다. 하지만 이 구간은 글이 쌓이면서 구조적인 변화가 일어나기 직전 단계이기도 하다. 과거에 작성한 글들이 동시에 방문자를 만들기 시작하면, 같은 노력으로 체감되는 결과는 완전히 달라진다.

세 번째 포기 지점은 타인의 성과와 비교하는 순간이다.

비슷한 시기에 시작한 누군가가 하루 수만 원을 벌고 있다는 이야기를 접하면, 자신의 블로그를 실패 사례로 규정해버리기 쉽다. 그러나 블로그는 주제와 키워드 선택, 글의 성격에 따라 성장 속도가 크게 다르다. 특히 정보형 블로그는 수익이 천천히 붙는 대신, 한 번 자리를 잡으면 비교적 안정적으로 유지되는 특성이 있다. 단기간 성과만을 기준으로 판단하면, 가장 중요한 구간에서 이탈하게 된다.

마지막 포기 지점은 '이제 무엇을 더 해야 할지 모르겠다'는 막막함이다.

글 작성은 익숙해졌지만, 다음 단계가 보이지 않을 때다. 이 시점에서 많은 초보자가 새로운 방법을 찾아 헤매거나, 전혀 다른 주제로 방향을 틀어 버린다. 하지만 대부분의 경우 필요한 것은 새로운 기술이 아니다. 이미 반응이 있었던 글의 패턴을 정리하고, 그 방식을 의도적으로 반복하는 것이 다음 단계로 가는 가장 현실적인 방법이다.

블로그 수익화는 재능이나 센스의 싸움이 아니다. 이 포기 구간을 얼마나 오래 통과하느냐의 싸움에 가깝다. 대부분의 사람은 잘못된 방향이 아니라, 조금 늦게 도착하는 결과 앞에서 멈춘다.

이 장에서 다룬 기준만 지켜도 블로그는 단순한 기록을 넘어, 다음 단계의 N잡으로 연결될 수 있는 충분한 기반이 된다. 애드포스트 승인까지 완료했다면 이제 체험단, 기자단, 제휴 마케팅 등으로 수익 구조를 확장할 준비가 된 상태다.

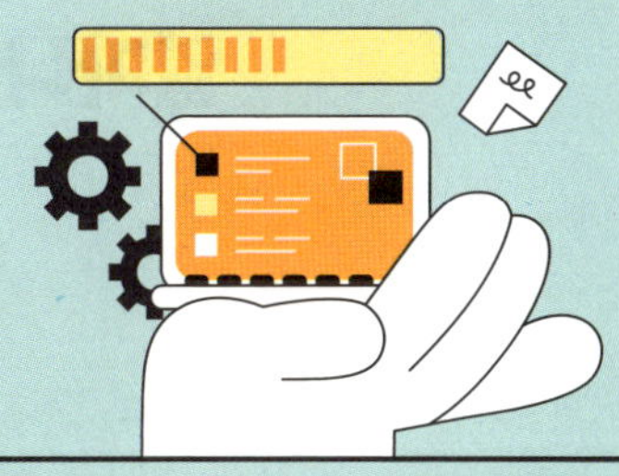

블로그 수익을
가속화하는
AI 활용

시급으로 치면
얼마나 벌 수 있을까

블로그로 수익을 낸다고 하면 많은 사람이 가장 먼저 묻는 질문은 "얼마나 버세요?"이다. 블로그를 시작한 지 얼마 되지 않았을 때는 나 역시 이 질문에 크게 의미를 두지 않았다. 수익이 발생한다는 사실 자체가 중요했고, 금액이 늘어나는 것이 곧 성과라고 생각했기 때문이다.

하지만 블로그를 오래 해본 사람일수록, 그 질문만큼이나 중요하게 보는 기준이 하나 더 있다. 바로 얼마의 시간을 써서 그 수익을 만드느냐다. 같은 월수익 100만 원이라도, 하루 1시간으로 만든 100만 원과 하루 6시간으로 만든 100만 원은 전혀 다른 의미를 가진다. 이 차이를 인식하느냐 못 하느냐가 블로그를 '부업'으로 끝낼지, '자산'으로 키울지를 가른다.

2022년, 수익형 블로그 무료 특강 자료에 제 수익 인증 화면을 올린 적이 있다. 당시에는 꽤 뿌듯한 마음이었다. 블로그로 월 100만 원 이상 수익이 나고 있었고, 주변에서도 "잘하고 있다"는 말을 많이 들었다. 그런데 그날, 함께 N잡 스터디를 하던 한 형이 이런 질문을 던졌다.

"블로그로 월 100만 원 번다며? 그럼 시급으로 치면 얼마야?"

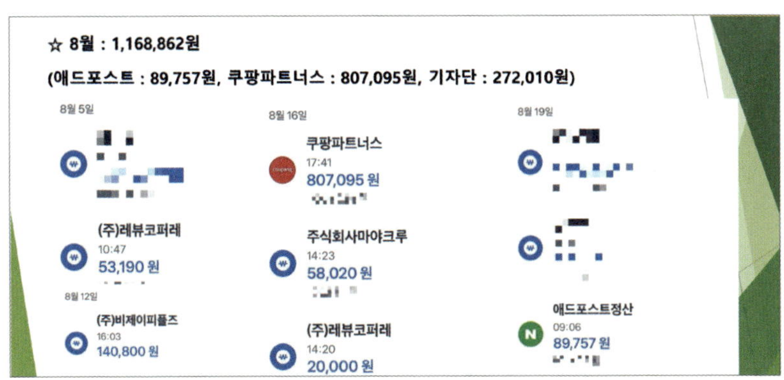

시급으로 치면 얼마나 될까?

그 질문 한마디에 정신이 번쩍 들었다. 나는 그동안 '블로그로 돈이 들어온다'는 결과에만 집중하고 있었지, 그 돈을 벌기 위해 하루에 몇 시간을 쓰고 있는지, 주말과 밤 시간을 얼마나 쏟고 있는지는 제대로 계산해본 적이 없었다. 막연히 열심히 하고 있다는 감각만 있었을 뿐, 구조적으로 따져보지 않았던 것이다.

그날 이후 블로그를 바라보는 기준이 완전히 달라졌다. 단순히 얼마를 벌고 있느냐가 아니라, 시간 대비 효율, 다시 말해 이 일이 과연 지속 가능한 노동 구조인가를 보기 시작했다. 내가 자리를 비워도 돌아가는 구조인지, 아니면 내가 멈추는 순간 수익도 함께 멈추는 구조인지를 고민하게 됐다.

이번 장은 바로 그 고민에서 출발한다. 그리고 그 질문에 대한 해답을 찾는 과정에서, 왜 결국 AI 활용이라는 선택지로 이어질 수밖에 없었는지에 대한 이야기이기도 하다. 블로그를 '열심히 하는 일'이 아니라, '효율적으로 운영하는 일'로 바꾸기 위한 전환점에 대한 기록이다.

1일 10포스팅을
해야 하는 이유

물론 나 역시 처음부터 하루에 10개씩 글을 쓴 것은 아니다. 대부분의 사람들처럼 하루 한 편, 많아야 두 편을 쓰는 일부터 시작했다. 하지만 여러 시행착오를 거치면서 지금은 분명하게 말할 수 있다. 수익형 블로그에서 속도는 선택이 아니라 경쟁력이라는 점이다.

블로그 수익은 대부분 누적 구조로 만들어진다. 한두 개의 대박 글로 인생이 바뀌는 구조가 아니라 수백 개, 수천 개의 글 중 일부가 살아남아 꾸준히 조회 수와 수익을 만들어내는 방식이다. 문제는 이 '누적 구간'에 도달하기까지 걸리는 시간이다. 하루에 한 개씩만 글을 쓴다면 의미 있는 데이터가 쌓이기까지 몇 달, 길게는 1년 이상이 걸린다. 그 사이에 의욕이 꺾이거나 방향을 잃고 포기하는 경우도 많다.

내가 하루 10포스팅을 목표로 잡은 이유는 크게 두 가지였다.

첫째는 데이터가 빠르게 쌓인다는 점이다. 하루에 10개씩 글을 쓰면, 일주일 만에 70개의 실험 데이터가 생긴다. 이 정도 수량이 쌓여야 어떤 키워드가 살아남는지, 어떤 주제가 전혀 반응이 없는지, 어떤 글 구조가 노출에 유리한지를 감이 아니라 패턴으로 확인할 수 있다.

둘째는 심리적인 부담이 크게 줄어든다는 점이다. 하루 한 편만 쓰겠다고 마음먹으면 그 글 하나에 모든 기대를 걸게 된다. 제목을 몇 시간씩 고민하고, 문장 하나에 집착하다 보면 글쓰기가 점점 부담이 된다. 반면 하루 여러 편을 쓰는 구조에서는 한 편에 집착할 이유가 없다. 잘되면 좋은 거고, 안 되면 다음 글로 넘어가면 된다.

많은 사람이 공감하는 순간이 있다. 공들여 쓴 글은 조회 수가 나오지 않는데, 대충 쓴 글이 상위 노출에 걸려 있는 장면을 마주할 때다. 나 역시 이 경험을 여러 번 겪었다. 그 과정을 반복하면서 자연스럽게 깨닫게 됐다. 한 편의 완성도보다 중요한 기준은 시도 횟수와 누적 확률이라는 사실이다.

하루 10포스팅은 처음에는 무리한 목표처럼 보일 수 있다. 하지만 블로그를 취미가 아니라 수익 관점에서 바라보면, 이는 과도한 도전이 아니라 확률을 구조적으로 높이는 전략에 가깝다. 많이 써야 잘되는 것이 아니라, 많이 써야 무엇이 잘되는지를 빨리 알 수 있다는 점이 핵심이다.

그리고 이 전략을 현실로 가능하게 만들어준 도구가 AI였다. AI를 활용하면서 사람의 노동력만으로는 감당하기 어려운 속도를 시스템으로 돌릴 수 있게 됐다. 그 이후부터 블로그는 '열심히 쓰는 일'이 아니라, 확률을 관리하는 작업으로 성격이 완전히 바뀌기 시작했다.

복붙 포스팅으로
최대한 많이 썼던 과거 전략

2022년 당시, 나는 철저하게 양으로 밀어붙이는 전략을 선택했다. 소위 말하는 복사·붙여넣기 포스팅, 흔히 '복붙 포스팅'이라 불리는 방식이었다. 쿠팡 파트너스 상품 정보를 정리해 최대한 빠르게 발행했고, 한 개의 포스팅은 평균 5분이면 완성됐다. 글의 완성도보다는 속도와 발행량이 전부였던 시기였다.

그 결과는 숫자로 바로 나타났다. 쿠팡 파트너스 관련 글만 1,400개 이상이 쌓였고, 많을 때는 한 달에 400~800개의 글을 올리기도 했다. 지금 돌이켜보면 말도 안 되는 양이지만, 당시에는 그만큼 속도에 집중하고 있었다.

솔직히 말하면, 이 방식 덕분에 초기 수익은 빠르게 만들어졌다. "블로그로 정말 돈이 되는구나"라는 감각을 처음으로 체감했던 시기이기도 하다. 하루에도 몇 번씩 수익 페이지를 새로고침하며 숫자를 확인하던 기억이 아직도 생생하다.

하지만 문제도 분명했다. 시간이 지날수록 검색 노출은 점점 불안정해졌고, 잘 나오던 글이 갑자기 사라지거나 전체 블로그의 흐름이 흔들리기 시작했다. 블로그의 방향성도 점점 흐려졌다. 무엇보다 이 방식은 오래 가져갈 수 있는 구조가 아니었다.

그럼에도 불구하고, 나는 당시의 선택을 후회하지 않는다. 그 시기가 있었기에 '양의 힘'을 확실하게 알게 되었고, 동시에 그 한계도 직접 경험할 수 있었기 때문이다. 많이 써야 데이터가 쌓이고, 빨리 써야 시장 반응을 볼 수 있다는 사실을 몸으로 배웠다.

AI를 활용해 업그레이드된
복붙 포스팅

2025년 7월, 네이버 쇼핑 커넥트가 오픈하면서 나는 다시 한 번 블로그 운영 전략을 수정하게 됐다. 오픈 초기에는 3% 추가 수수료라는 명확한 인센티브가 있었고, 무엇보다 네이버 블로그와 구조적으로 잘 맞는다는 점이 눈에 들어왔다. 단순히 링크를 붙이는 방식이 아니라, 콘텐츠 안에서 자연스럽게 상품을 소개할 수 있는 흐름이 만들어졌기 때문이다.

이 시점에서 또 하나 느낀 변화가 있었다. 네이버 블로그의 로직 자체가 예전과는 달라지고 있다는 점이었다. 과거처럼 단순히 복사·붙여넣기만 반복하는 방식으로는 오래 살아남기 어려운 구조로 바뀌고 있었다. 노출도 불안정했고, 같은 방식의 글이 계속 쌓일수록 효율은 점점 떨어졌다.

그렇다고 다시 예전처럼 한 개의 포스팅에 1시간씩 공을 들이는 방식으로 돌아가고 싶지는 않았다. 속도로 쌓아온 누적의 힘을 이미 경험해본 상태였기 때문이다. 이 지점에서 나는 속도와 구조를 동시에 가져갈 수 있는 방법을 찾기 시작했고, 그 해답이 바로 AI 활용이었다.

그래서 시중에 나와 있는 대부분의 AI를 직접 사용해봤다. GPT-3.5, 그록, 제미니, 퍼플렉시티까지 실제 포스팅에 적용하며 비교해봤고, 각 툴의 문장 스타일과 구조 이해도를 하나씩 확인했다. 그 결과, 전반적인 만족도가 가장 높았던 도구는 챗GPT였다. 문장 흐름이 자연스럽고, 글의 구조를 이해하는 능력이 안정적이었으며, 수정 요청에 대한 대응력도 가장 뛰어났다.

AI를 본격적으로 활용한 이후, 월 포스팅 수는 200개에서 많을 때는 900개까지 늘어났다. 일반 정보성 글은 평균 10분이면 충분했고, 이미지 편집이 필요한 체험단·기자단 글도 최대 30분 안에 마무리할 수 있었다. 이전과 비교하면 글 작성 시간이 눈에 띄게 줄어든 셈이다.

하지만 이 변화의 핵심은 단순히 글쓰기 속도가 빨라졌다는 데 있지 않았다. 시간 대비 수익 구조 자체가 완전히 달라졌다는 점이 더 중요했다. 같은 시간을 써도 결과가 달라졌고, 블로그 운영이 노동에서 관리에 가까운 형태로 바뀌기 시작했다.

여기서 반드시 짚고 넘어가야 할 점이 있다. AI는 글을 대신 써주는 도구가 아니다. 방향을 잡아주고, 반복되는 노동을 줄여주는 파트너에 가깝다. 어떤 주제로 쓸지, 어떤 흐름으로 풀지, 어떤 글을 남길지는 여전히 사람이 판단한다. 다만 그 판단 이후의 반복적인 작성 작업을 AI가 대신해주는 구조다.

그래서 나는 포스팅을 할 때 기획과 편집에 더 집중하고, 세부적인 문장 작성은 AI에게 맡긴다. 이렇게 역할을 나누는 순간, 포스팅은 훨씬 가벼워지고 지속 가능한 작업이 된다. AI를 잘 쓴다는 것은 글을 맡기는 것이 아니라, 일의 구조를 바꾸는 것에 가깝다.

입문자를 위한
챗GPT 프롬프트 공개

많은 사람이 가장 궁금해하는 질문이 있다.

"프롬프트는 어떻게 쓰세요?"

하지만 이 질문에는 한 가지 오해가 섞여 있다. 프롬프트를 어떤 비법이나 공식처럼 생각하는 경우가 많기 때문이다. 내가 느끼기에 프롬프트는 비밀스러운 기술이라기보다, 하나의 틀에 가깝다. 나는 매번 새로운 프롬프트를 만들지 않는다. 하나의 뼈대를 만들어두고 상황에 맞게 살을 붙여 사용하는 방식으로 운영하고 있다.

기본 구조는 생각보다 단순하다. 먼저 AI에게 SEO 최적화 블로그 작가라는 역할을 명확히 부여한다. 그 다음 이 글이 정보성 콘텐츠인지, 유입을 목적으로 한 콘텐츠인지 성격을 분명히 지정한다. 이 단계에서 글의 방향이 거의 결정된다.

그 위에 글의 흐름을 설계한다. 제목에서 어떤 이야기를 시작하고, 본문에서는 어떤 순서로 내용을 풀어가며, 마지막에는 어떤 톤으로 마무리할지를 미리 정리해준다. 여기에 키워드를 어떻게 사용할지, 어떤 표현은 피해야 하는지 같은 기준과 주의사항을 함께 전달한다.

이렇게 쌓이다 보니, 실제로 내가 사용하는 프롬프트는 수정과 보완을 거치며 공백 제외 1,000자가 넘는 길이가 되었다. 하지만 이 글을 읽는 여러분이 그대로 따라 쓸 필요는 없다. 핵심은 길이가 아니라 구조이기 때문이다. 이 뼈대만 이해해도 충분히 활용할 수 있다.

중요한 건 프롬프트 문장 자체가 아니다. 내가 어떤 결과물을 원하는지를 스스로 명확히 알고 있느냐가 훨씬 중요하다. 이 기준이 없으면 아무리 좋은 프롬프트를 써도 결과는 흔들릴 수밖에 없다. AI를 쓰면 다 비슷한 글이 나온다고 말하는 분들도 있다. 하지만 같은 도구를 쓰고도 결과가 달라지는 이유는 분명하다. 나는 AI에게 단순히 "글을 써달라"고 요청하지 않는다. 대신 "이 구조로, 이 목적에 맞게, 이 독자를 향해 써달라"고 요청한다.

이 차이가 결과를 완전히 바꾼다. 그리고 그 요청을 가능하게 해주는 핵심이 바로 프롬프트다. 실제로 내가 사용하고 있는 프롬프트는 다음과 같다.

> 당신은 SEO 최적화 전문 블로그 작가입니다.
> 위 내용을 홍보하는 블로그 포스팅을 쓸 거에요. 위 내용의 틀은 그대로 사용하되 내용을 각색하여 표현을 캐주얼하고 편안한 말투로 작성해주세요. 단락마다 핵심 키워드를 강조해주세요. 이 주제에 관심 있는 독자들을 위해 유익하고 흥미로운 블로그 포스트를 작성해주세요. 최종 글 길이는 상품수*400~500자로 하여 포스팅으로 작성해주세요. 포스팅은 정보성, 유입형 콘텐츠여야 합니다. 블로그 포스팅을 위하여 너무 무미건조한 말투 대신 캐주얼하고 편안한 말투로 작성해주세요. 후기형 포스팅일 경우에는 제품/서비스 체험 기반의 후기 컨텐츠 작가처럼 작성해주세요. 처음 이 알게 된 계기, 체험 과정(구체적이고 현실감 있게), 사용 전과 후의 차이, 추천 여부와 이유를 포함해주세요. 후기형일 때는 후기처럼 생

생하지만, 너무 과장되거나 광고 같지 않게 작성해주세요. *제목 → 도입부 → 목차 → 본문 → 자주 묻는 질문 혹은 후기 혹은 리뷰 → 마무리 순서로 적어주세요. 마무리에 #태그를 사용하지 말아주세요. 포스팅을 작성할 때에는 SEO도 고려해주세요. 제목 다음에 글의 도입부를 3문장 정도로 간단히 적어주세요. 도입부에는 대표 키워드와 메인 키워드의 연관 키워드를 7~10개 정도 #키워드1 #키워드2 #키워드3 형식으로 적어주세요. #태그는 도입부에 1번씩만 적어주세요. 도입부 다음에 본문에 사용되는 소제목으로 목차를 적어주세요. 목차 다음에 본문을 적어주세요. 목차, 본문 중간중간에 이모티콘을 넣어서 강조해주세요. 본문 순서 맨 앞에 # 사용하지 말아주세요. 문장마다 줄 바꿈을 해주세요. 본문에 사용하는 키워드는 총 10회를 넘지 않게 사용해주세요. 10회가 넘을 경우 비슷한 의미를 갖는 다른 표현으로 작성해주세요. 마지막 마무리 인사 때에는 공유하기 유도형 문장을 포함해주세요. 제목에는 검색이 많은 핵심 키워드를 맨 앞에 작성하고 제목의 전체 내용은 관심을 유발할 수 있는 문구로 구성해주세요. 3문장 정도로 핵심만 간결하게 강조해주세요. 제목 첫 문장은 글을 읽고 물건을 구매하게 만드는 강조하는 키워드, 클릭하고 싶은 호기심 유발 문구, 핵심 내용을 정리해주세요 그리고 제목 마지막에 "필독! <모델명 or 상호 or 제품명>"을 적어주세요. 모델명이 있는 경우 모델명을 필수로 제목에 넣어주세요. 주요 키워드는 본문에 3~5회 반복해서 사용해주세요. *제목 및 본문 금지 단어: 쿠팡, 제목, 도입부, 본문 위의 단어는 금지어이므로 제목이나 본문에 사용하면 안돼요. 상품 링크에서 상품평 내용을 참고하여 본문에 정리해주세요. 상품 링크에서 중요한 정보들을 포함하여 본문에 정리해주세요. 상품 링크를 적을 때에는 제품 보기 or 상세 보기 or 구매하기 등의 소제목을 달고 링크 주소를 적어주세요.

블로그 수익화는 이제 더 이상 체력 싸움이 아니다. 얼마나 오래 붙잡고 앉아 있느냐의 문제가 아니라, 어떤 도구를 어떻게 활용하느냐의 전략 싸움에 가깝다. 특히 직장인이라면 이 차이는 더 크게 체감될 수밖에 없다. 하루에 쓸 수 있는 시간은 한정되어 있고, 그 안에서 결과를 만들어내야 하기 때문이다.

그래서 핵심은 더 열심히 하는 것이 아니라, 같은 시간을 쓰더라도 덜 소모되는 방식으로 일하는 것이다. 예전처럼 모든 걸 손으로 직접 처리하는 구조에서는 금방 지치고, 결국 포기하게 된다. 반면 도구를 잘 활용하면, 같은 1시간이 전혀 다른 밀도로 작동한다.

이번 장을 통해 여러분이 꼭 가져갔으면 하는 건 단 하나다. AI를 두려워할 대상이 아니라, 나의 시간을 지켜주는 도구로 받아들이자. 글을 대신 써주는 존재가 아니라, 반복 노동을 줄여주고 판단에 집중할 수 있게 해주는 파트너로 인식하면 된다.

그 관점이 바뀌는 순간, 블로그는 더 이상 무거운 숙제가 아니다. 퇴근 후 억지로 버텨야 하는 일이 아니라, 구조 안에서 돌아가는 시스템이 된다. 그리고 그때부터 블로그는 훨씬 가벼워진다.

> **TIP**
>
> ## 초보 블로거를 위한 AI 활용 단계별 가이드
>
> AI는 블로그를 대신 써주는 도구가 아니다. '생각 정리 + 작업 속도'를 도와주는 보조 도구다. 이 기준만 지키면, 초보자일수록 AI의 효과는 더 커진다. 아래는 블로그 초보자가 절대 무리하지 않고 AI를 활용하는 순서다.
>
> ### STEP 1. 글쓰기 보조부터 시작하기
>
> 처음부터 "AI로 전부 써볼까?"라는 생각은 금물이다. 초보 단계에서는 보조 역할만 맡기는 게 정답이다. 이 단계에서 AI 활용 포인트는 딱 세 가지다.
> - 글의 전체 구조 잡기 (제목, 소제목, 흐름)
> - 도입부 문장 아이디어 얻기
> - 내가 쓴 글을 자연스럽게 다듬기

핵심은 '초안은 내가 쓴다'는 원칙이다. AI는 글을 대신 쓰는 게 아니라, 내 생각을 정리해주는 정리 도구에 가깝다.

STEP 2. 키워드 기반 글 구조 만들기

블로그에서 가장 막히는 지점은 "뭘 써야 하지?"가 아니라 "어떻게 구성하지?"다. 이 단계에서 AI는 가장 큰 힘을 발휘한다.

- 키워드를 던지고 글 목차 구성 요청
- 정보형 / 후기형 구조 분리
- 초보 독자 기준으로 흐름 점검

이렇게 하면 글을 쓰기 전에 길이 먼저 보인다. 길이 보이면 글쓰기는 훨씬 수월해진다.

STEP 3. 반복 작업 자동화

블로그를 하다 보면 매번 비슷한 작업을 반복하게 된다.

- 도입부 문장 패턴
- 후기 마무리 멘트
- 체크리스트, 요약 정리

이런 반복 구간을 AI로 정리하면 글 하나당 걸리는 시간이 눈에 띄게 줄어든다. 이 단계부터 블로그가 '노동'이 아니라 시스템처럼 느껴지기 시작한다.

STEP 4. 절대 하지 말아야 할 AI 사용법

초보자가 가장 많이 하는 실수도 함께 짚고 가자.

- AI가 써준 글을 그대로 복붙
- 경험 없는 내용까지 사실처럼 작성
- 같은 문체·구조를 반복 사용

이렇게 하면 검색 노출 이전에 블로그 신뢰도부터 무너진다. AI를 쓰되, 판단은 항상 사람이 해야 한다. 이 원칙만 지키면 저품질 걱정은 크게 줄어든다.

STEP 5. AI는 '시간을 벌어주는 도구'다

AI를 잘 쓰는 사람과 못 쓰는 사람의 차이는 실력이 아니라 기대치다.

- 잘 쓰는 사람: "이걸로 시간을 아끼자"
- 못 쓰는 사람: "이걸로 다 해결하자"

AI는 글쓰기 실력을 대신 만들어주지 않는다. 대신 글을 계속 쓰게 하는 환경을 만들어준다. 초보 블로거에게 이 차이는 생각보다 훨씬 크다.

AI를 알게 되면서 블로그가 갑자기 쉬워졌다고 말하면 솔직히 거짓말이다. 여전히 글을 써야 하고, 고민해야 하며, 결과가 바로바로 나오지도 않는다. 다만 분명하게 달라진 점이 하나 있다. "이걸 계속할 수 있겠다"는 감각이 생겼다고 말할 수 있다.

블로그를 포기하는 이유는 대부분 비슷하다. 시간은 끝없이 들어가는데, 노력 대비 결과가 보이지 않는다. 조회 수는 정체되고, 수익은 미미하고, 어느 순간부터 글을 여는 것 자체가 부담이 된다. 나 역시 그 지점에서 여러 번 멈췄다. 그리고 그때마다 AI는 블로그를 잘 쓰게 만들어준 도구라기보다, 다시 움직일 수 있게 만들어준 도구에 가까웠다.

중요한 건 AI 그 자체가 아니다. AI를 쓰면서 내게 남는 시간과 에너지다. 글 하나를 쓰는 데 들어가던 소모가 줄어들면, 자연스럽게 여유가 생긴다. 그 여유는 글의 개수로 이어지고, 경험의 축적으로 이어지며, 결국에는 수익으로 연결될 가능성까지 함께 키워준다.

그래서 이 장에서 내가 강조하고 싶었던 건 단 하나다. AI로 잘 쓰려고 애쓰지 말고, AI 덕분에 더 많이 쓸 수 있는 구조를 만들자는 것이다. 완성도를 올리는 데 모든 에너지를 쓰기보다, 멈추지 않고 계속 쓸 수 있는 환경을 먼저 만드는 것이 훨씬 중요하다.

블로그는 단기간에 완성되는 기술이 아니다. 하지만 중간에 멈추지만 않는다면, 어느 순간부터는 분명히 달라진다. 글을 쓰는 속도도 달라지고, 아이디어를 정리하는 방식도 바뀌며, 무엇보다 블로그를 대하는 마음가짐 자체가 달라진다. 버거운 일이 아니라, 관리 가능한 일이 된다.

이제 다음 단계로 넘어갈 시간이다. AI를 통해 글을 쓰는 체력을 만들었다면, 이제는 그 글을 통해 실제로 체감되는 결과를 만들어야 한다. 다음 장에서는 애드포스트 이후, 가장 많은 초보 블로거가 선택하는 현실적인 수익화의 첫 단계를 이야기한다. 체험단, 기자단 그리고 원고 아르바이트다. 큰돈이 아니어도 괜찮다. "아, 이거 진짜 돈이 되네"라는 경험과 감각이 생기는 순간, 블로그는 더 이상 취미가 아니라 생활을 바꾸는 도구가 되기 시작한다.

5장

블로그로 수익화하기
입문편

블로그로
생활비 절약하는 방법

애드포스트 수익이 발생하기 시작하면, 독자 대부분은 비슷한 생각을 하게 된다. "이제 다음 단계는 뭐지?"

나 역시 그 질문 앞에 서 있었다. 클릭 몇 번으로 들어오는 수익은 분명 반가웠다. 내가 쓴 글이 누군가에게 읽히고, 그 결과로 돈이 들어온다는 경험 자체는 꽤나 짜릿했다. 하지만 그 기쁨은 오래가지 않았다. 수익 금액을 냉정하게 들여다보니, 생활이 달라졌다고 말하기에는 턱없이 부족했기 때문이다.

무엇보다 마음에 걸렸던 점은 수익의 성격이었다. '내가 일을 해서 돈을 벌고 있다'는 감각보다는 '운 좋게 몇 번 눌렸네'라는 느낌이 더 강하게 남았다. 수익이 발생하는 구조를 내가 통제하고 있다는 확신도 없었고, 이번 달과 다음 달의 결과를 예측하기도 어려웠다.

그래서 그 시점부터 나는 블로그를 다시 바라보기 시작했다. 단순히 광고가 붙어 돈이 생기는 공간이 아니라, 생활비를 줄이고 작은 현금흐름을 만들어주는 도구로 정의하기 시작했다. 큰돈을 한 번에 벌겠다는 욕심보다, 현실적으로 체감할 수 있는 변화가 필요하다고 느꼈다.

그 과정에서 자연스럽게 눈에 들어온 대상이 체험단과 기자단이었다. 애드포스트처럼 기다리는 수익이 아니라, 글을 쓰고 그 대가를 받는 구조였다. 아직은 크지 않은 금액이더라도 "내가 분명히 일을 해서 받은 돈이다"라는 감각을 주는 방식이었다.

이 장은 바로 그 지점에서 출발한다. 애드포스트 이후, 많은 초보 블로거들이 가장 먼저 마주하게 되는 현실적인 선택지라고 할 수 있는 체험단과 기자단을 통해 블로그 수익화의 첫 단계를 어떻게 밟아갈 수 있는지에 대해 설명한다.

생각을 바꾸면 기회가 보인다

나는 처음 체험단을 시작했을 때, 이걸 '수익'이라고 생각하지 않았다. 대신 굳이 안 써도 되는 돈을 쓰지 않고, 물품이나 서비스를 제공받는 방법이라고 정의했다. 현금이 들어오는 구조가 아니라, 지출 자체를 줄이는 방식이라고 생각했다.

체험단은 당장 통장에 돈이 찍히지 않을 수 있다. 하지만 그만큼 생활비가 줄어드는 구조다. 이 차이를 이해하지 못하면 체험단의 진짜 가치를 놓치기 쉽다. 수익은 없는데 왜 하느냐고 느낄 수도 있다. 하지만 관점을 바꾸면 이야기가 완전히 달라진다.

나는 2025년 5월부터 8월까지, 약 4개월 동안 체험단과 기자단을 합쳐 총 87건을 진행했다. 이 기간 동안 제공받은 제품과 서비스를 실제 구매 금액으로 환산해보니, 생활비 절감 효과는 수십만 원에서 많게는 100만 원에 가까웠다.

구분	5월	6월	7월	8월
체험단(방문)	440,000원	625,500원	219,000원	180,000원
체험단(배송)	50,000원	61,200원	134,500원	26,000원
체험단 소계	490,000원	716,700원	353,500원	206,000원
체험단&기자단 수	13개	32개	31개	11개

이 지점에서 확실하게 느낀 점이 하나 있다. "이건 단순한 부업이 아니라, 생활 구조를 바꾸는 도구구나." 체험단을 통해 헬스장 이용료, 미용·관리 비용, 의류, 식품, 생활 용품 같은 고정 지출이 눈에 띄게 줄어들었다. 현금 수익은 천천히 쌓이지만, 생활비 절감은 당장 체감이 된다. 이 차이는 생각보다 크다. 월급은 그대로인데, 나가는 돈이 줄어드니 체감 여유가 완전히 달라진다.

그래서 나는 초보 블로거에게 체험단을 가장 현실적인 첫 수익화 단계라고 생각한다. 돈을 벌기 전에, 먼저 돈이 새는 구멍부터 막는다. 이게 체험단의 본질이다. 물론 체험단을 하다 보면 아쉬운 점도 분명히 있다. 특히 제품 제공형 체험단의 경우, 실제로 "이게 과연 이 가격만큼의 가치가 있나?" 싶은 경우도 적지 않았다. 그래서 나는 나름의 기준을 하나 만들었다. 직접 구매한다면 최소 5만 원 이상을 지불할 가치가 있는 경우만 체험단으로 진행한다는 기준이다.

이 기준을 세운 뒤부터 체험단의 만족도가 훨씬 높아졌다. 단순히 '공짜'라서가 아니라, 정말 생활에 도움이 되는 알짜만 남기게 되었기 때문이다. 체험단은 내 생활비 구조에 실제로 도움이 되는 방향으로 선택하는 것이 핵심이다.

위험 없이
체험단 시작하기

처음 체험단을 알아볼 때 가장 걱정됐던 부분은 선정 가능성과 사기 여부였다. 일종의 불안함이었다. "관심 분야가 아닌데 선정이 될까?", "괜히 사기 당하는 거 아니야?" 이 두 가지 생각이 가장 먼저 들었다.

이런 불안은 괜한 걱정이 아니다. 실제로 초보 블로거를 노린 체험단 사기는 분명히 존재한다. 그래서 나는 '어떻게 하면 잘 선정될까'를 고민하기 전에, 무엇을 반드시 피해야 하는지부터 정리했다. 체험단은 잘 고르면 생활을 바꾸는 도구가 되지만, 잘못 걸리면 시간과 신뢰를 한 번에 잃는 영역이기도 하기 때문이다.

체험단 사기, 이렇게 피했다

아래 기준은 내가 직접 겪은 경험과 주변 사례를 보며 정리한 체크리스트다. 이 기준만 지켜도 체험단 사기의 대부분은 자연스럽게 걸러진다.

1. 댓글·메일·쪽지로 접근하며 카카오톡 ID나 오픈채팅방으로 유도하는 곳은 무조건 제외한다. 공식 플랫폼이 아닌 개인 연락 유도는 위험 신호다.

2. 홈페이지와 사업자 정보가 없는 곳은 진행하지 않는다. 최소한의 정보조차 공개하지 않는 곳은 신뢰할 이유가 없다.

3. 제품을 받기도 전에 리뷰부터 요구하면 바로 거절한다. 정상적인 체험단은 체험 이후 리뷰가 기본이다.

4. 선결제 후 적립, 출금 조건이 과도하게 까다로운 곳은 피한다. 조건이 복잡할수록 실제 지급되지 않을 가능성이 높다.

5. 주민등록번호, 카드 정보 등 민감한 개인정보를 요구하면 절대 응하지 않는다. 체험단 진행에 이런 정보는 필요 없다.

이 기준만 지켜도 체험단 사기의 90% 이상은 걸러낼 수 있다. 블로그 댓글이나 메일, 오픈채팅으로 오는 제안보다 검증된 체험단 플랫폼을 이용하는 것이 가장 안전한 선택이다.

내가 실제로 사용한 체험단 플랫폼

나는 아래 플랫폼들을 중심으로 체험단을 진행했다.

- 레뷰
- 서울오빠
- 리뷰노트
- 리뷰플레이스
- 파인앳플
- 슈퍼멤버스
- 클라우드리뷰
- 티블
- 오마이블로그

다양한 체험단

처음 체험단을 시작할 때는 경쟁률이 상대적으로 낮은 서울오빠로 진입하면 부담이 적었다. 이후에는 레뷰와 리뷰노트를 중심으로 꾸준히 확인하며 체험단을 선별했다.

여러 플랫폼을 하나하나 들어가 확인하는 게 번거로울 때는, 다양한 체험단 정보를 한 번에 볼 수 있는 '리뷰노마드' 앱도 함께 활용했다. 시간을 아끼면서도 기회를 놓치지 않는 데 도움이 됐다.

체험단의 핵심은 많이 하는 횟수가 아니다. 안전한 구조 안에서 내 생활에 실제로 도움이 되는 체험을 고른다는 기준이 적합하다. 이 기준만 잡혀도 체험단은 더 이상 불안한 영역이 아니라, 블로그 수익화의 가장 현실적인 출발점이 된다.

실제로 어떻게 신청하고 진행할까?

가장 많이 사용했던 플랫폼은 리뷰노트였다. 그래서 여기서는 리뷰노트를 기준으로 체험단 신청 과정을 예시로 들어보겠다. 먼저 회원가입을 완료한 뒤, 원하는 체험단 키워드를 검색한다. 예를 들어 피부관리 체험단을 찾고 싶다면 검색창에 '피부'를 입력한다. 이후 지역을 설정하고, 채널을 블로그로 변경하면 현재 신청 가능한 피부관리 관련 체험단 목록이 한눈에 정리되어 나타난다.

체험단 목록에는 신청 전에 반드시 확인해야 할 정보들이 함께 표시된다. 모집 마감일, 모집 인원, 지역 그리고 제공되는 서비스나 물품이 명확하게 정리되어 있어 비교가 어렵지 않다. 처음 체험단을 시작하면 제공 서비스의 금액이나 혜택이 가장 먼저 눈에 들어오지만, 실제로는

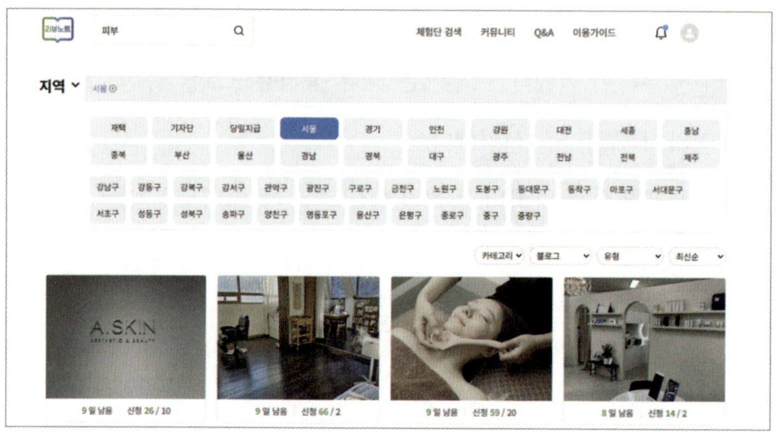

피부 키워드로 체험단 찾기

그보다 더 중요한 기준이 있다.

바로 방문 일정이다. 체험단은 결국 시간을 써서 직접 방문하거나 체험해야 하는 구조이기 때문에, 퇴근 후 방문이 가능한지, 주말에 체험이 가능한지를 반드시 확인해야 한다. 아무리 조건이 좋아 보여도 평일 낮에만 방문이 가능한 체험단이라면 직장인에게는 현실적으로 부담이 된다. 그래서 나는 항상 신청 전에 운영 시간과 방문 가능 요일을 먼저 체크하는 습관을 들였다.

또 하나 눈여겨볼 부분은 대리 체험 가능 여부다. 간혹 체험단 중에는 본인이 직접 방문하지 않아도 연인이나 배우자가 대신 체험하고 리뷰를 작성할 수 있는 경우가 있다. 이런 체험단은 내가 당장 필요하지 않은 서비스라도 가족이나 가까운 사람이 관심 있어 하는 경우 대신 신청해볼 수 있어 활용도가 높다. 체험단의 선택 폭이 자연스럽게 넓어지는 지점이다.

이처럼 체험단을 고를 때는 '혜택이 얼마나 커 보이느냐'보다 '내 생활 패턴 안에서 무리 없이 소화할 수 있느냐'를 기준으로 판단해야 훨씬 오래 간다. 체험단은 한두 번 하고 끝내는 이벤트가 아니라, 생활 속에서 반복적으로 이어지는 루틴에 가깝기 때문이다.

체험단을 진행할 때는 업체에서 요청하는 조건을 반드시 확인하고 지켜야 한다. 보통 필수 키워드, 사진 개수, 전체 글자 수, 지도 첨부 여부, 동영상이나 GIF 포함 여부, 공정위 표기 문구 등이 정해져 있다. 이 요건을 충족하지 못하면 플랫폼의 자체 검수 과정에서 수정 요청을 받게 되며, 다시 보완해야 하는 상황이 생긴다.

체험단 신청하기

체험단 신청은 비교적 간단하다. '신청하기'를 클릭하면 다음 화면으로 넘어가며, 간단한 신청 한마디를 작성하고 동의 및 확인이 필요한 항목에 체크한 뒤 체험단 신청을 누르면 신청이 완료된다. 절차 자체는 어렵지 않지만, 이후 일정 관리가 중요해진다.

체험단에 선정되면 보통 플랫폼을 통해 당첨 알림이 온다. 다만 플랫폼마다 방식에 차이가 있어, 간혹 별도의 알림이 없는 경우도 있다. 실제로 뒤늦게 당첨 사실을 확인해 급하게 예약을 잡고, 방문 일정과 포스팅 마감일을 맞추느라 곤혹을 치른 적도 있었다.

당첨 안내에 명시된 체험단 미션과 업체에서 제공한 가이드라인은 반드시 숙지해야 한다. 예약 후 방문해야 하는 체험 일정과 포스팅을 작성해 제출해야 하는 마감일 역시 철저히 지켜야 한다. 이 기본적인 일정과 조건만 잘 관리해도 체험단 진행 과정에서 불필요한 문제를 크게 줄일 수 있다.

당첨 안내

📣 다양한 체험이 가장 많은 리뷰노트 체험단입니다.

🎉 축하합니다 🎉
최형갑님,　　　　　체험단에 선정되셨습니다!

일정에 맞춰 체험을 진행하시고, 마감일 전까지 리뷰를 등록해 주세요. 반드시 리뷰 URL을 리뷰노트에 등록해 주셔야 합니다!

⛔ 체험단 미션을 반드시 확인하신 후 체험을 진행하시기 바랍니다.
⛔ 가이드라인대로 작성되지 않을 시 수정요청이 있을 수 있습니다.

▶ 포시즌왁싱 ◀

☑ 체험 일정:

☑ 마감일:
🔗 체험단 상세보기: https://reviewnote.co.kr/campaigns/

소중한 리뷰 기대하겠습니다! 😊

당첨 안내 문자

현금 수익이 발생하는
기자단 시작하기

체험단에 어느 정도 익숙해졌다면, 다음 단계는 자연스럽게 기자단으로 이어진다. 체험단이 생활비를 줄여주는 구조라면, 기자단은 분명한 현금 수익이 발생하는 방식이다. 그래서 개인적으로는 체험단보다 기자단을 더 선호한다. 다만 그만큼 주의해야 할 부분도 분명히 존재한다.

기자단에서 반드시 조심해야 할 점은 크게 두 가지다. 첫째는 사기, 둘째는 저품질 블로그다. 사기 유형은 체험단과 크게 다르지 않다. 수상한 연락 방식, 불투명한 출금 조건, 과도한 개인정보 요구는 그대로 경계해야 한다. 더 중요한 문제는 저품질 블로그다. 이 문제는 한 번 걸리면 회복이 거의 불가능하다. 그래서 나는 단가가 높더라도 아래와 같은 키워드는 최대한 피했다. 보험, 대출, 영양제, 유흥, 도박, 성형, 클리닉, 부동산 분양 등이다. 이 키워드들은 초보 블로그가 감당하기에는 리스크가 너무 크다.

또 하나는 유사·중복 콘텐츠다. 기자단에서 제공하는 원고와 사진을 그대로 올리면 블로그가 저품질로 분류되어 검색 노출이 되지 않을 가능성이 높아진다. 그래서 나는 다음 세 가지 원칙을 지켰다.

- 첫째, 제공받은 원고를 그대로 쓰지 않고 내 문체로 다시 작성한다.
- 둘째, 핵심 키워드는 유지하되 자연스럽게 변형한다.
- 셋째, 사진은 밝기나 채도를 조절하거나 워터마크를 추가해 차별화한다.

이 과정이 번거롭게 느껴질 수 있다. 하지만 이 단계를 생략하면 블로그 수명 자체가 짧아진다. 기자단은 단기 수익보다 장기 운영 관점에서 접근해야 한다는 점을 항상 염두에 두었다.

어떤 걸 골라야 할까

기자단 단가는 플랫폼 기준으로 보통 5,000원에서 30,000원 수준이며, 경우에 따라 80,000원 이상도 가능하다. 단가만 보고 무작정 진행하기보다, 블로그 상태를 먼저 고려하는 것이 훨씬 중요하다.

기자단으로 가장 많이 활용했던 플랫폼은 레뷰였다. 레뷰에 로그인한 후 기자단 카테고리로 들어가 채널을 블로그로 선택하면, 업체명과 신청 인원, 제공 내역이 한눈에 정리되어 있다. 첫 페이지에 노출된 기자단 중 다수는 5,000 레뷰 포인트를 제공하며, 이 포인트는 실제로 5,000원의 가치를 가진다.

20,000 레뷰 포인트 이상을 제공하는 기자단을 중심으로 살펴본다. 이 구간부터는 단순 체험 성격을 넘어, 명확한 원고형 기자단 캠페인이 많아진다. 포인트가 현금과 동일한 가치이기 때문에, 같은 시간과 노동을 들인다면 보상이 높은 캠페인을 선택하는 편이 효율적이다.

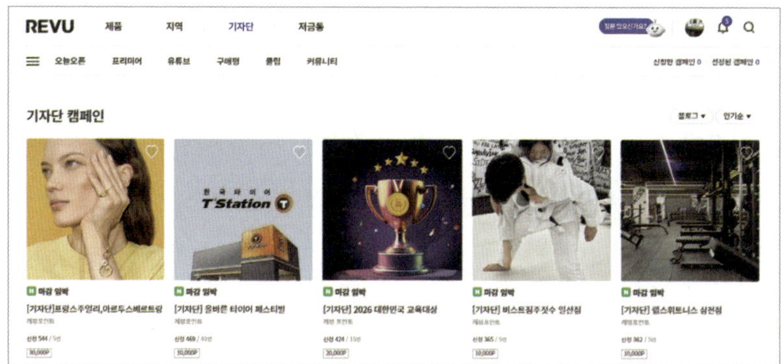

단가 높은 기자단 고르기 1

다만 보상이 높은 만큼 경쟁률도 함께 올라간다. 신청 인원이 빠르게 차는 경우가 많고, 블로그 지수나 기존 작성 이력에 따라 선정 여부가 갈리기도 한다. 그래서 처음부터 무작정 높은 포인트만 노리기보다는, 자신의 블로그 주제와 어울리는 캠페인인지, 요구 조건을 무리 없이 충족할 수 있는지를 함께 고려해야 한다. 이런 기준을 가지고 접근하면 경쟁률이 높은 기자단에서도 점차 선정 확률을 높여 갈 수 있다.

단가 높은 기자단 고르기 2

신청할 때 눈여겨봐야 하는 조건

신청하고 싶은 기자단을 클릭하면 캠페인 상세 페이지로 이동한다. 이 화면에는 캠페인 일정, 제공 내역, 캠페인 미션, 필수 키워드, 추가 안내사항 등이 정리되어 있다. 기자단은 체험단과 달리 직접 방문하거나 제품을 체험하지 않고, 업체에서 제공한 자료를 기반으로 포스팅을 작성하는 구조이기 때문에 요청사항이 비교적 상세하게 적혀 있는 편이다. 이 단계에서 요구 조건을 대충 넘기지 말고, 어떤 형식의 글을 원하는지 반드시 확인해야 한다.

신청 전에 조건을 눈여겨보기

특히 키워드 사용 방식, 글의 방향성, 강조해야 할 포인트가 명확히 제시되는 경우가 많기 때문에, 이를 지키지 않으면 수정 요청이나 재작성 요청을 받을 수 있다. 기자단은 자유롭게 쓰는 글이 아니라, 정해진 가이드라인 안에서 완성도를 맞추는 작업이라는 점을 염두에 두어야 한다.

내용을 모두 확인한 뒤 문제가 없다면, 〈캠페인 신청하기〉를 클릭해 다음 단계로 넘어간다. 신청 화면에서는 회원 기본 정보와 연동된 블로그 정보가 자동으로 표시된다. 블로그 주소가 정확한지 다시 한 번 확인한 후, 동의 항목에 체크하고 캠페인 신청하기를 누르면 신청 절차는 완료된다. 별도의 복잡한 입력은 없기 때문에 신청 자체는 매우 간단하다.

기자단 역시 선정되면 플랫폼을 통해 당첨 알림이 전달된다. 다만 플랫폼마다 차이가 있다. 대부분은 알림이나 메시지를 보내주지만, 정말 드물게 알림 없이 선정만 처리되는 경우도 있었다. 실제로 이를 제때 확인하지 못해 일정 조율과 포스팅 마감에 어려움을 겪은 적도 있다.

그래서 기자단을 진행할 때는 알림만 기다리기보다, 신청한 캠페인을 개별적으로 주기적으로 확인하는 습관이 필요하다. 선정 여부를 놓쳐 불이익을 당하지 않도록, 스스로 한 번 더 체크해야 안전하다. 기자단은 일정 관리가 무엇보다 중요한 작업이기 때문에, 이 작은 확인 습관 하나가 전체 진행을 훨씬 수월하게 만들어준다.

REVU

인플루언서 선정 알림

[레뷰] 인플루언서 선정 알림

[기자단]

축하합니다. 총아최적블로거님, 인플루언서로 선정되었습니다.

캠페인 정보와 주의 사항을 반드시 확인해 주세요!

[주의 사항]
■ 체험에 문제가 발생했을 경우, 등록 마감일 최소 3일 전에는 1:1문의로 문의해 주세요.
■ 방문하는 캠페인의 경우, 먼저 체험권을 확인해 주세요.

체험단은 역시 레뷰

당첨 안내 문자

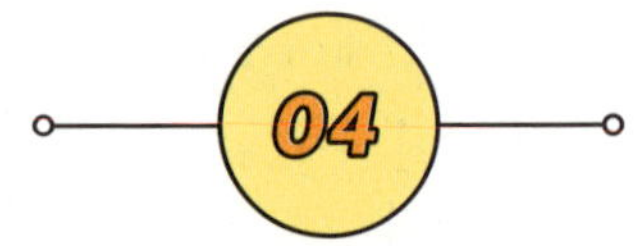

글을 써서 돈을 버는
원고 아르바이트

원고 작성 아르바이트는 제품 리뷰나 정보성 콘텐츠 등을 대신 작성해주고 수당을 받는 형태의 일이다. 키워드 지정, SEO 반영 여부, 최소 분량, 사진 첨부 유무 등 구체적인 가이드가 함께 주어지며, 후기형·정보형·체험형 등 콘텐츠 형식도 다양하다.

가장 직접적인 접근 방법은 알바몬, 잡코리아, 잡코리아 파트너스 같은 구인 플랫폼에서 '원고 작성', '블로그 포스팅' 같은 키워드로 공고를 검색해 지원하는 것이다. 대부분 재택 근무가 가능하며, 시급·건별·월급 형태로 조건이 나뉘어 있다.

또 하나의 루트는 기자단 활동을 하며 자연스럽게 이어지는 직접 의뢰다. 기자단 포스팅을 꾸준히 하다 보면, 업체에서 개별적으로 연락해 원고 작성을 요청하는 경우도 생긴다. 이때는 플랫폼을 거치지 않기 때문에 조건을 명확히 확인하는 일처리가 더 중요해진다.

원고 아르바이트에 지원하기 전에는 아래 항목을 확인해야 한다.

- 시급인지, 건별 지급인지, 월급 형태인지 명확한가
- 재택 근무가 가능한가
- 원고 가이드라인이 제공되는가
- 주급·월급 등 지급 방식과 지급 시점이 명시되어 있는가

단가는 일반 원고 기준으로 건당 5,000~15,000원 수준이며, 법률·의료 등 전문 분야 원고의 경우 건당 5만 원 이상을 받는 경우도 있다.

이 단계가 중요한 이유

5장에서 다룬 내용들은 화려하지도 않고, 단기간에 큰돈을 벌 수 있는 방법도 아니다. 그럼에도 이 단계가 중요한 이유는 분명하다. 블로그로 '현실적인 결과'를 처음 경험하는 구간이기 때문이다.

체험단을 통해 생활비가 줄어들고, 기자단을 통해 소액이지만 현금이 들어오며, 원고 아르바이트를 통해 "글을 써서 돈을 받을 수 있다"는 감각을 얻게 된다. 이 세 가지 경험이 쌓이기 시작하면, 블로그를 바라보는 시선이 완전히 달라진다.

이쯤 되면 대부분 이런 생각을 하게 된다. "이걸로 큰돈을 벌기는 어렵겠지만, 확실히 가능성은 있네." 그 감각이면 충분하다. 처음부터 큰 수익을 목표로 하지 않아도 된다. 오히려 이 단계에서는 안정감과 지속성이 더 중요하다.

여기서 체험단에 선정됐는지, 기자단 단가가 얼마였는지가 중요하지 않다. 블로그가 단순히 시간을 쓰는 공간에서, 조금씩이라도 가치를 쌓는 공간으로 바뀌었는지가 핵심이다.

이 단계의 한계와 다음 단계

물론 이 구조에는 분명한 한계도 있다. 체험단은 결국 물량의 문제이고, 기자단과 원고 아르바이트는 내가 쓰는 시간만큼만 수익이 늘어난다. 아무리 성실하게 해도, 어느 순간부터는 성장 속도가 멈춘다. 그래서 다음 단계가 필요하다. 같은 글, 같은 노력으로 수익의 크기를 키울 수 있는 구조다.

다음 장에서는 블로그 수익화의 분기점이 되는 쿠팡 파트너스, 네이버 쇼핑 커넥트, 텐핑을 활용한 제휴 마케팅을 다룬다. 이제는 "글을 써서 돈을 번다"에서 한 발 더 나아가 "글이 계속 돈을 벌어오는 구조"를 만들어볼 차례다.

체험단 & 기자단 주의점

마지막으로 꼭 전하고 싶은 말이 있다. 체험단과 기자단은 목적이 아니라 수단이다. 선정 여부에 일희일비하지 말자. 신청하지 않으면 확률은 0%지만, 신청하면 단 1%라도 생긴다. 나는 한 달에 10~30건의 체험단·기자단에 지원하며 수없이 떨어졌고, 수없이 다시 신청했다. 그 과정에서 쌓인 경험이 지금의 블로그 구조를 만들었다. 이 장에서 기억해야 할 메시지는 단 하나다. 블로그 수익화는 빠르게 돈을 버는 일이 아니라, 천천히 그러나 확실하게 구조를 바꾸는 일이라는 것이다.

초보 블로거를 위한 핵심 정리

이 장을 읽고 나면 아래 체크리스트를 기준으로 스스로 점검해보자.

블로그 수익화 입문 단계 체크

❶ 체험단 이해도

□ 체험단을 '현금 수익'이 아닌 '생활비 절감'으로 이해하고 있다.

□ 체험단의 목적이 블로그 신뢰도와 경험 축적임을 알고 있다.

❷ 체험단 사기 방어

□ 댓글·쪽지·카톡 유도 체험단은 걸러내고 있다.

□ 사업자 정보가 없는 곳은 진행하지 않는다.

□ 선결제 요구, 개인정보 요구에 응하지 않는다.

❸ 체험단 운영 방식

□ 검증된 체험단 플랫폼 위주로 진행한다.

□ 한 달 최소 5~10건 이상 꾸준히 신청한다.

□ 귀찮아도 플랫폼/앱을 활용해 효율을 높인다.

❹ 기자단 진입 기준

□ 현금 수익 구조를 이해하고 있다.

□ 고위험 키워드(대출·보험·성형 등)를 피하고 있다.

□ 제공 원고를 그대로 복붙하지 않는다.

❺ 저품질 방어 습관

☐ 원고는 반드시 내 문체로 수정한다.

☐ 키워드는 자연스럽게 변형한다.

☐ 사진은 최소한의 편집을 거친다.

❻ 다음 단계 준비

☐ 체험단 경험을 제휴 마케팅으로 연결할 수 있다는 걸 이해했다.

☐ '판매'보다 '경험 공유'가 우선이라는 기준이 있다.

6장

진짜 수익의 시작,
제휴 마케팅

제휴 마케팅이
블로그 수익화의 핵심인 이유

체험단과 기자단까지 경험했다면, 이미 블로그로 돈을 벌 수 있다는 '감각'은 익혔을 것이다. 내가 쓴 글이 읽히고, 그 대가로 제품이나 원고료를 받는 경험은 분명 의미 있다. 그러나 냉정하게 말하면 이 단계는 어디까지나 입문이다.

생활비를 조금 아끼고 소소한 현금을 만들 수는 있다. 하지만 "이게 5년 뒤에도 이어질 구조인가?"라는 질문에는 쉽게 답하기 어렵다. 체험단은 내가 신청하고 움직여야 물건이 들어오고, 기자단은 포스팅을 멈추는 순간 수익이 끊긴다. 결국 시간과 노동을 맞바꾸는 구조다. 퇴근 후 시간을 쪼개는 20~30대 직장인에게는 한계가 분명하다.

나 역시 같은 고민을 했다. 회사 일을 마치고 글을 쓰는데, 수익이 노동 강도에 비해 낮다고 느껴지던 시점이었다. 그때 기준을 바꿨다. "이 구조는 내가 쉬어도 돌아가는가?" 시간 대비 수익이 자동으로 쌓이는가를 판단 기준으로 삼았다.

그 질문에 대한 답이 제휴 마케팅이다. 한 번 써둔 글이 검색을 통해 계속 읽히고, 그 안의 링크를 통해 구매가 발생하면 수익이 쌓이는 구조다. 내가 매번 제안서를 쓰지 않아도 되고, 체험단 모집 공고를 기다리지 않아도 된다. 기록이 곧 자산이 되는 모델이다.

이번 장에서는 블로그 수익화의 핵심이자, 직장인이 현실적으로 만들 수 있는 '온라인 월세' 구조인 제휴 마케팅의 실전 전략을 다룬다. 단순 개념 설명이 아니라, 실제로 어떻게 설계해야 하는지에 초점을 맞춘다.

제휴 마케팅이 직장인에게 유리한 세 가지 이유

제휴 마케팅을 시작한 뒤, 나는 블로그를 바라보는 관점이 완전히 달라졌다. 이전까지 블로그는 '글을 올리면 끝나는 공간'에 가까웠다. 그러나 제휴 마케팅을 도입한 이후, 블로그는 스스로 수익을 만들어내는 자산으로 바뀌기 시작했다.

구조는 단순하다. 내 블로그에 특정 상품이나 서비스를 소개하고, 글 안에 삽입한 링크를 통해 구매·상담 신청 같은 '행동'이 발생하면 그 결과에 따른 수수료를 받는다. 판매자가 아니어도 되고, 재고를 들일 필요도 없다. 기록과 연결이 전부다. 이 방식이 특히 20~30대 직장인에게 유리한 이유는 세 가지다.

첫째, 비대면·비접촉 자동 수익 구조다. 내가 잠을 자거나 회사에서 회의를 하는 동안에도, 누군가는 검색을 통해 내 글에 들어온다. 링크를 클릭하고 구매가 발생하면 수익이 쌓인다. 수익 발생 과정에 내 실시간 노동이 개입되지 않는다. 퇴근 후 1~2시간 투자한 기록이 24시간 작동하는 구조다.

둘째, 수익의 상한선이 없다. 원고료 3만 원짜리 기자단은 10개를 써야 30만 원이다. 노동량이 곧 수익의 한계가 된다. 반면 제휴 마케팅은 다르다. 잘 설계한 글 하나가 검색 상위에 안착하면 월 수백만 원의 매출을 일으킬 수도 있고, 그에 비례한 수수료가 들어온다. 동일한 글이 반복적으로 수익을 만든다.

셋째, 콘텐츠의 자산화가 가능하다. 유행을 타지 않는 정보성 글에 제휴 링크를 연결해두면, 그 글은 1년 뒤에도 검색된다. 시간이 지나도 사라지지 않는다. 글이 누적될수록 수익 포인트도 함께 늘어난다. 노동이 아니라 기록이 쌓이는 구조다.

직장인이 부업으로 접근할 때 중요한 기준은 "얼마를 벌 수 있는가" 보다 "내 시간이 멈춰도 돌아가는가"다. 제휴 마케팅은 이 질문에 가장 현실적인 답이 되는 모델이다.

블로그에서 활용 가능한 제휴 마케팅 세 가지

첫째, 상품 기반 제휴 마케팅이다. 가장 대중적인 형태다. 쿠팡 파트너스나 네이버 쇼핑 커넥트가 대표적이다. 독자가 링크를 통해 상품을 구매하면 결제 금액의 일정 비율을 수수료로 받는다.

둘째, CPA(Cost Per Action) 기반이다. 구매가 아니어도 회원가입, 상담 신청, 앱 설치 등 특정 행동이 완료되면 확정 수익이 발생한다. 텐핑이 대표적이며, 건당 단가가 비교적 높은 편이다.

셋째, 혼합형 구조다. 상품 리뷰와 상담 신청을 함께 유도해 정보성과 수익성을 동시에 잡는 방식이다.

나는 이 중에서도 상품 기반(쇼핑 검색 연동) 모델이 네이버 블로그와 가장 잘 맞는다고 판단했다. 특히 네이버 쇼핑 커넥트와 쿠팡 파트너스를 상황에 맞게 병행하는 전략이 핵심이다.

네이버 쇼핑 커넥트 vs 쿠팡 파트너스 전격 비교

구분	네이버 쇼핑 커넥트	쿠팡 파트너스
플랫폼 성격	네이버 자체 서비스 (25.07.23 정식 오픈)	쿠팡 외부 제휴 서비스
제휴 수수료	직접 실적: n% (5~50% 고단가 많음) 간접 실적: 1.8%	일괄 3% (직접/간접 동일)
정산 주기	익익월 정산 (7월분 기준 9/22 지급)	익익월 정산 (7월분 기준 9/16 지급)
장점	네이버 알고리즘이 선호함, 고수수료 상품 다수	압도적인 상품군, 24시간 내 구매 시 모두 인정
단점	간접 실적 수수료가 낮은 편	네이버가 외부 링크 이탈을 경계함

필독! 가비야의 원포인트 레슨

제휴 마케팅 포스팅을 할 때는 공정거래위원회 표시 문구를 반드시 삽입해야 한다. "이 포스팅은 제휴 마케팅 활동의 일환으로 일정액의 수수료를 제공받을 수 있습니다." 와 같은 문구를 글 상단 또는 하단에 명확히 표시해야 한다. 이를 누락하면 법적 문제나 블로그 제재 대상이 될 수 있으니 반드시 지켜야 할 기본 원칙이다.

또 하나의 팁이 있다. 해당 문구는 텍스트보다 이미지 형태로 삽입해야 안전하다. 텍스트로 직접 입력할 경우 검색 기반 AI 필터링에 노출될 가능성이 있기 때문이다.

쿠팡 파트너스 실전:
클릭을 부르는 전략

쿠팡 파트너스는 내가 가장 먼저 시작한 제휴 마케팅이다. 예전에 유튜브를 보고 메모장에 저장해둔 내용을 따라 블로그에 올려봤는데, 실제로 찍히는 수익을 보고 재미가 붙었다. 진입장벽이 낮고, 우리가 매일 쓰는 쿠팡 앱을 그대로 활용하면 된다는 점도 매력적이었다. 하지만 링크만 붙인다고 돈이 들어오지는 않는다. 전략이 있어야 한다.

쿠팡 파트너스의 장점과 단점

쿠팡 파트너스의 가장 큰 장점은 구조에 있다. 독자가 내 링크를 클릭한 뒤 24시간 이내에 쿠팡에서 결제를 하면, 내가 직접 소개한 상품이 아니어도 결제 금액의 3%를 수익으로 정산받는다. 즉, 링크를 통해 유입만 만들어두면 장바구니에 담아두었던 다른 고가 상품을 결제하더라도 수익이 발생하는 구조다. 이 점이 쿠팡 파트너스를 '자동 수익형 모델'로 만드는 핵심이다.

반면 단점도 분명하다. 네이버는 자사 플랫폼을 벗어나는 외부 링크,

특히 쿠팡 링크를 기본적으로 선호하지 않는다. 따라서 글의 완성도와 정보 밀도가 낮으면 저품질 리스크가 생길 수 있다. 결국 쿠팡 파트너스는 단순히 링크를 거는 방식으로 접근하면 오래가기 어렵고, 콘텐츠의 퀄리티와 구조 설계를 함께 고민해야 안정적인 수익으로 이어진다.

실전 – 수익을 극대화하는 포스팅 프로세스

가급적 모델명이 명확하고 단가가 높은 가전·디지털 제품을 추천한다. 예시로 '가민(Garmin) 러닝 워치'를 들어보겠다.

상품 리스트업

쿠팡에서 '가민 워치'를 검색한 뒤 '랭킹순' 기준 1~4위 상품을 선정한다. 이미 판매 데이터가 검증된 제품 위주로 고른다.

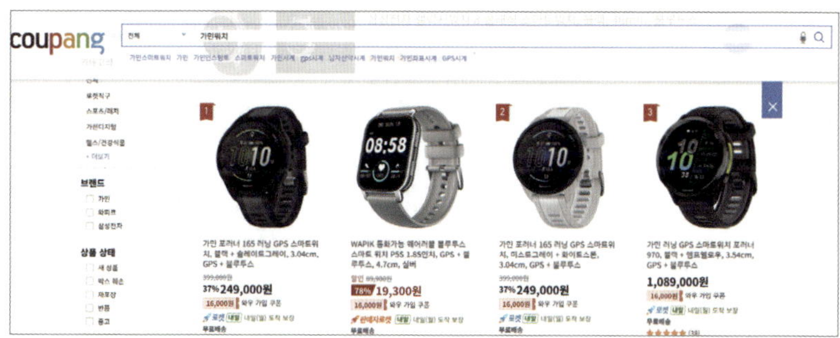

쿠팡에서 가민 워치 검색하기

링크 생성

쿠팡 파트너스 페이지에서 해당 상품 URL을 입력해 전용 수익 링크를 생성한다. 엑셀에 모델명, 상품명, 링크를 정리해두면 관리가 편하다.

(여러 개 운영할수록 정리 습관이 중요하다.)

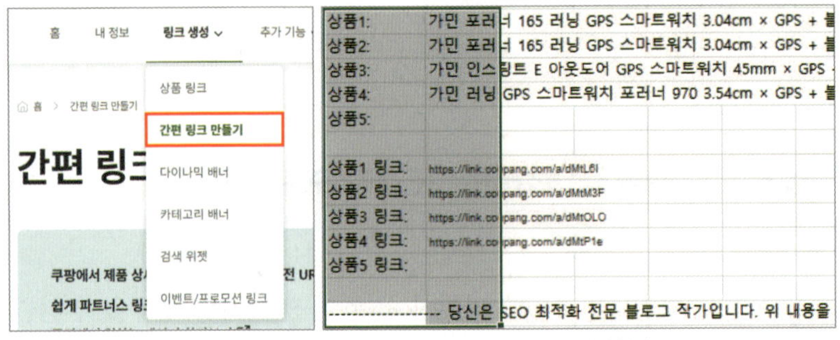

<table>
<tr><td>간편 링크 생성하기</td><td>상품별로 정리하기</td></tr>
</table>

AI 초안 작성

정리한 정보를 챗GPT에 입력한다. 이때 핵심 사양, 장점·단점, 추천 대상까지 포함하도록 프롬프트를 구성한다. 단순 스펙 나열이 아니라 '어떤 사람에게 적합한지'까지 써야 전환이 올라간다.

초안 작성하기

블로그 세팅

2030 직장인은 출퇴근 시간에 모바일로 소비한다. 가독성이 곧 체류 시간이고, 체류 시간이 곧 노출이다.

- 공정위 문구: 최상단에 이미지 형태로 삽입
- 카테고리: 'IT/가전' 또는 '상품리뷰'
- 가독성: 모바일 방문자가 70~80%이므로 줄바꿈을 자주 사용
- 썸네일: 캔바(Canva)로 간단 제작

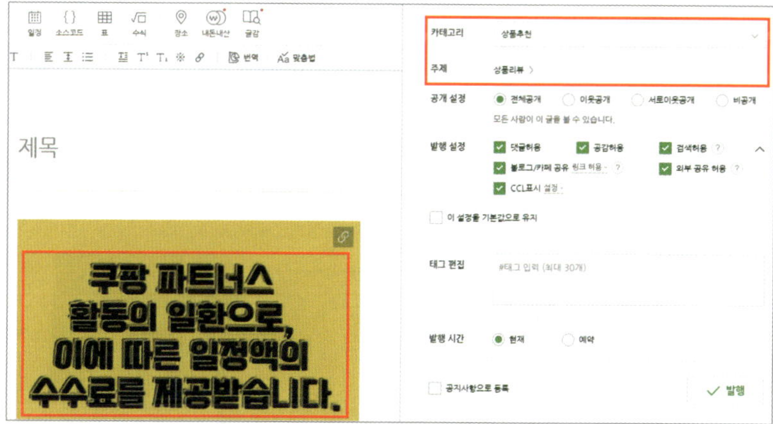

블로그 세팅하기

썸네일 제작하기

이미지 전략

시간 절약을 위해 윈도우 단축키(Win+Shift+S)로 상품 이미지를 캡처해 사용한다. 핵심은 이미지에 쿠팡 링크를 직접 삽입하는 데 있다. 그리고 이렇게 문구를 넣는다. "이미지를 클릭하면 상세 페이지로 이동합니다." 이 한 줄로 클릭률이 크게 달라진다.

이때 링크 삽입 방식이 중요하다. 본문에 텍스트로 URL을 그대로 붙이지 않는다. 상단의 '링크 추가' 버튼을 눌러 링크 자체를 삽입하는 방식으로 처리한다. 텍스트로 외부 링크를 직접 노출하면 네이버 AI 필터링에 걸릴 가능성이 있다. 작은 차이 같지만, 이런 디테일이 누적되면 계정의 수명과 수익이 갈린다.

텍스트로 넣지 않고 이미지에 링크 삽입하기

쿠팡 페이지에서 가져온 이미지를 클릭한 뒤, 상단 메뉴에 있는 '링크 입력 열기' 버튼을 누른다. 이후 생성해둔 쿠팡 파트너스 전용 링크를 붙여넣고 추가를 클릭하면 연결이 완료된다.

상단 메뉴에서 링크 삽입하기

노출 전략

발행 직후에는 부계정을 활용해 스크랩(공유하기)을 진행한다. 초기 반응 데이터를 빠르게 쌓아 초반 상위 노출을 노리는 전략이다. 초반 체류 시간과 클릭 흐름이 잡히면 알고리즘이 글을 한 번 더 테스트 노출해주는 경우가 많다.

처음에는 나 역시 욕심이 앞서 아무 상품이나 올렸다. 하지만 금방 깨달았다. 쿠팡 파트너스는 '내가 팔고 싶은 것'이 아니라 '사람들이 이미 검색하고 있는 것'을 써야 수익이 난다는 사실을 말이다. 검색 의도가 분명한 키워드, 예를 들어 '러닝 입문용 워치 추천'처럼 문제 해결형 키워드를 공략해야 한다.

막연한 제품 소개는 클릭을 만들지 못한다. 하지만 입문용, 비교, 추천, 가성비처럼 구매 직전 단계의 검색어를 다루면 전환율이 달라진다. 결국 쿠팡 파트너스의 핵심은 링크가 아니라 검색 의도 설계다. 이 지점이 잡히는 순간부터 수익은 비로소 움직이기 시작한다.

네이버 쇼핑 커넥트 실전:
네이버가 밀어주는 수익화

네이버 쇼핑 커넥트는 네이버가 직접 운영하는 제휴 마케팅 플랫폼이다. 쿠팡 파트너스의 대항마로 등장했으며, 가장 큰 강점은 네이버 블로그 안에서 네이버 쇼핑 상품을 연결한다는 점이다. 외부 링크가 아니라 자사 생태계 안에서 순환하기 때문에 알고리즘 제재 위험도 없다.

쇼핑 커넥트 수익 구조의 핵심

쇼핑 커넥트의 가장 큰 매력은 '직접 실적' 수수료율이다. 상품에 따라 다르지만, 일부 카테고리는 최대 10%까지 지급된다. 예를 들어 50만 원대 모니터를 내 글을 통해 직접 구매했다면, 단 한 건으로도 5만 원 안팎의 수익이 발생한다. 반면, 내가 소개한 상품이 아닌 다른 상품을 구매한 경우는 '간접 실적'으로 계산되며 수수료는 1.8%로 고정된다.

- 직접 실적 10% → 53만 원 상품 판매 시 약 53,000원 수익
- 간접 실적 1.8% → 102만 원 상품 판매 시 약 18,397원 수익

즉, 쇼핑 커넥트는 직접 전환을 얼마나 설계하느냐에 따라 수익 차이가 크게 벌어지는 구조다. 이 차이를 보면 전략은 명확해진다. 여러 상품을 넓게 건드리기보다는 수수료율이 높은 특정 상품을 정밀하게 공략해야 한다.

수익 구조 파악하기

실전 – 쇼핑 커넥트 공략법(예: 델 모니터)

고효율 상품 선정

쇼핑 커넥트 '상품 찾기' 메뉴에서 수수료율 8% 이상 상품을 우선적으로 고른다.

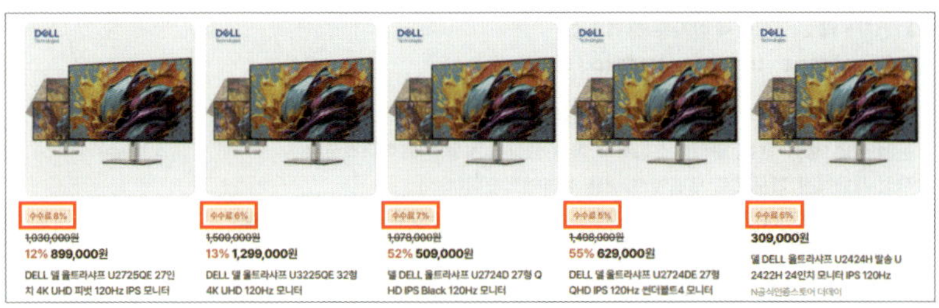

고수익 상품 찾기

1~4위 상품을 각각 새 탭으로 열어 비교한다. 상품명과 모델명을 엑셀에 정리하고, 상품 링크도 함께 복사해 저장한다. 모델명·상품명·상품링크·프롬프트용 문장을 한 번에 블록 지정해 복사한 뒤 챗GPT에 붙여넣는다.

상품1 모델명	U3225QE			
상품2 모델명	U2725QE			
상품3 모델명	U2724D			
상품4 모델명	U2424HE			
상품5 모델명				
상품1:	DELL 델 울트라샤프 U3225QE 32형 4K UHD 120Hz 모니터			
상품2:	DELL 델 울트라샤프 U2725QE 27인치 4K UHD 피벗 120Hz IPS 모니터			
상품3:	델 DELL 울트라샤프 U2724D 27형 QHD IPS Black 120Hz 모니터			
상품4:	델 DELL 울트라샤프 U2424HE 24형 IPS 120Hz USB-C 허브 모니터			
상품5:				
상품1 링크:	https://naver.me/GVE7DVE3			
상품2 링크:	https://naver.me/Fm3qnGA0			

상품 정리하기

초안 작성하기

포스팅 세팅

최상단에 공정위 문구를 이미지 형태로 삽입한다. 카테고리는 '상품
추천', 주제는 '상품리뷰'처럼 구체적으로 설정한다. 챗GPT 결과물을
붙여넣은 뒤 모바일 가독성을 위해 줄바꿈을 충분히 한다. 캔바로 간
단한 썸네일을 제작한다.

블로그 작성하기

썸네일 제작하기

비교 분석형 글쓰기

단순 스펙 나열이 아니라, "사무용은 A 모델, 게이밍은 B 모델"처럼 사용 목적별 가이드 구조로 정리한다. 독자의 고민을 대신 정리해주는 글이 전환율을 높인다.

네이버 생태계 활용

상품 상세 페이지에서 이미지를 복사해 본문에 삽입한다. 쿠팡보다 작업이 간편하다. 본문에 있는 링크를 복사해 '링크 추가'로 삽입하고, 이미지를 클릭해 '링크 입력 열기'에서 동일 링크를 연결한다.

이미지 링크 삽입

각 이미지마다 개별 링크를 걸어 클릭을 유도한다. 사진 설명란에는 "이미지를 클릭하면 사이트로 이동합니다."라는 문구를 넣는다.

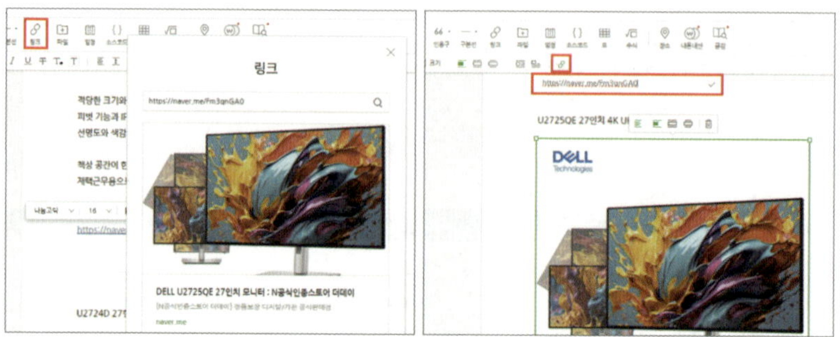

이미지 링크 삽입하기

초기 노출

최종 점검 후 발행한다. 발행 직후 다른 네이버 계정으로 스크랩해 초기 노출을 확보한다.

쇼핑 커넥트의 핵심은 '신뢰도'

네이버 사용자는 정보를 얻기 위해 블로그를 찾는다. 광고처럼 보이는 글은 전환이 낮다. 비교표, 선택 기준, 사용 목적 정리처럼 정보 밀도가 높은 글을 제공할 때 구매 전환율은 극대화된다. 쇼핑 커넥트는 단순 링크 삽입이 아니라, 전문가처럼 보이는 설계가 수익을 만든다.

텐핑 실전:
행동을 유도하는 CPA 마케팅

쿠팡이나 쇼핑 커넥트가 상품 판매 중심이라면, 텐핑(Tenping)은 구조가 다르다. 물건을 직접 파는 것이 아니라, 특정 서비스나 행동을 유도하고 그 결과에 따라 수익을 받는 방식이다. 쇼핑몰 사장님의 영역이라기보다, 성과형 마케팅 대행에 가깝다.

나는 유튜브 채널 '절약왕정약용'을 통해 이 모델을 처음 접했다. 간단한 부업을 소개하는 채널이었고, 영상을 보다 보니 텐핑 참여형 제휴 마케팅을 네이버 지식인이나 카페에 활용해 현금흐름을 만든다는 이야기가 나왔다. 그때 메모해두었다.

블로그를 다시 시작하면서 이런 생각이 들었다. "이 구조를 블로그에도 적용할 수 있지 않을까?" 지식인에 올리던 방식을 블로그 글에도 녹여보기 시작했다. 결과는 예상보다 컸다. 단순 클릭 수익이 아니라, 실제

텐핑 이용하기

행동이 발생하면서 수익이 빠르게 쌓이기 시작했다. 텐핑에는 여러 유형이 있다. 클릭형, 설치형, 참여형, 제휴몰 등이다. 처음에는 유튜브에서 본 참여형 위주로 시도했다. 이후 클릭형과 설치형도 테스트했다. 하지만 실제로 지속적인 수익으로 이어진 유형은 '제휴몰' 구조였다.

참여형(CPA) vs 제휴몰 비교

구분	참여형(CPA)	제휴몰
본질	상담 신청, 회원가입 등 액션 유도	알리, 아고다 등 쇼핑몰 구매
단가	건당 2,200원 ~ 78,000원 (매우 높음)	결제액의 0.6% ~ 11.9%
장점	한 명만 제대로 참여해도 수익이 큼	여행, 패션 등 주제 확장이 쉬움
특이사항	소문내기 금지 수칙 엄수 필수	정산 확정까지 1개월 이상 소요

실전 – 텐핑으로 고수익 뽑아내기

나는 텐핑에서 '라식/라섹 상담' 카테고리 포스팅 단 2개로 누적 수익 200만 원 이상을 만든 경험이 있다. 핵심은 단순 노출이 아니라, 고단가 캠페인 + 전환 설계였다. 방법은 다음과 같다.

🇰🇷 클리어서울안과 스마일라식 라섹 노안 ⋯	1,160,000원
최근 적립일 : 2026.02.24 13:12	소문 결과 ›
🇰🇷 소중한 당신의 눈, 실력으로 지켜드리⋯	1,000,022원
최근 적립일 : 2026.02.06 11:26	소문 결과 ›
🇰🇷 인테리어, 집닥이 정답인 이유	648,000원
최근 적립일 : 2026.02.04 16:49	소문 결과 ›

고수익 증명

고단가 캠페인 선정

단가 30,000원 이상인 참여형 캠페인을 우선 선택한다. 보험 키워드는 저품질 리스크가 높기 때문에 초보자라면 병원, 리빙, 교육 카테고리 위주로 공략해야 안정적이다.

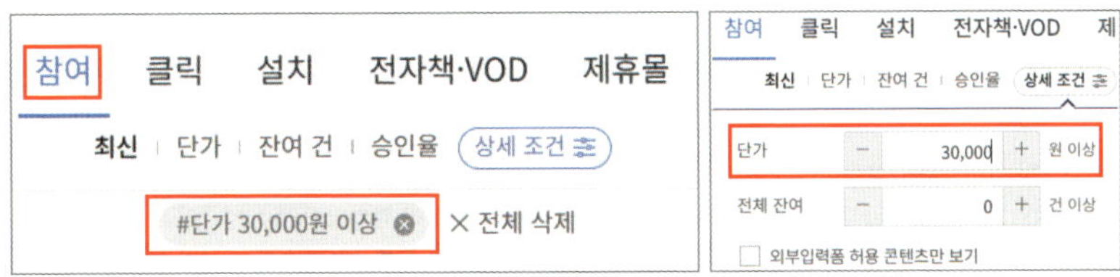

상세 조건 세팅하기

프롬프트 최적화

텐핑에서 제공하는 '소문내기 텍스트'뿐 아니라 소비자 혜택, 소문 목적, 상품평, 추천 문구, 참고 사이트 등의 자료들을 함께 정리해 챗GPT에 입력한다. 단순 복붙이 아니라, 정보성 글 형태로 자연스럽게 재구성하는 전략이 핵심이다. 의료 관련 글이라면 카테고리와 주제는 '건강/의학'으로 명확히 설정한다. 본문 상단에는 공정위 문구를 이미지 형태로 삽입한다.

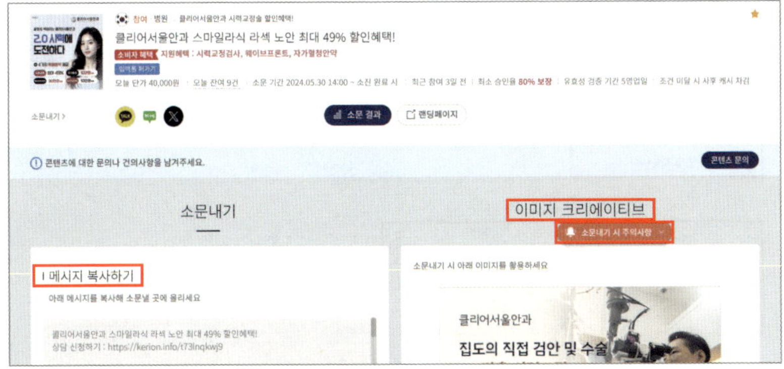

프롬프트 최적화를 위한 내용 파악

심만 간결하게 강조해주세요. 제목은 강조하는 키워드, 클릭하고 싶은 호기심 유발 문구, 핵심 내용 정리(~~ top3, ~~ best5, ~~ 리스트, ~~ 비교, ~~ 추천 등) 으로 구성해주세요. 그리고 마지막에 "필독! < 상호 or 제품명 >" 을 적어주세요. 주요키워드는 본문에 3~5회 반복해서 사용해주세요. 상품의 모델명이 있을경우 제목에 모델명을 포함해주세요. *제목 및 본문 금지 단어: 쿠팡, 제목, 도입부, 본문 *제목 금지 단어: 아정당 위의 단어는 금지어이므로 제목이나 본문에 사용하면 안돼요. 상품 링크에서 상품평 내용을 참고하여 본문에 정리해주세요. 상품 링크에서 중요한 정보들을 포함하여 본문에 정리해 주세요. 홈페이지나 블로그, 네이버지도, 인스타그램 주소가 있는 경우 본문에 첨부해주세요.

스마일라식 최대 49% 할인 혜택 정리! 라식·라섹·노안까지 비교 가이드 **BEST5**
서울대 의학박사 직접 집도, 더블 엑스퍼트 닥터 — 필독! 클리어서울안과

시력교정 고민하시는 분들이라면 요즘 할인 혜택과 의료진 경력을 함께 비교하실 텐데요.
저도 알아보다가 스마일라식 포함 최대 49% 할인 소식을 보고 자세히 확인해봤습니다.
특히 서울대 의학박사 대표원장 직접 집도와 **AI CLEAR** 부작용 예방 프로그램이 포함된 점이 눈에 띄었어요.
#클리어서울안과 #스마일라식 #라식라섹 #노안라식 "뉴스마일라식 #시력교정술 #백내장 #투데이라섹

프롬프트 최적화해서 초안 작성

신뢰도 보강 요소 추가

포스팅 카테고리와 주제를 건강/의학으로 설정하고, 공정위 문구를 이미지 형태로 삽입한다. 안과, 학원 등 오프라인 기관이 포함된 글이라면 네이버 지도 첨부로 신뢰도를 높이고, 썸네일은 캔바로 제작한다.

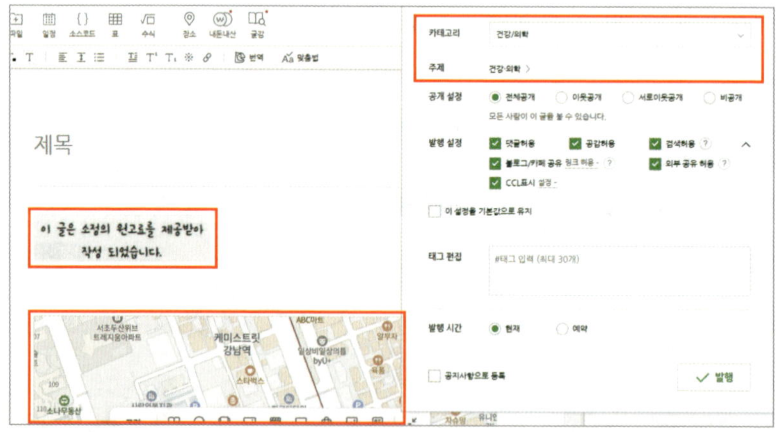

지도 삽입하기

썸네일 제작하기

본문 이미지는 텐핑 콘텐츠 페이지 또는 소문내기 링크 화면을 캡처해 활용한다. 쿠팡 파트너스·쇼핑 커넥트와 동일하게 이미지에도 소문내기 링크를 삽입하고, "이미지를 클릭하면 사이트로 이동합니다."라는 문구를 추가해 클릭을 유도한다. CPA 구조에서는 클릭 → 상담 예약 완료까지 이어져야 수익이 발생한다. 즉, 클릭 설계가 핵심이다.

클릭 유도 강화 및 초기 노출 작업

상담 신청 페이지 캡처 이미지를 적극 활용한다. 행동 버튼이 보이는 화면은 전환율을 높인다. 포스팅 발행 직후, 다른 네이버 계정으로 스크랩(공유하기)을 진행해 초기 노출을 확보한다.

검색 누락 점검

일정 시간이 지난 후 블로그유틸24(https://blogutil24.com/)에서 검색 누락 여부를 확인한다. AI로 작성하고 이미지를 추가했어도 누락되는 경우가 있다. 대부분 두 가지다.

- 해당 주제 포스팅이 부족해 전문성이 낮다고 판단된 경우
- 특정 형태소가 20회 이상 과도하게 반복된 경우

전문성 문제라면 제목을 더 구체적으로 수정해 보완한다. 형태소 반복 문제라면 유사어로 분산해 자연스럽게 수정한다. 결국 텐핑의 본질은 단순 트래픽이 아니라 의도 있는 방문자를 정확히 전환시키는 구조 설계에 있다.

텐핑 제휴몰 포스팅하기

텐핑 참여형에 이어 이번에는 제휴몰 예시 포스팅을 살펴보겠다. 텐핑 제휴몰은 텐핑과 제휴된 쇼핑몰의 상품이나 서비스를 대신 마케팅하고, 그 성과에 따라 보상을 받는 구조다. 개념적으로는 쿠팡 파트너스나 쇼핑 커넥트와 동일한 제휴 마케팅 모델로 이해하면 된다.

현재 텐핑에는 이미지에 포함된 제휴처를 비롯해 총 62개의 제휴몰이 등록되어 있다. 독자마다 관심 분야와 강점이 다르기 때문에, 이 중 자신이 잘 설명할 수 있고 지속적으로 다룰 수 있는 분야를 선정해 진행하는 편이 효율적이다.

제휴몰 찾기

텐핑 제휴몰 진행 전 필수 설정

텐핑 제휴몰은 반드시 크롬 브라우저에서 진행해야 한다. 이유는 '텐핑 소문내기' 확장 프로그램을 사용해야 하기 때문이다.

- 1단계: 텐핑 페이지에서 배너를 클릭해 소문내기 확장 프로그램 설치 화면으로 이동한다.(또는 크롬 확장 프로그램 검색창에서 '텐핑 소문내기'를 검색해 설치한다.)
- 2단계: 확장 프로그램을 다운로드한 뒤, 크롬 브라우저 우측 상단에 텐핑 소문내기를 고정한다.
- 3단계: 제휴몰 상품 페이지에서 우측의 확성기 아이콘을 클릭하면 소문내기 URL이 자동으로 발급된다. 이 URL이 실제 수익이 연결되는 전용 링크다.

아고다 기준으로 선정하기

나는 여행 경비에서 가장 큰 비중을 차지하는 부분이 숙박비라고 판단했다. 그래서 해외 숙박은 아고다, 국내 숙박은 NOL(구 야놀자) 두 플랫폼을 중심으로 포스팅을 진행했다. 예를 들어 '2025년 해외여행 TOP 10', '2025년 국내여행 추천지'와 같이 검색해 트렌드를 파악한 뒤, 구체적인 지역을 선정한다. 이번 예시는 일본 도쿄 숙소를 아고다 플랫폼 기준으로 정해 포스팅하는 방식으로 설명하겠다.

아고다에서 도쿄 숙소 찾기

후기가 많은 숙소를 기준으로 3곳을 선정한 뒤, 각각 새 탭으로 열기를 한다.

상위 3개 숙소 확인하기

링크 복사하기

좌측에서 숙소명을 복사하고, 우측 상단 크롬 확장프로그램(텐핑 소문내기)을 클릭해 발급된 소문내기 링크를 복사한다. 숙소명과 링크를 엑셀에 정리해 붙여넣는다. 같은 방식으로 두 번째, 세 번째 숙소까지 진행한다.

소문내기 링크 복사하기

챗GPT에 요소 넣어서 작성하기

정리한 상품명·소문내기 링크·프롬프트 문장을 함께 블록 지정해 복사한 뒤 챗GPT에 입력한다.

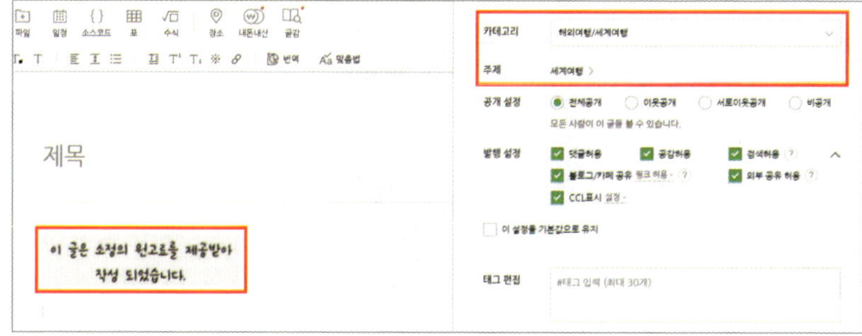

초안 작성하기

공정위 문구 삽입하고 썸네일 만들기

포스팅 카테고리는 '여행', 주제는 '세계여행'으로 설정한다. 제휴 마케팅 글에는 반드시 본문 상단에 공정위 문구를 이미지 형태로 삽입해야 한다. 챗GPT 결과물을 붙여넣은 후 모바일 가독성을 고려해 줄 간격과 문단을 정리한다. 썸네일은 캔바로 제작한다.

공정위 문구 삽입하기

썸네일 제작하기

소문내기 링크로 연결하기

각 탭으로 열어둔 숙소 페이지에서 대표 사진을 캡처한다.

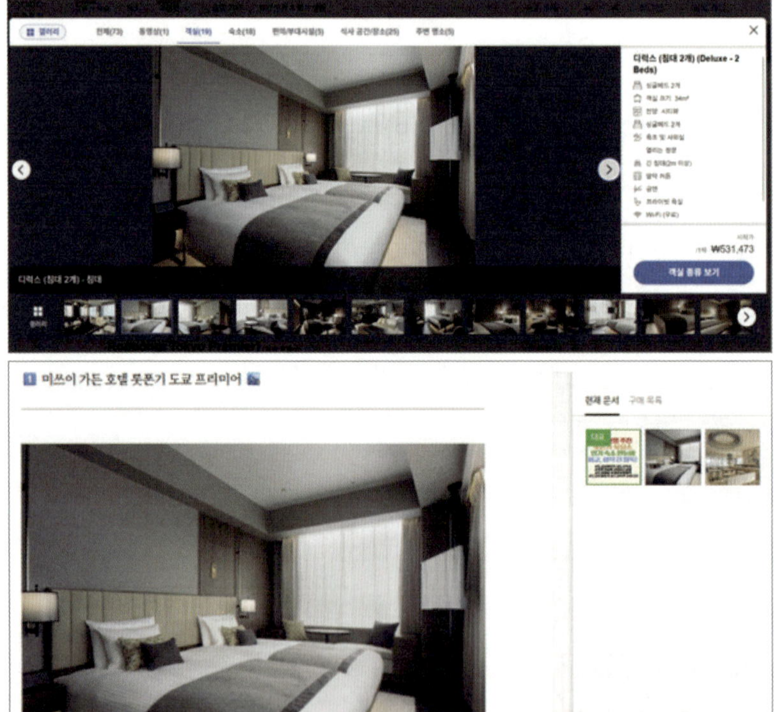

캡쳐한 사진 이용해서 링크 추가하기

본문에 삽입할 때는 먼저 소문내기 링크를 복사한 뒤, 좌측 상단의 '링크 추가' 버튼을 클릭해 링크를 연결한다. 이후 추가한 이미지를 클릭하고 '링크 입력 열기'를 선택해 복사한 소문내기 링크를 붙여넣고 확인(체크)한다.

캡쳐한 사진 이용해서 링크 추가하기

유도 문구 추가 및 초기 노출하기

모든 숙소 이미지에 동일하게 적용한 후, 사진 설명란에 "이미지를 클릭하면 사이트로 이동합니다."라는 문구를 추가해 클릭을 유도한다. 발행이 완료되면 다른 네이버 계정으로 해당 포스팅을 스크랩(공유하기)해 초기 노출을 확보한다.

쇼핑 커넥트 인기 키워드를 찾는 네이버 데이터랩 활용법

많은 사람이 묻는다. "무슨 상품을 써야 돈이 되나요?" 내 대답은 항상 같다. "상품이 아니라 키워드를 보세요." 수수료가 50%여도 검색하는 사람이 없으면 수익은 0원이다. 그래서 나는 글을 쓰기 전에 반드시 네이버 데이터랩에 들어간다. 경로는 다음과 같다.

네이버 데이터랩 → 쇼핑인사이트 → 분야 통계

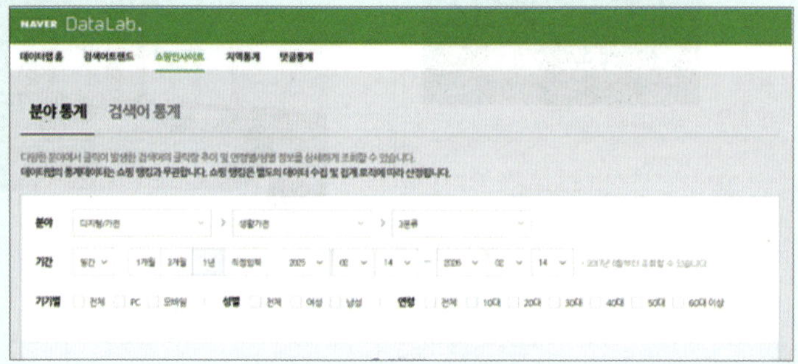

네이버 데이터랩 이용하기

1단계: 큰 분야부터 확인한다

먼저 '쇼핑 분야 트렌드 비교'를 활용해 전체 흐름을 본다. 예를 들어 디지털/가전 안에서도

- 생활가전
- 주방가전
- 계절가전

중 어떤 분야의 검색량이 높은지 확인한다. 전체적으로는 주방가전이 높지만, 여름철에는 계절가전 검색량이 급증한다. 그래서 여름에는 에어컨, 냉풍기, 제습기 같은 키워드를 공략해야 한다. 시즌을 읽는 눈이 수익의 시작이다.

분야 확인하기

2단계: 세부 카테고리로 좁힌다

이제 예를 들어 주방가전 안에서 어떤 키워드가 가장 많이 검색되는지 본다. 여러 항목을 비교해보면 냉장고 검색량이 월등히 높게 나타날 수 있다.

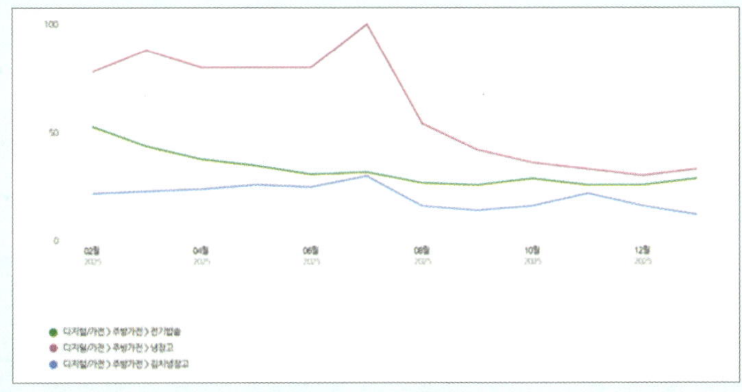

세부 카테고리 확인하기

그렇다면 상단 검색창에서 '냉장고'를 더 구체적으로 분석한다.

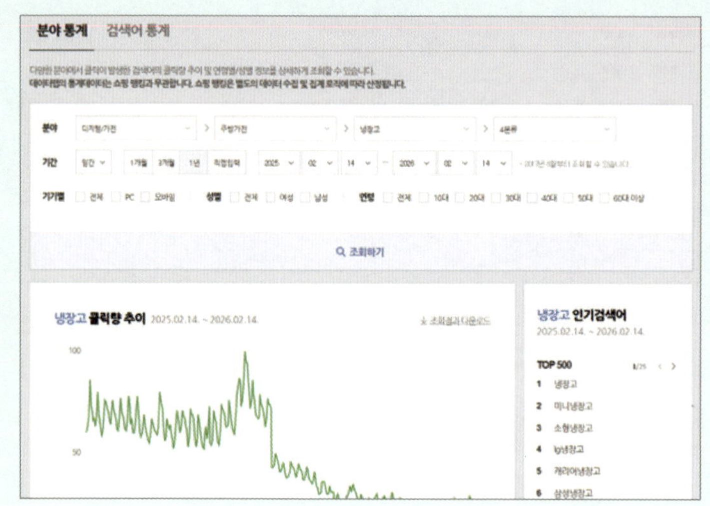

냉장고를 세부적으로 확인하기

3단계: 인기 검색어에서 '모델명'을 찾는다

우측에 표시되는 냉장고 인기검색어는 보물창고다. 특히 검색어에 모델명이 포함되어 있다면 그 키워드는 매우 가치가 높다. 구체적으로 살펴보자. 예를 들어 m875gbb231 같은 모델명이 보인다면, 이건 이미 소비자가 구매를 염두에 두고 검색하는 단계다. 해당 모델이 네이버 쇼핑 커넥트에 있다면 최우선으로 공략하고, 없다면 쿠팡 파트너스로 작성하면 된다. 핵심은 검색량이 높은 모델명을 제목에 직접 넣는 것이다.

예) "LG 냉장고 m875gbb231 실사용 후기 비교 정리"

이렇게 작성하면 검색 의도가 명확한 방문자를 잡을 수 있다.

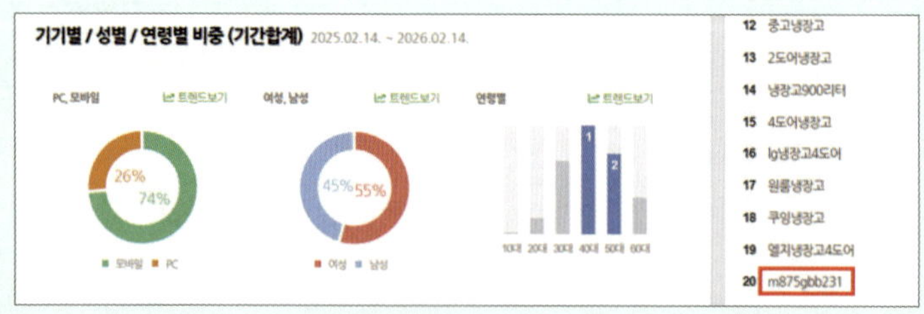

모델명 찾기

4단계: 하위 분류까지 들어간다

생활가전에서도 세탁기, 칫솔살균기, 도어락, 건조기, 스팀다리미 같은 키워드가 인기가 많다. 여기서 멈추지 말고 '3분류 세탁/건조기 → 4분류 드럼세탁기'처럼 점점 더 세분화해 들어간다. 그 안에서도 다시 모델명 검색어를 확인한다. 이 모델명들이 바로 우리가 공략해야 할 수익형 키워드다.

하위 분류까지 들어가기

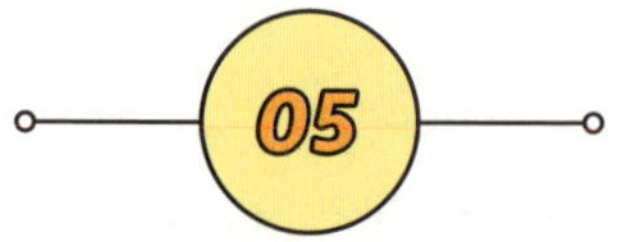

블로그 마케팅은
끝이 아닌 새로운 시작

체험단이 블로그를 지속하게 만드는 '연료'라면, 제휴 마케팅은 그 블로그라는 엔진을 실제 수익으로 전환시키는 '동력'이다. 처음에는 글 하나를 완성하는 데 몇 시간이 걸릴 수 있다. 키워드를 찾고, 자료를 정리하고, 문장을 다듬는 과정이 쉽지 않다.

하지만 한 번 상위에 노출된 글이 내가 자는 동안에도 수익을 만들어내는 경험을 하면 블로그를 바라보는 관점이 완전히 달라진다. 그 순간부터 블로그는 취미가 아니라 작동하는 자산이 된다.

제휴 마케팅의 핵심은 단순하다. 도움이 되는 정보 안에 자연스럽게 제안을 녹여 넣는 것이다. 억지로 팔려고 하면 신뢰가 무너진다. 독자를 설득하려 하지 말고, 그들의 선택을 정리해주는 사람이 되어야 한다.

"왜 필요한가."

"누구에게 적합한가."

"굳이 사지 않아도 되는 경우는 무엇인가."

이 세 가지 기준이 분명하면 수익은 따라온다. 블로그는 기록 공간이 아니라, 신뢰를 기반으로 한 전환 구조다.

꾸준히 쌓은 콘텐츠는 사라지지 않는다. 처음에는 용돈 수준이었고, 이후에는 월세에 가까운 수익이 되었다. 그리고 지금은 온라인 마케팅 역량으로 확장할 수 있는 기반이 되었다. 블로그는 작게 시작할 수 있다. 그러나 작게 끝날 이유는 없다. 이 장이 단순한 부업 설명에서 멈추지 않고, 온라인 자산을 설계하는 출발점이 되기를 바란다.

4부

공간 대여 –
자는 동안에도
돈을 버는
숙박업

1장

모텔 사장이 본업,
대기업 과장이
부업이라구요?

반지하 살던 내가
에어비앤비를 시작한 이유

월급만으로는 답이 나오지 않는다는 걸, 나는 반지하에서 먼저 깨달았다. 에어비앤비로 시작해 지금은 모텔을 운영하고 있지만, 불과 몇 년 전까지만 해도 과천의 반지하 1.5룸에서 바퀴벌레와 곰팡이를 피해 몸으로 버티는 생활을 했다. 직장을 다니며 미래를 계산해봤지만, 월급이라는 숫자만으로는 집도, 노후도, 선택권도 만들어지지 않았다.

4부에서는 퇴근 이후의 시간을 어떻게 돈으로 바꿨는지, 숙박업을 부업으로 시작해 사업으로 확장하기까지 어떤 판단을 했고 어떤 실패를 겪었는지를 그대로 담았다. 에어비앤비에서 모텔로 넘어오기까지의 과정, 수익 구조가 만들어지는 방식, 숫자로 보지 않으면 보이지 않는 리스크와 기회들을 솔직하게 기록했다.

4부에서 배워야 할 지식은 '모텔 사장이 되는 법'이 아니다. 월급 바깥에 다른 수익 구조를 만드는 사고방식이다. 숙박업은 그 도구일 뿐이다. 나의 선택을 그대로 따라 하지 않아도 된다. 다만 왜 시작했고 어떻게 시스템을 만들었는지, 그 흐름만은 반드시 가져가길 바란다. 월급에 갇힌 삶에서 빠져나오는 첫 번째 기준점을 찾을 수 있을 것이다.

부동산 박탈감에서
투자에 눈을 뜨기 시작

2019년 7월, 과천 지식정보타운 청약을 목표로 전세 7,000만 원짜리 반지하로 이사했다. 여름이면 매주 화장실 곰팡이를 닦아냈고, 창문이 없는 방의 환기 부족으로 누렇게 변한 벽지는 직접 교체했다. 퇴근 후 집에 들어설 때마다 새끼손가락만 한 바퀴벌레를 마주하며 놀랐지만, 언젠가 청약에 당첨될 수 있다는 기대 하나로 버텼다.

과천의 전세 7,000만 원 반지하 집

그러나 청약 1순위 조건이 갑작스럽게 '1년 거주'에서 '2년 거주'로 강화됐다. 특별공급 비율도 확대됐다. 평범한 30대 미혼 직장인에게 청약의 문턱은 더욱 높아졌다. 여기에 코로나로 인한 유동성 증가와 주택 공급 부족이 겹치며 부동산 가격은 빠르게 상승했다. 일찍 결혼해 신혼집을 마련한 친구들의 아파트 가격이 오르는 모습을 보며 자산 격차를 실감했다. 그 과정에서 열등감과 FOMO(Fear of Missing Out)가 동시에 밀려왔다. 심리적으로 가장 힘든 시기였다.

전환점은 2020년 12월이었다. 어느 월요일, 부동산 투자로 성과를 낸 회사 선배가 책 한 권을 건넸다. 그 주 토요일, 충동에 가까운 결정을 내렸다. 경기도 모처의 재개발 빌라 계약서를 작성했다. 짧은 시간 안에 결정한 선택이어서 한동안 불안이 컸다. 그러나 태어나 처음으로 내 명의의 등기를 마치고 나자 묘한 뿌듯함이 남았다. 그 일을 계기로 관심 없던 부동산을 정면으로 바라보게 됐다. 이후 관련 자료를 찾아보며 본격적으로 공부를 시작했다.

늦게 배운 도둑질이 무섭다고, 뒤늦게 뛰어든 부동산 투자 공부에 깊이 몰입했다. 정신을 차려보니 지방 미분양 분양권과 공시지가 1억 원 이하 아파트에 대한 법인 투자까지 진행하고 있었다. 그러나 2021년부터 2023년까지 이어진 부동산 시장의 하락 조정기, 현금 부족, 금리 상승에 따른 대출 이자 부담이 겹치며 큰 손실을 입었다. 투자 경험은 쌓였지만, 결과는 뼈아팠다.

이후 회사 월급에만 의존하는 구조에 한계를 느꼈다. 자연스럽게 부업에 관심을 갖게 됐다. 이미 부동산에 관심이 있었던 만큼, 공간을 활용해 수익을 만드는 사업에 눈이 갔다. 그중에서도 공간 대여업이 가장 현실적인 대안으로 보였다. 지금은 관련 강의가 많이 생겼지만, 당시에는 마음에 드는 강의를 찾기 어려웠다. 결국 직접 스터디를 만들어 운영했다.

일반적으로 공간 대여업은 파티룸, 스튜디오, 연습실처럼 특정 수요에 맞춰 공간을 조성하고 이를 시간 단위로 대여하는 업종이다. 스터디에서는 여기서 한 걸음 더 나아갔다. 일정 기간 숙박을 목적으로 집을 빌려주는 공유숙박업도 함께 다뤘다. 한옥체험업, 외국인관광도시민박업 등이 여기에 해당한다. 최소 일주일 이상 거주를 전제로 하는 단기임대업도 검토했다. 고시원이나 셰어하우스가 대표적인 형태다.

공간을 빌려주는 여러 사업 유형 중에서 나에게 가장 적합한 모델을 찾기 위해 실제로 성과를 내고 있는 사람들을 수소문했다. 직접 강의를 요청해 그들의 경험과 시행착오를 들었다. 책이나 온라인 자료로는 알 수 없는 현실적인 조언을 통해 판단의 기준을 세울 수 있었다.

꼼꼼히 따져보고 결정하다

검토 결과, 스터디카페와 고시원은 초기 투자금이 최소 2억 원에서 3억 원 이상 필요했다. 부업을 처음 시작하는 직장인이 접근하기에는 부담이 컸다. 파티룸은 코로나 특수로 인해 이미 시장에 업체가 과도하게 늘어난 상태였다. 사회적 거리두기가 완화되면서 평일 수요는 급감했고, 주말 장사에만 의존하는 구조로 변해 경쟁이 더욱 치열해 보였다. 촬영용 스튜디오는 인테리어 완성도가 중요해 초기 비용이 예상보다 컸다. 원금 회수까지 걸리는 시간도 길었다.

반면 외국인관광도시민박업을 통해 에어비앤비에 숙소를 등록하고 거주 공간을 빌려주는 형태의 공유숙박업은 진입 장벽이 상대적으로 낮았다. 월세 보증금은 최소 500만 원에서 1,000만 원 수준이었고, 초기 인테리어 비용도 200만 원에서 300만 원 정도면 시작할 수 있었다. 실제로 회사를 다니면서 에어비앤비를 운영해 월 100만 원에서 300만 원 수준의 안정적인 부수익을 내는 사례도 적지 않았다. 운영이 안정화된 이후에는 회사를 그만두고 에어비앤비를 전업으로 선택한 사람도

만날 수 있었다.

돌이켜보면 2014년부터 해외에서 에어비앤비 숙소를 여러 차례 이용한 경험이 있었다. 예약부터 체크인, 체크아웃까지 모든 과정이 에어비앤비 메시지를 통해 비대면으로 이뤄졌다. 집주인을 직접 만난 경우는 손에 꼽을 정도였다. 이 덕분에 운영 시스템을 이해하는 데 큰 어려움은 없었다. 업무 특성상 최소 2주 이상 해외에 체류하는 경우가 잦았던 점도 장점이었다. 장기간 해외에 있어도 운영과 관리가 가능하다는 점은 현실적인 매력으로 다가왔다.

그렇게 보증금 1,000만 원, 월세 80만 원의 투룸 빌라에서 에어비앤비 운영을 시작했다. 결과적으로 매월 200만 원 이상의 부수입을 만들 수 있었다. 금전적인 수익도 의미 있었지만, 그보다 더 큰 경험을 얻었다.

처음 시작했던 에어비앤비 숙소의 모습

회사를 위해 수동적으로 처리하던 업무에서 벗어나, 작은 규모일지라도 나만의 사업을 직접 기획하고 실행했다. 청소 인력을 직접 구하고,

운영 과정에서 발생하는 게스트의 CS를 스스로 관리했다. 이 과정을 통해 사업을 더 확장해보고 싶다는 목표가 생겼다. 동시에 스스로 해낼 수 있다는 감각도 함께 쌓였다.

꼭 에어비앤비일 필요는 없다. 핵심은 회사를 위해 일하는 구조를 벗어나, 자신을 위해 일하는 사업의 경험을 쌓는 일이다. 그 출발점으로서 부업은 충분히 의미 있는 선택지다.

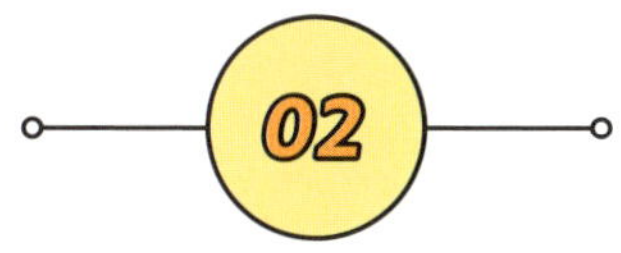

평일엔 직장인,
주말엔 모텔 사장

숙박업 여정은 에어비앤비에서 시작됐다. 직장을 다니며 2년간 에어비앤비를 운영해보니, 공유숙박업이 나에게 잘 맞는 부업이라는 확신이 들었다. 출근해 일하고 잠을 자는 동안에도 숙소는 수익을 만들었다. 자연스럽게 안정적인 부수입이 됐다. 매월 200만 원 이상 발생하던 수익은 월급을 보완해주는 든든한 버팀목이었다.

다만 사업 확장에는 분명한 한계가 있었다. 외국인관광도시민박업은 전입신고가 필수라 1인당 1개 숙소만 운영할 수 있다. 친동생 명의로 하나를 추가해 최대 2개까지 운영했지만, 그 이상은 구조적으로 불가능했다. 한옥체험업도 검토했다. 그러나 운영 가능한 한옥이 종로구 북촌·서촌 한옥마을, 성북구 한성대입구·성신여대입구 일대, 은평구 은평한옥마을 등 특정 지역에 집중돼 있었다. 직장 생활과 병행하기에는 이동 부담이 컸다. 청소 인력을 채용하더라도 원활한 관리를 위해서는 직접 자주 방문할 수밖에 없었다. 거주지에서 서울 강북 지역까지 반복 이동하는 일처리는 현실적인 선택이 아니었다.

농어촌민박업 역시 상황은 비슷했다. 허가 가능한 지역 대부분이 자택에서 차량으로 최소 1시간 이상 떨어져 있었다. 인근에서 청소 인력을 안정적으로 구하기도 쉽지 않았다. 여러 선택지를 검토한 끝에 여관이나 모텔이 대안으로 떠올랐다. 하나의 사업자로 여러 객실을 운영할수 있었고, 서울과 수도권에 매물이 많아 직장 생활과 병행도 가능했다. 에어비앤비 운영 경험이 쌓이자, 오래된 여관과 모텔은 더 이상 낡은 숙박시설로 보이지 않았다. 오히려 관리만 제대로 하면 충분히 가치를 끌어올릴 수 있는 자산처럼 보이기 시작했다.

경험을 바탕으로 확장에 나서다

그렇게 '갯벌 속의 진주'를 찾기 위해 숙박시설을 전문으로 다루는 부동산에 연락을 돌렸다. 매물이 나오면 퇴근길에 바로 임장을 나갔다. 이런 과정을 3개월 넘게 반복했지만, 기준에 맞는 물건을 찾기는 쉽지 않았다. 결국 서울의 한 대학가에서 조건에 부합하는 매물을 찾았다. 현재 그곳에서 무인 모텔을 운영하고 있다.

1970년대에 지어진 오래된 모텔 건물을 매수가 아닌 임대차 방식으로 인수했다. '가성비 리모델링'을 목표로 공사 비용을 최소화했다. 객실 내부 인테리어는 에어비앤비 운영 경험을 바탕으로 직접 구상했다. 총 12개 객실에 깔끔한 에어비앤비 콘셉트를 적용했다. 기존 모텔에서 사용하던 가구와 비품 가운데 활용 가능한 물건은 없었다. 전부 외부로 내놓아 정리했는데, 건물 앞에 쌓인 물건이 산더미처럼 보일 정도였다.

임대 모델에서 철거한 기존 인테리어 시설

새로운 도전의 결과는 명확했다. 매월 평균 매출은 약 3,600만 원, 순수익은 1,600만 원 수준을 유지하고 있다. 회사에서 받는 월급을 훌쩍 넘어서는 규모였다. 자연스럽게 본업과 부업의 무게 중심이 뒤바뀌었다.

직장을 다니면서 모텔 운영이 가능한지에 대한 질문을 자주 받는다. 직접 해본 결과, 충분히 가능하다. 평일 낮에는 대기업 과장으로 일하고, 밤과 주말에는 모텔 운영자로 역할이 바뀐다. 내가 맡은 업무는 예약 관리, 객실 배정, 비품 발주, 고객 CS 대응, 후기 관리다. 처음부터 직장 생활과 병행하는 구조를 전제로 무인 자동화 시스템에 집중했다. 매물 임장을 다닐 때부터 키오스크 설치 위치, 기존 카운터 공간 활용 방식을 함께 고민했다.

기존 모텔 운영자 중에는 여전히 "모텔 무인화는 현실적으로 어렵다"고 말하는 사람이 많다. 그러나 해외 출장 중에도 에어비앤비를 운영해 본 경험이 있었기에, 무인 운영이 가능하다는 확신이 있었다. 이를 위해 가장 먼저 없애야 할 요소는 카운터 상주 직원이었다.

카운터 직원이 맡던 역할은 키오스크가 대신한다. 체크인과 체크아웃은 24시간 비대면으로 처리한다. 국내 OTA*인 여기어때, NOL, 네이버 스마트 플레이스와 해외 OTA인 에어비앤비, 부킹닷컴, 아고다를 실

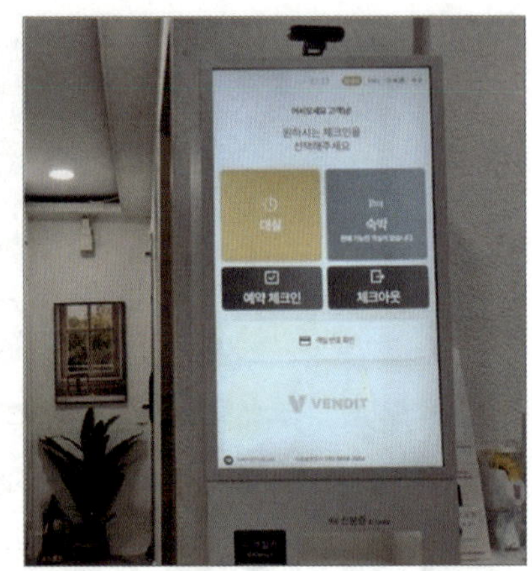

운영중인 무인 모텔의 로비를 지키고 있는 키오스크

시간으로 연동해 예약을 관리한다. 워크인 고객은 키오스크에서 객실 내부 사진을 확인한 뒤 원하는 객실을 선택해 이용한다. 야간에는 무인 관제 업체가 CCTV를 통해 키오스크가 설치된 로비를 실시간으로 모니터링하며 대응한다. 이러한 모텔 무인 자동화 운영 노하우는 6장에서 자세히 다룬다.

평범한 직장인에서 성공적인 N잡 사장으로

대한민국의 직장인이라면 한 번쯤 이런 생각을 해본다. 회사 일을 계속 이어가는 게 맞는지, 다른 선택지는 없는지 스스로에게 묻게 된다. 카페 창업이나 유튜브처럼, 지금의 일을 내려놓고 전혀 다른 길을 상상

---

* OTA(Online Travel Agency)는 항공권, 호텔, 렌터카, 투어 등 여행 관련 상품을 온라인 플랫폼을 통해 소비자에게 제공하는 전자상거래 기반 여행 중개 조직이다.

해보기도 한다.

4부에서는 내 경험을 통해 또 하나의 질문을 던지고자 한다. 회사에 다니면서도 에어비앤비나 모텔을 운영할 수 있을지에 대한 가능성이다. 이를 위해 내가 겪어온 과정과 판단, 시행착오를 솔직하게 풀어낸다. 그동안 에어비앤비, 게스트하우스, 모텔 등 숙박업과 관련된 무료 강의부터 수강료가 100만 원을 넘는 유료 강의까지 직접 들으며 얻은 지식을 실제 운영에 적용해왔다. 4부에는 그 과정에서 검증된 노하우와 현실적인 팁을 담았다.

미리 밝히면, 나는 정년까지 직장 생활을 이어가는 것이 목표다. 별도의 수강생을 모집하거나 강의를 판매할 계획도 없다. 그래서 무료 강의에서 유료 강의로 이어지기 위한 겉치레용 이야기나, 성과를 과장한 수강생 사례는 다루지 않는다. 대신 실제 운영 과정에서 도움이 됐던 내용 위주로 정리했다.

전문 숙박 경영인의 관점에서 보면 부족한 부분도 있을 수 있다. 책의 한 파트에서 숙박업의 모든 내용을 담기도 현실적으로 어렵다. 다만 숙박업에 처음 관심을 갖는 직장인의 시선에서, 실제로 부딪히며 얻은 경험을 최대한 솔직하게 전달한다. 이 이야기가 막연한 호기심을 구체적인 판단으로 바꾸는 계기가 되길 바란다.

왜 숙박업이
월급쟁이 부업의 끝판왕인가

많은 직장인이 월급만으로는 자산 형성이 어렵다고 느낀다. 퇴근 후 시간을 활용할 수 있는 부업을 찾다 보면 쿠팡 배송, 대리운전, 유튜브 같은 선택지가 먼저 떠오른다. 실제로 접근은 쉽다. 그러나 막상 해보면 투입 시간과 체력 대비 수익이 낮거나, 수익의 변동성이 커 꾸준한 현금 흐름을 만들기 어렵다. 그렇다면 공간을 빌려주는 방식, 그중에서도 에어비앤비나 모텔 같은 숙박업은 왜 월급쟁이 부업의 끝판왕으로 불릴까. 직장인의 관점에서 그 이유를 짚어보자.

대한민국 직장인 10명 중 절반 이상이 부업 경험이 있다는 통계가 있다. 나 역시 여러 부업을 경험했다. 퇴근 후 쿠팡이츠 배달을 해보니 하루 3~4시간을 투자해 5만 원 남짓 벌 수 있었지만, 체력 소모가 컸고 날씨 영향을 크게 받았다. 주말마다 참여했던 하객대행 아르바이트는 건당 3만 원 수준으로 난이도는 낮았지만, 준비와 이동 시간을 고려하면 실질 시급은 1만 원도 되지 않았다. 매년 신년 계획으로 세웠던 유튜브 역시 콘텐츠 조사를 핑계로 쇼츠 영상만 소비하다 끝나기 일쑤였다.

반면 에어비앤비는 구조 자체가 달랐다. 부동산 스터디 모임에서 알게 된 지인이 "회사에 다니면서 월 1,000만 원 이상을 벌어 퇴사했다"라고 말했을 때는 반신반의했다. 그러나 실제로 안정적인 수익을 내고 있는 여러 운영자를 만나 경험담을 듣고, 그 방식을 참고해 직접 운영해 보니 현실적인 이야기임을 알게 됐다.

대부분의 부업은 나의 노동력을 직접 투입해야만 수익이 발생하는 '능동 소득' 구조다. 배달은 매일 몸을 움직여야 하고, 하객대행은 주말의 핵심 시간을 통째로 써야 한다. 대리운전 역시 퇴근 후 저녁이나 심야 시간을 투자해야 시간당 1만 원 내외의 수익을 기대할 수 있다. 유튜브는 콘텐츠 제작에 상당한 시간이 필요하고, 영상이 터지지 않으면 수익으로 이어지지 않는다. 주식이나 코인을 부업으로 삼는 경우에는 초기 자본이 필요하고, 손실 가능성도 항상 존재한다. 무엇보다 안정적인 월 현금흐름을 만들기 어렵다.

에어비앤비는 구조적으로 다르다. 초기 숙소 세팅만 완료되면 이후에는 '수동 소득'에 가까운 형태로 운영된다. 잠을 자는 동안에도 예약이 들어오고 수익이 발생한다. 낮에 회사에 묶여 있어도 스마트폰 하나로 예약 관리와 고객 응대가 가능하다. 청소는 외주 인력을 활용해 다음 손님을 받을 준비를 하면 된다. 별도의 광고나 마케팅 비용이 거의 들지 않고, 초기 투자금 중 큰 비중을 차지하는 월세 보증금은 계약 종료 시 돌려받을 수 있는 자금이다. 실패 시 리스크가 상대적으로 낮은 이유다. 정리하면 다음과 같다.

- **시간 노동형(배달, 대리운전):** 직접 움직여야 하며 주 20시간 투자 시 월 200~300만 원이 한계다. 피로 누적으로 본업에 영향을 준다.
- **콘텐츠형(유튜브, 블로그):** 콘텐츠 누적에 최소 6개월 이상 소요된다. 조회 수

의존도가 높아 수익이 불안정하다. 성공 확률은 극히 낮다.
- **투자형(주식, 코인):** 일정 자본과 전문 지식이 필요하다. 손실 위험이 크고, 꾸준한 현금흐름을 만들기 어렵다.
- **공간 판매형(에어비앤비, 모텔):** 초기 세팅 후 앱과 키오스크를 통한 자동화 운영이 가능하다. 청소 위탁이 가능하며, 월 100~200만 원 이상의 비교적 안정적인 수익 구조를 만들 수 있다.

이 지점에서 이런 질문이 나온다. 에어비앤비는 이미 포화 상태가 아닌지, 지금 시작하기에는 너무 늦지 않았는지에 대한 의문이다. 에어비앤비나 모텔을 레드오션이라고 말하는 사람도 많다. 그러나 일반 직장인이 완전히 새로운 블루오션을 개척해 성공할 가능성과 이미 검증된 시장에서 차별화된 콘셉트와 운영 방식으로 자리 잡을 가능성 중 어느 쪽이 더 현실적인 선택일지 생각해볼 필요가 있다.

2026년 현재, 그럼에도 불구하고 에어비앤비와 숙박업을 지금 시작해야 하는 세 가지 이유를 구체적으로 설명한다.

2026년, 외국인 관광객 2,000만 명 시대의 도래

현대경제연구원은 2025년 외국인 관광객 유입 규모를 약 2,009만 명으로 전망하며, 이로 인한 국내 GDP 기여 효과를 약 2.5%, 금액으로는 29조 원 수준으로 추산한 바 있다. 한국관광공사가 운영하는 한국관광데이터랩에 따르면 2025년 실제 한국 방문 외국인 관광객 수는 약 1,894만 명으로 집계됐다. 2,000만 명에는 못 미쳤지만, 코로나 직전인 2019년의 1,750만 명을 크게 상회하는 수치다. 이러한 증가세는 2026년에도 이어져 외국인 관광객 2,000만 명 시대에 진입할 가능성이 높다.

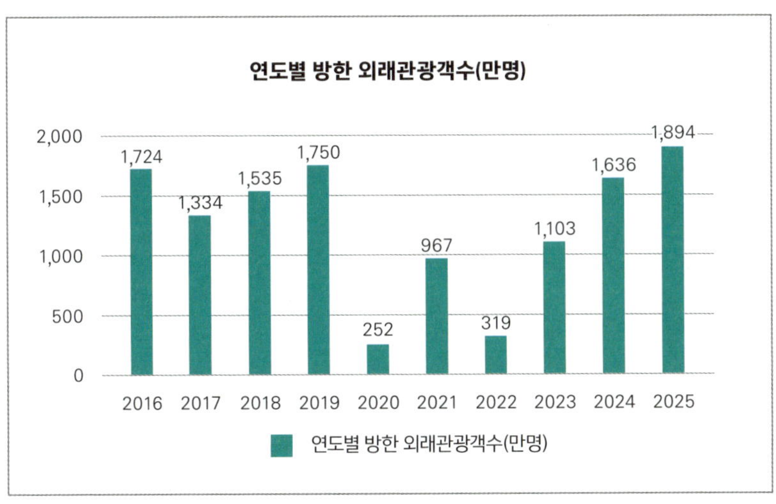

연도별 방한 외래관광객수 [출처: 한국관광데이터랩(datalab.visitkorea.or.kr)]

이 같은 흐름은 숙박업을 포함한 관광 관련 서비스 전반에 강력한 파급 효과를 만들어낸다. 숙박, 음식점, 소매·유통 시장 전반에서 매출 확대와 일자리 증가의 기반이 되고 있으며, 관광 수요의 절대적인 파이가 커지고 있다. 특히 중국, 일본, 대만, 미국 등 주요 국가에서의 방문객이 비교적 고르게 증가하고 있다는 점이 눈에 띈다. 여기에 젊은 여행자, 장기 체류, 이른바 '한 달 살기' 트렌드가 더해지면서 에어비앤비를 비롯한 독립 숙박 플랫폼의 수요는 전방위적으로 확장되는 중이다.

실제로 2024년과 비교했을 때, 2025년에는 서울과 부산 등 주요 도시의 외국인 관광 관련 매출과 명동, 강남, 인천공항 일대의 결제 건수가 매월 신기록을 경신했다. 관광 소비가 특정 시즌에 국한되지 않고 연중 고르게 분산되는 구조로 바뀌고 있다는 점도 중요한 변화다.

그럼에도 불구하고 합법적으로 운영되는 에어비앤비와 숙박 시설의 공급은 여전히 부족하다. 특히 외국인 관광객이 선호하는 '관리 상태가 좋은 숙소', 즉 양질의 숙소는 예약 경쟁이 치열한 상황이 이어지고 있다.

케이팝과 '케데헌' 글로벌 열풍이 만든
관광 수요 폭발

최근 대한민국 관광 시장의 핵심 키워드는 단연 케이팝과 넷플릭스 애니메이션 〈케이팝 데몬 헌터스〉(줄여서 케데헌)의 글로벌 흥행이다. 서울과 부산 등 주요 도시는 케데헌과 케이팝 관련 장소를 찾는 해외 팬들로 빠르게 채워지고 있다. 일부 지역에서는 관광 동선 자체가 바뀌었다고 느껴질 정도다.

케데헌에 등장한 낙산공원, 남산타워, 한강공원 등은 글로벌 팬들 사이에서 '성지'로 자리 잡았다. 이에 따라 유튜브와 인스타그램에서의 언급량이 급증했고, 실제 여행업계의 예약 데이터에서도 변화가 확인된다. 공연, 사우나, 한류 체험 상품은 두 자릿수 증가율을 기록하고 있으며, 이는 단순한 관심이 실제 소비로 연결되고 있음을 보여준다.

이 흐름은 케이팝과 K-콘텐츠가 관광 수요로 직결되고 있다는 분명한 증거다. 외국인 관광객들은 한국식 사우나와 때밀이, 케이팝 댄스 체험, 패션과 음식, 영상 촬영 등 일상 생활에 가까운 경험까지 적극적으로 확장하고 있다. 이러한 체험형 소비가 늘어나면서, 호텔보다 자유도가 높은 에어비앤비에 대한 수요는 사상 최고 수준으로 치솟고 있다.

미신고 숙소 전면 퇴출과
합법 시장 선점 기회

2026년 현재, 에어비앤비에서는 합법적인 인허가를 받은 숙소만 검색과 예약이 가능하다. 외국인관광도시민박업, 실증특례 등 관련 인허가를 갖춘 숙소만 플랫폼에 노출되는 구조로 바뀌었다. 이는 에어비앤비의 정책 변화에 따른 결과다.

2025년 10월 16일부터 국내 에어비앤비에 등록된 모든 숙소는 영업신고 정보와 영업신고증 제출이 의무화됐다. 이를 이행하지 않은 숙소는 2026년 1월 1일부터 예약이 불가능하도록 노출이 차단됐다. 단순한 권고가 아니라 실제 예약 차단으로 이어지는 2단계 규제였다.

그 결과 국내 에어비앤비 등록 숙소 약 7만 2,400개 중 약 41%에 해당하는 3만여 개의 미신고 숙소가 퇴출당한 것으로 추정된다. 실제로 오피스텔이나 아파트처럼 신고가 불가능하거나 관리 주체의 동의를 얻기 어려운 형태의 숙소들이 대거 사라졌다. 이전에는 흔히 볼 수 있었던 유형이지만, 현재는 사실상 시장에서 정리된 상태다.

에어비앤비 코리아와 주요 언론에서도 이 같은 변화를 잇달아 보도했다. 불법 숙소가 강제 퇴출되며 공급은 줄어들고 있지만, 외국인 관광객 수요는 그보다 더 빠르게 증가하고 있다는 분석이다. 이 시점에 신규로 진입하는 운영자라면, 합법 운영을 전제로 하면서도 시장 선점 효과를 기대할 수 있다는 평가도 이어진다.

정리하면, 미신고 숙소의 대규모 퇴출로 공급은 줄어든 반면 외국인 관광 수요는 계속 늘고 있다. 이 구조적 변화가 맞물린 지금은 에어비앤비 시장을 다시 바라볼 필요가 있는 시점이다. 합법적인 숙소를 기반으로 한 운영자에게는 오히려 기회가 열리고 있다.

내 상황에 맞는
숙박업 유형 찾기

공유숙박업 운영을 위한
인허가 종류와 주택 조건

공유숙박업을 준비하는 직장인에게 가장 먼저 필요한 한 가지는 감각적인 인테리어나 마케팅 기술이 아니다. 사업의 지속 가능성을 결정짓는 요소는 '합법적으로 운영할 수 있는 자격'을 갖추었는지 여부다.

같은 에어비앤비 숙소라도 어떤 인허가를 기반으로 운영하느냐에 따라 영업 대상, 영업 가능 범위, 주택 요건, 확장 전략이 완전히 달라진다. 초기 판단을 잘못하면, 수익이 발생하더라도 언제든 중단될 수 있는 구조가 된다. 이번 장에서는 예비 창업자가 반드시 검토해야 할 공유숙박업의 인허가 종류와 주택 조건을 정리한다.

공유숙박업 운영을 위한 인허가의 종류

공유숙박업을 떠올리면 대부분 외국인관광도시민박업, 이른바 '외도민'을 먼저 생각한다. 실제로 현재 에어비앤비에 등록된 숙소 중 상당수가 외도민 인허가를 기반으로 운영되고 있다. 다만 에어비앤비에 등록할 수 있는 인허가는 외도민 하나만은 아니다.

외국인관광도시민박업, 일반숙박업(여관·모텔), 관광호텔업, 한옥체험업, 농어촌민박업등 여러 형태의 숙박업 인허가가 존재한다. 문제는 이 중 상당수가 직장인에게는 이론적으로만 가능한 선택지라는 점이다.

공유숙박업 운영을 위한 인허가별 장단점

구분	주요 대상	인허가별 특징	장단점
관광호텔업	호텔, 호스텔 등	대규모 전문 시설 운영	투자 부담 큼, 전문 인력 필요
일반숙박업	모텔, 여관, 여인숙	신규 허가 어려움	시설 투자 및 관리 필요
한옥체험업	한옥	전통 한옥에서 숙박 체험 제공	매물 구하기 어려움
농어촌민박업	농어촌 지역 주택	농어촌 지역에서 민박 운영 가능	도시 거주 직장인 부업으로 부적합
외국인관광도시민박업	일반 주택	도심 일반 주택 활용 가능	진입장벽 낮음, 직장인에게 현실적인 형태

인허가를 고를 때 가장 중요한 기준은 '현실적인 운영 가능성'과 '접근성'이다. 지금 내 상황에서 실제로 운영 가능한가. 한옥체험업을 예로 들면 매물 자체가 매우 제한적이고, 지역도 특정 관광지에 편중되어 있다. 대부분 도심 거주 직장인에게는 접근성과 관리 측면에서 부담이 크다.

농어촌민박업 역시 도심에서 거리가 멀고, 청소·점검·체크인 관리에 시간이 많이 든다. 주말마다 이동해야 하는 구조라 부업보다는 전업에 가까워진다. 관광호텔업이나 일반숙박업은 초기 투자금이 수억 원 단위로 올라가며 금융, 인허가, 시설 기준까지 고려하면 처음 부업으로 접근하기에는 과하다. 이런 조건을 모두 배제하고 나면 직장인이 현실적으로 선택할 수 있는 인허가는 외국인관광도시민박업으로 수렴된다.

외국인관광도시민박업이란?

외국인관광도시민박업은 도시 지역에 거주하는 주민이 자신이 실제로 거주하는 주택을 활용해 외국인 관광객에게 숙식을 제공하는 업종이다. 핵심은 두 가지다. 도시 지역과 실거주 주택이다.

이 제도는 빈방이나 유휴 주거 공간을 활용해 관광 수요를 분산시키고, 개인이 소규모로 창업할 수 있도록 설계되었다. 그래서 외도민은 대규모 확장보다는 '안전한 1채 운영'에 초점이 맞춰진 제도다.

외도민의 기본 조건과 제한

외도민을 운영하려면 다음 조건을 충족해야 한다.

- 숙박 대상은 외국인 관광객으로 한정
- 신청자는 해당 주택에 실제 거주하는 개인
- 법인 명의 신청은 불가
- 관할 지자체에 등록 후 운영

등록 과정은 비교적 단순하지만 서류 검토와 현장 실사가

[외국인관광도시민박업 등록 안내]

□ 신청인 사전 점검 목록

연번	확인 사항	확인 방법
1	「국토의 계획 및 이용에 관한 법률」에 의한 도시지역에 위치하는지 여부	토지이음(https://www.eum.go.kr) 조회
2	신청인의 주민등록 전입신고 여부	주민등록등본상 해당 호실 전입 확인 • 신청서 제출 전 전입신고 완료
3	「관광진흥법」 제7조에 따른 신청인 결격사유 여부	'행정정보 공동이용 사전 동의서' 작성 및 제출 시, 담당자가 조회
4	「건축법 시행령」에 따른 신청인 본인이 거주하고 있는 단독주택, 다가구주택, 아파트, 연립주택, 다세대주택 중 하나에 해당하는지 여부 • 임대 주택의 경우, 소유권자의 동의 필요 • 다중주택, 오피스텔, 원룸형 구조는 신청 불가	건축물대장상 '건축물의 용도' 확인
5	주택 연면적 230㎡ 미만 여부 •면적은 사업자가 실제 거주하는 곳(방)을 포함 •해당 거주지를 분리하여 일정 면적만을 대상으로 사업 불가	건축물대장 확인
6	부동산의 소유권 또는 사용권 여부	부동산 등기사항 증명서, 임대차계약서 등
7	인접세대, 관리사무소의 동의서	세부 안내 참고
8	노후 건축물에 해당하는지 여부	세부 안내 참고
9	「건축법」등에 위반되는 사항이 없을 것	건축물대장상 '위반건축물' 표기 확인 불법 증축 건축물이 없을 것
10	소방관련 법령에 따라 안전관리시설을 갖출 것	세부 안내 참고
11	외국어 서비스가 가능한 체제를 갖출 것	외국인 관광객과 의사소통 및 안내 가능 또는 통역 어플리케이션 등 활용 가능
12	외국인관광객이 한국의 가정문화를 체험하는데 적합한 시설을 갖추고 위생상태가 청결할 것	
13	내국인 숙박 금지, 성매매 및 사행행위 등 다른 법에 따라 규율되는 불법행위는 금지됨을 숙지하였는지 여부	위반 시, 행정처분 등 관련 법에 의거 처벌받을 수 있음
14	소음, 소란, 매연 및 진동 등 이와 유사한 행위로 이웃 토지의 사용을 방해하거나 이웃 거주자의 생활에 불편을 주지 않도록 해야함을 숙지하였는지 여부	이웃 거주자에게 불편을 주지 않도록 외국인관광도시민박업 이용객에게 해당 사항을 철저하게 고지하며, 민원 발생 등에 유의하여 운영

외국인관광도시민박업 신청인 사전 점검 목록
[출처: 서울 동대문구청 홈페이지]

포함된다. 사업계획서, 주민등록 관련 서류, 주택 구조 확인 등을 거쳐 지자체장 명의의 등록증을 발급받는다. 여기까지 보면 "생각보다 어렵지 않다"고 느낄 수 있다. 하지만 진짜 중요한 조건은 따로 있다.

실거주 요건이 만드는 구조적 한계

외도민의 가장 큰 특징이자 제약은 실거주 요건이다. 1인 1주택, 실거주를 전제로 하기 때문에 다음과 같은 경우에는 문제가 발생한다.

- 전입신고가 불가능한 주택
- 이미 다른 곳에 실거주 중인 경우
- 여러 채를 동시에 운영하고 싶은 경우

이 때문에 외도민은 수익이 안정화되더라도 같은 방식으로 숙소 수를 늘리기 어렵다. 실제로 운영을 해보면 "이 구조로는 2채, 3채는 어렵겠구나"라는 판단이 비교적 빠르게 선다.

여러 개의 에어비앤비를 운영하는 사람들은 불법일까?

현장에서 가장 많이 받는 질문이다. 결론부터 말하면 반드시 불법은 아니다. 외도민은 개인 단위 인허가이기 때문에 가족이나 친지 명의로 각각 인허가를 받고, 실질적인 운영과 관리는 한 사람이 맡는 방식이 존재한다. 또는 외도민이 아닌 생활형 숙박시설, 한옥체험업 등 다른 숙박업 인허가를 활용한 경우도 있다. 다만 이 방식은 처음 시작하는 직장인에게 권할 수 있는 구조는 아니다. 명의 문제, 세금 문제, 책임 소재가 얽히기 시작하면 수익보다 리스크가 먼저 커진다.

처음 시작하는 직장인에게 현실적인 전략

이제 막 공유숙박업을 시작하려는 직장인이라면 여러 채 운영을 목표로 하기보다는 외도민 한 곳을 기준으로 운영 경험을 쌓는 단계로 접근하는 것이 안전하다.

인허가 흐름을 직접 경험해보고, 민원 발생 포인트를 체감하고, 실제 운영에 들어가는 시간을 계산해본 뒤 그 다음 단계에서 확장 여부를 판단해도 늦지 않다. 무리한 확장은 운영 리스크와 법적 리스크를 동시에 키운다.

외국인관광도시민박업 등록을 위한 주택 조건

외도민 인허가에서 가장 많은 탈락 사례가 발생하는 구간은 '운영 방식'이 아니라 주택 조건이다. 광고 글이나 중개사 설명만 믿고 계약을 진행했다가 건축연한, 구조, 면적 요건에서 막혀 인허가 자체가 불가능해지는 경우도 적지 않다.

아래 조건들은 외도민 인허가를 전제로 매물을 검토할 때 계약 전 반드시 확인해야 할 최소 기준이다.

건축연한

외도민 인허가를 위해 매물을 찾을 때 가장 먼저 확인해야 할 항목은 주택의 건축연한이다. 대부분의 지자체에서는 안전상의 이유로 준공 후 30년 이내 주택에 한해 외도민 인허가를 허용하고 있다. 이는 서울특별시 관광진흥 조례, 각 구청별 민박업 인허가 내규 그리고 「관광진흥법 시행규칙」에 근거한 안전 기준이다.

다만 여기서 중요한 점은 '30년 이내'라는 기준이 전국 공통은 아니라는 사실이다. 어떤 구는 30년 이내, 어떤 구는 25년 이내, 일부 지역은 구조·보강 상태에 따라 예외 인정처럼 관할 구청마다 적용 기준이 다르다. 따라서 매물을 볼 때는 부동산 설명이나 체감 연식이 아니라 건축물대장상 '사용승인일'을 기준으로 판단해야 한다. 실무적으로는 건축물대장을 확인한 뒤, 해당 구청 관광·위생 관련 부서 담당자에게 "이 주소, 이 연식으로 외도민 인허가 가능 여부"를 사전에 문의하는 절차가 필수다.

투룸 이상 주택

외도민은 투룸(방 2개) 이상인 주택에서만 인허가가 가능하다. 이는 '운영자와 게스트의 개인 공간을 분리해 최소한의 프라이버시를 보장해야 한다'는 입법 취지에 따른 요건이다.

즉, 단순히 방 개수가 아니라 실제 분리된 생활 공간이 가능한 구조인지가 핵심이다. 이 기준 때문에 원룸 구조의 주택은 외도민 인허가 대상이 아니다. 여기서 많은 사람이 혼란을 겪는다.

국내에서 에어비앤비를 이용해본 경험이 있다면 원룸 오피스텔에서 운영되던 숙소를 직접 이용했거나 본 적이 있을 수 있다. 하지만 그 대부분은 외도민 인허가를 받지 않은 불법 숙소였다.

오피스텔은 건축법상 주택으로 분류되지 않는 경우가 많고, 방이 하나인 구조에서는 외도민 요건을 충족할 수 없다. 특히 주의할 점은 2026년 1월 1일부터 영업신고증이 없는 숙소들이 에어비앤비 플랫폼에서 대거 정리되었다는 사실이다.

연면적 230㎡ 이하

일부 지자체에서는 외도민 인허가 시 연면적 기준을 함께 적용한다. 대표적인 기준이 연면적 230㎡ 이하(약 70평)다. 이 기준은 외도민이 사실상 대규모 숙박업으로 변질되는 것을 막고, 주거 지역 내 민원과 소음을 최소화하기 위한 장치다.

연면적 기준 역시 전국 공통은 아니며, 관할 구청 조례에 따라 적용 여부가 달라진다. 실무에서 주의할 점은 전용면적이 아니라 연면적 기준이라는 점이다.

실증특례 제도와 하이브리드 운영 전략

외국인관광도시민박업을 검토하다 보면 많은 예비 운영자가 동일한 한계에 부딪힌다. "외국인 손님만 받다 보니 비수기에는 예약이 비어 있다." "주말·연휴 내국인 수요를 그냥 흘려보내고 있다." 이 지점에서 대안으로 거론되는 제도가 공유숙박 실증특례다.

공유숙박 실증특례란 무엇인가

공유숙박 실증특례는 외도민의 구조적 한계인 내국인 숙박 제한을 보완하기 위해 도입된 ICT 규제샌드박스 제도다. 이 제도를 활용하면 외국인과 내국인 모두를 대상으로 연간 최대 180일까지 합법적인 공유숙박 운영이 가능하다.

현재 실증특례 기반 공유숙박이 가능한 대표 플랫폼으로는 '위홈',

'미스터멘션'이 있다. 중요한 점은 이 제도가 '불법을 눈감아주는 제도'가 아니라 명확한 기간과 조건을 전제로 허용된 예외 제도라는 사실이다.

실증특례의 기본 요건

실증특례를 활용한 공유숙박 역시 외도민과 동일한 주택 요건을 요구한다. 즉, 원룸 구조나 오피스텔은 실증특례에서도 허용되지 않는다. 다만 외도민과 다른 점도 분명하다.

- 투룸 이상 구조
- 다세대·단독·다가구 주택
- 전입신고를 통한 실거주 요건

실증특례의 가장 큰 차이점

실증특례는 서울과 부산 전역에서만 신청 가능하며, 외도민과 달리 건축연한 제한이 없다. 이 때문에 외도민 인허가가 가능한 주택을 찾다가 건축연한 기준에서 계속 탈락한 사람들이 차선책으로 실증특례를 선택하는 경우가 늘고 있다.

실제 현장에서도 "외도민은 30년 기준에서 막혔는데 실증특례는 가능했다"는 사례를 종종 접하게 된다. 이쯤 되면 이런 의문이 생긴다.

"그럼 굳이 외도민 인허가를 고생해서 받을 필요 없이, 건축연한 제한 없는 집을 찾아 실증특례만으로 에어비앤비를 운영하면 되는 것 아닌가요?"

겉으로 보면 합리적인 질문이다. 하지만 실제 운영 관점에서는 두 제도 사이에 명확한 차이가 있다.

외도민과 실증특례의 결정적 차이

외국인관광도시민박업은 원칙적으로 외국인만 받을 수 있지만 영업일수 제한은 없다. 반면 실증특례는 내국인과 외국인을 모두 받을 수 있지만 연간 180일 이내라는 명확한 제한이 붙는다. 즉, 실증특례만으로 운영할 경우 수요가 있어도 절반 이상은 문을 닫아야 하는 구조가 된다.

이 차이를 이해하지 못한 채 실증특례만으로 시작했다가 "생각보다 영업일수가 너무 짧다"고 뒤늦게 깨닫는 경우도 적지 않다.

그래서 등장하는 하이브리드 운영 전략

여기서 활용할 수 있는 전략이 하이브리드 운영이다. 외도민 인허가 숙소는 대부분 실증특례 신청 요건을 함께 충족한다. 즉, 외도민 인허가를 기반으로 연중 외국인 관광객을 안정적으로 유치하면서, 실증특례 허용 범위 내에서 내국인 수요까지 흡수하는 방식이 가능하다. 구조를 정리하면 다음과 같다.

- 외국인 손님: 연중 365일 제한 없음 (외도민)
- 내국인 손님: 연간 180일 이내 (실증특례 범위)

이렇게 운영하면 비수기 공실률을 줄이고, 주말·연휴 내국인 수요를 놓치지 않으며, 수익 구조의 변동성을 크게 낮출 수 있다.

실전에서 이 전략이 유효한 이유와 주의점

실제 운영 데이터를 보면 외국인 수요는 계절성과 환율, 항공편에 영향을 받고 내국인 수요는 주말·연휴·행사 일정에 민감하다. 이 두 수요를 제도적으로 분리해 받아낼 수 있다는 점이 하이브리드 운영의 가장 큰 장점이다. 단일 제도에만 의존하는 숙소보다 예약 흐름이 안정되고, 운영자의 심리적 부담도 크게 줄어든다.

다만 하이브리드 운영 역시 만능 해법은 아니다. 실증특례는 제도 자체가 한시적이며, 지자체 정책 방향에 따라 변경 가능성이 있다. 또한 플랫폼별 운영 규칙이 상이하다. 따라서 장기 사업 구조의 '핵심 축'이라기보다는 수익 보완용 전략으로 활용하는 접근이 현실적이다.

달라진 외도민, 이제 30년 넘은 노후주택에서도 가능

그동안 외국인관광도시민박업을 준비하는 과정에서 가장 많은 매물이 탈락하던 이유는 단연 건축연한이었다. 도심 내 입지와 구조는 충분히 좋은데 "사용승인일이 30년을 조금 넘었다"는 이유만으로 검토 대상에서 제외되는 경우가 반복됐다. 하지만 최근 외도민 관련 지침 개정과 지자체별 내부 운영 기준 변화로 인해 노후주택에 대한 등록 기준이 일부 완화되었다.

무엇이 달라졌나

핵심 변화는 명확하다. 기존에는 '준공 후 30년 이내'라는 기준이 사실상 절대 조건에 가까웠다면, 이제는 30년이 넘은 주택이라도 전문가의 안전성 검증을 통과할 경우 외도민 등록이 허용될 수 있는 구조로 바뀌었다. 즉, 건축연한이 곧바로 탈락 사유가 되지는 않는다는 뜻이다. 이 변화는 도심 내 관광 수요가 풍부하지만 주택 연식 때문에 배제되던 지역들, 특히 구축 주택 밀집 지역에서 새로운 선택지를 만들어준다.

신규 진입자에게 의미하는 바

이 완화 조치는 이제 막 공유숙박을 시작하려는 신규 진입자에게 분명한 기회 요인이다.

- 선택 가능한 매물 풀이 넓어지고
- 상대적으로 임대료가 낮은 구축 주택도 검토 가능하며
- 입지는 좋지만 연식이 오래된 지역을 활용할 수 있다

실제 현장에서도 "30년 기준 때문에 막혔던 매물이 다시 검토 대상에 올라왔다"는 사례가 늘고 있다. 다만 여기서 중요한 전제가 있다.

규제 완화 = 무조건 허용은 아니다

많은 사람이 "이제 30년 넘은 집도 다 된다"고 과도하게 해석하는 경우가 있다. 하지만 실제로는 안전성 검증이라는 새로운 관문이 추가된 것에 가깝다. 노후주택으로 외도민 등록을 진행할 경우 전문가에 의한 안전진단을 거쳐야 하며, 이 과정에서 주택의 상태가 정밀하게 검토된다.

이때 가장 문제가 되는 점이 불법 증축, 무단 변경, 구조 위반이다.

- 베란다 확장 미신고
- 다락 구조 변경
- 벽체 철거 등 구조 변경

이런 위반 사항이 발견되면 해당 건물은 위반건축물로 등재될 수 있고, 외도민 인허가는 즉시 거부된다. 한 번 위반건축물로 등록되면 정상화에 상당한 시간과 비용이 들어간다.

비용과 시간도 고려해야 한다

안전진단은 서류로 대체되는 절차가 아니다. 실제 전문가가 현장을 방문해 구조, 마감, 안전 요소를 확인하는 과정이 필요하다. 주변 사례를 기준으로 보면 안전진단 수임료는 평균적으로 약 50만 원에서 100만 원 수준이 발생한다.

여기에 진단 결과에 따른 보완 공사나 추가 서류 요구가 발생할 수도 있다. 즉, "연식이 오래된 대신 임대료가 싸다"는 이유만으로 접근하면 총비용 기준에서는 오히려 불리해질 수 있다.

실전에서의 판단 기준

노후주택을 외도민 후보로 검토할 때는 다음 기준으로 판단하는 것이 현실적이다.

- 입지 경쟁력이 확실한가
- 불법 증축 가능성이 낮은 구조인가
- 안전진단 비용을 감안해도 수익성이 남는가
- 인허가 지연을 감내할 여유가 있는가

이 중 하나라도 애매하다면 굳이 노후주택을 선택할 이유는 없다. 규제 완화는 안 되는 것을 억지로 가능하게 만드는 수단이 아니라 조건이 맞는 경우에만 활용하는 옵션이다.

11. (노후건축물만 해당) 건축물의 안정성을 입증할 수 있는 자료
 - 철골·철근콘크리트 구조 등 강구조 건축물의 경우 30년, 그 외 구조(예: 연와조, 벽돌조, 조적조 등)의 경우 20년이 도래하면 노후 건축물에 해당
 - 관련 전문가(건축물관리법 제18조 제1항 각호의 건축사, 건설엔지니어링사업자, 안전진단전문기관, 국토안전관리원, 건축기술사 등)가 작성한 안정성을 입증할 수 있는 자료
(예시: 구조안전확인서, 안전점검보고서, 소규모 노후 건축물 점검 보고서 중 한 개 제출)
 ※ 점검 보고서 상 <주요 구조체>에 투숙객의 안전을 해칠 만큼의 중대한 결함이 없고 건축물에 대한 추가적인 <정밀 점검>, <정밀안전진단>이 필요 없는 경우 외국인관광도시민박업 신청 가능.
 ※ '외국인관광 도시민박업을 운영과 관련해 해당 건축물이 안전하다'는 내용을 포함하여 점검 보고서를 작성 요망.

노후건축물 안정성 입증 관련 안내문
[출처: 서울 동대문구청 홈페이지]

소유한 주택이 있는 경우

공유숙박업을 준비하는 과정에서 가장 먼저 나오는 질문이 있다.

"내 집이 있어야 가능하지 않나요?"

결론부터 정리하면, 주택 소유 여부는 사업의 가능·불가능을 가르는 기준은 아니다. 다만 내가 가진 집을 활용하는지, 타인의 집을 임차해 운영하는지에 따라 운영 전략과 수익 구조, 그리고 감수해야 할 리스크의 성격이 달라진다.

내 집이 있다면 임대인의 동의를 구할 필요가 없고, 인테리어와 설비 투자 역시 비교적 자유롭다. 중도 해지나 원상복구 문제에서도 유리한 위치를 점한다. 반대로 모든 '내 집'이 공유숙박이나 숙박형 임대에 적합한 것은 아니다. 주택의 유형에 따라 선택해야 할 전략은 명확히 갈린다.

오피스텔 & 아파트: 외도민을 고집하지 않는 현실적인 해법

오피스텔과 아파트는 공유숙박업 관점에서 보면 진입 장벽이 가장 높은 유형이다. 하지만 동시에 단기임대 수요가 가장 안정적인 자산이기도 하다. 핵심은 "외도민이 되느냐"가 아니라 이 주택에서 합법적으로 돈이 되는 구조가 무엇인가를 판단하는 일이다.

오피스텔: 외도민 불가 주택에서 수익을 만드는 단기임대 전략

오피스텔 소유자라면 가장 먼저 짚고 넘어가야 할 사실이 있다. 오피스텔은 법적으로 주택이 아닌 업무시설로 분류되는 경우가 대부분이며, 이로 인해 외국인관광도시민박업이나 공유숙박 실증특례 대상이 되지 않는다. 즉, 에어비앤비에 '합법적인 숙박업소'로 등록하기는 불가능하다.

여기서 많은 사람이 포기한다. 하지만 실제로는 다른 선택지가 있다. 오피스텔은 '숙박업'이 아닌 '단기임대' 방식으로 접근할 때 가장 효율적인 수익 구조를 만들 수 있다.

삼삼엠투(www.33m2.co.kr), 리브애니웨어(www.liveanywhere.me), 엔코스테이(stay.enko.kr) 같은 단기임대 플랫폼은 임대차 계약을 기반으로 운영되기 때문에 별도의 숙박업 인허가가 없이도 합법적인 운영이 가능하다.

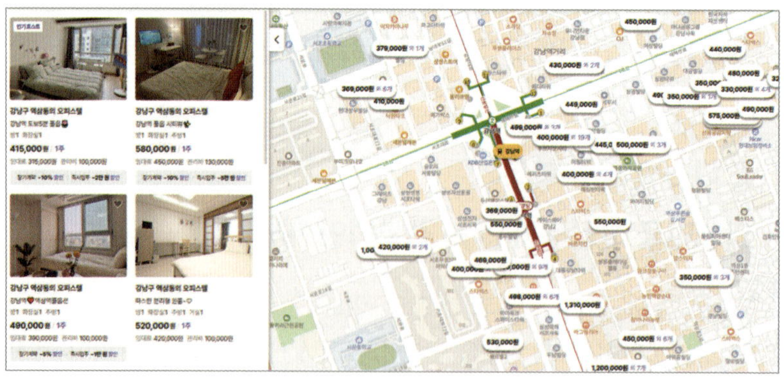

강남역 주변의 원룸 오피스텔 단기임대 숙소 현황 [출처: 삼삼엠투]

중요한 점은 이 방식이 '차선책'이 아니라 오피스텔에는 오히려 최적화된 전략이라는 사실이다. 수익 구조 역시 단순하다. 주변 월세 시세보다는 약간 높게, 레지던스 호텔이나 인근 에어비앤비 숙소보다는 낮게 가격을 설정하면 공실 없이 꾸준한 수요를 확보할 수 있다.

> **TIP**
> **수익화 TIP**
>
> 주변 월세 시세보다 조금 높게, 레지던스 호텔이나 주변 에어비앤비 숙소보다는 저렴하게 가격을 책정하라! 일반 월세 수익률(4~5%)을 넘어 10% 이상의 수익률도 충분히 기대할 수 있다.

아파트: 실거주 요건을 유지하며 현금흐름을 만드는 방법

아파트는 이론적으로 외도민 인허가가 가능하다. 하지만 현실에서는 '이웃 세대 동의'라는 매우 높은 장벽이 존재한다. 특히 대단지 아파트일수록 민원 가능성이 높고, 관리사무소 단계에서부터 제동이 걸리는 경우가 많다.

이 때문에 아파트 역시 외도민을 고집하기보다는 단기임대 관점에서 전략을 다시 짜는 편이 현실적이다. 여기서 주목해야 할 수요가 바로 '리모델링 대체 주거 수요'다.

구축 아파트 단지가 밀집한 지역에서는 리모델링 공사 기간(보통 4~8주) 동안 머물 곳이 필요한 3~4인 가족 수요가 꾸준히 발생한다. 이들은 모텔이나 호텔보다는 '가족이 생활할 수 있는 아파트'를 선호한다.

가전과 가구가 모두 갖춰진 풀옵션 아파트는 체감상 호텔보다 훨씬 편리한 선택지다. 또한 공사 기간이 길어질수록 호텔 숙박비 부담이 커지기 때문에 아파트 단기임대는 가격과 생활 편의성 양쪽에서 경쟁력이 생긴다. 실제로 광명 하안주공 아파트 단지처럼 구축 단지가 밀집된 지역에서는 이런 수요를 겨냥한 단기임대가 지속적으로 운영되고 있다.

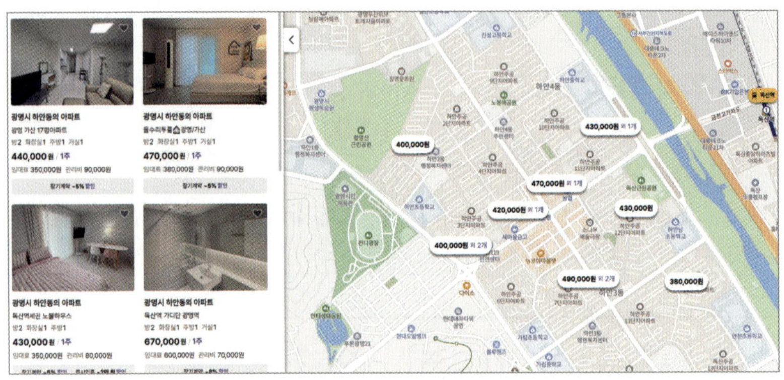

광명 하안주공 아파트에 등록된 단기임대 숙소 현황 [출처: 삼삼엠투]

소유 주택 활용의 숨은 장점: 절세와 현금흐름의 결합

소유 주택을 활용한 단기임대의 또 다른 장점은 절세와 현금흐름을 동시에 고려할 수 있다는 점이다. 조정대상지역 아파트에서 실거주 비과세 요건을 유지해야 하거나, 주택담보대출 실행으로 전세 임대가 어려운 경우라면 일반 월세 대신 단기임대가 훨씬 유리한 선택이 될 수 있다. 전입신고를 유지한 채 대출 이자를 상회하는 수익을 만들 수 있기 때문이다. 이는 '실거주'와 '수익형 부동산'을 이분법적으로 나누지 않고, 한 채의 집으로 두 역할을 동시에 수행하게 만드는 전략이다.

단독 & 다가구주택: 에어비앤비부터 통건물 운영까지

단독주택이나 다가구주택처럼 건물 전체를 소유하고 있는 경우라면, 공유숙박업에서 선택할 수 있는 전략의 폭은 확연히 넓어진다. 외도민, 실증특례, 단기임대, 나아가 통건물 숙박업까지 제도적으로 막히는 구간이 상대적으로 적고, 운영 방식 역시 소유자의 의지에 따라 유연하게 설계할 수 있다.

다만 가능성이 많다는 것은 그만큼 전략을 잘못 세우면 비용과 리스크가 함께 커진다는 뜻이기도 하다. 주택 유형별로 접근 방식을 분리해 이해할 필요가 있다.

단독주택: '희소성'을 상품으로 만들어 객단가를 올려라

단독주택은 공유숙박업 관점에서 가장 이상적인 자산 중 하나다. 이웃 세대의 동의를 받을 필요가 없고, 공용 공간에 대한 민원 리스크도 낮아 외국인관광도시민박업 인허가를 비교적 자유롭게 받을 수 있다.

이때 단독주택의 경쟁력은 '저렴함'이 아니라 희소성이다. 서울 시내 기준으로 방 4개 이상, 화장실 2개 이상을 갖춘 대형 숙소는 전체 에어비앤비 숙소 중 400개도 채 되지 않는다.

이 구조는 10인 이상 대가족 여행객, 두 세대가 함께 움직이는 가족 모임 혹은 소규모 단체 여행객에게 대체 불가능한 선택지가 된다. 이 시장에서는 가격 경쟁이 거의 의미가 없다. 수요 대비 공급이 절대적으로 부족하기 때문이다.

- **단독주택의 확실한 차별화: 반려동물 동반 전략**

단독주택이라면 '반려동물 동반(Pet Friendly)' 숙소로 특화하는 전략도 매우 효과적이다. 임차 주택과 달리 집주인 눈치를 볼 필요가 없고, 마루·벽지·가구 선택부터 반려동물 친화적으로 설계할 수 있다. 이 전략의 장점은 명확하다.

- 숙박비를 높게 책정해도 수요가 유지된다
- 추가 청소비를 받는 구조가 자연스럽다
- 리뷰 충성도가 매우 높다

반려동물 동반 여행객은 숙소 선택 기준이 까다로운 대신, 조건만 맞으면 재방문율이 높다. 단독주택은 이런 특화 전략을 구현하기에 가장 적합한 물리적 조건을 갖춘 자산이다.

다가구주택: '방 많은 집 = 여러 개 숙소'라는 착각

다가구주택 소유자가 가장 흔하게 하는 오해는 이것이다.

"방이 5개 있으니 5개 다 에어비앤비로 돌리면 되겠지."

하지만 외도민이나 실증특례는 일반적으로 전입신고가 된 '1개 호실' 기준으로만 인허가가 나온다. 즉, 다가구주택이라고 해서 각 방마다 숙박업 인허가를 받을 수 있는 구조는 아니다. 이 지점에서 '1세대 1허가'라는 한계에 부딪히게 된다.

- **전략 1: 가족 명의를 활용한 호실 분산 운영**

첫 번째 전략은 가족이나 친지의 명의를 활용하는 방식이다. 내가 전입신고한 호실 외에 다른 호실에 가족 또는 친지 명의로 전입신고를 한 뒤, 각각 인허가를 받아 대표자가 통합 관리하거나 공동 운영하는 구조다.

실무에서는 이 방식으로 2~3개 호실까지 확장하는 사례가 존재한다. 다만 이 경우에는 명의 문제, 수익 배분, 세금 신고 구조를 처음부터 명확히 설계하지 않으면 운영이 복잡해질 수 있다. 초기 단계에서는 무리한 확장보다는 '가능한 구조가 있다'는 정도로 이해하는 것이 적절하다.

• 전략 2: 통건물 숙박업(호스텔업)으로의 전환

다가구주택의 진짜 잠재력은 아예 호스텔업 등 숙박업으로 용도 전환을 시도할 때 드러난다. 건물 구조, 대지 조건, 용도지역이 충족된다면 건물 전체를 하나의 합법적인 숙박시설로 운영할 수 있다. 이 경우 월세 수익과는 비교할 수 없는 현금흐름이 만들어진다.

또 하나의 장점은 건물 가치 상승이다. 단순 주거용 다가구주택이 아니라 '운영 실적이 있는 숙박 자산'으로 평가받기 때문에 매각 시 시세차익 역시 기대할 수 있다. 물론 이 전략은 인허가, 리모델링, 자본 투입이 수반되므로 초기 진입 장벽은 높다. 하지만 다가구주택을 이미 소유하고 있다면 장기적으로 검토해볼 만한 선택지다.

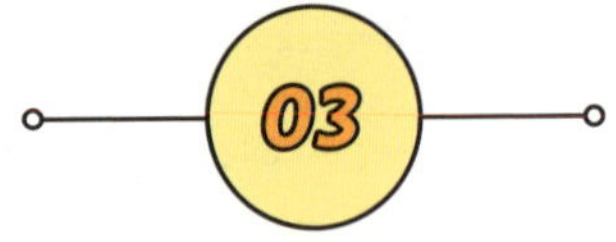

소유한 주택이 없는 경우

공유숙박업은 반드시 내 집이 있어야만 가능한 사업이 아니다. 오히려 주택을 소유하지 않은 상태에서 시작하는 방식이 초기 투자 비용을 줄이고, 시장 변화에 따라 빠르게 방향을 틀 수 있다는 점에서 부업으로는 더 합리적인 선택이 되기도 한다.

임차 운영의 핵심 장점은 명확하다. 매입 부담이 없고, 보증금과 초기 세팅 비용만으로 시작할 수 있으며, 수익성이 기대에 못 미칠 경우 철수 역시 상대적으로 자유롭다. 이때 반드시 짚고 넘어가야 할 변수는 두 가지다. 어디에서 시작할 것인가. 그리고 내가 투입할 수 있는 시간은 어느 정도인가다. 두 요소가 임차 운영의 성패를 사실상 결정한다.

지역별 진입 전략: 내 거주지가 방향성을 결정한다

공유숙박업은 '수익률이 가장 높아 보이는 지역'이 아니라 내가 실제로 관리할 수 있는 거리와 생활 동선 안에서 시작하는 편이 안전하다. 청소, 비품 보충, 긴급 대응까지 고려하면 현재 거주지와 너무 먼 숙소는 부업의 범위를 쉽게 넘어선다. 따라서 임차 운영은 내 거주 지역의 특성과 제도 환경에 맞춰 전략을 달리 가져가야 한다.

서울·부산: '외도민 + 실증특례' 하이브리드 전략이 기본값

서울과 부산은 외국인 관광객과 내국인 수요가 동시에 풍부한 핵심 지역이다. 이 두 도시에서 임차 운영을 고려한다면 외국인관광도시민박업과 실증특례를 병행하는 하이브리드 전략은 선택이 아니라 기본값에 가깝다.

- 외도민: 외국인 대상, 연중 365일 운영
- 실증특례: 내국인 포함, 연 180일 운영

이 구조를 활용하면 비수기와 성수기의 수요 편차를 완화할 수 있고, 주말·연휴 내국인 수요를 흘려보내지 않아도 된다. 임차 매물을 고를 때도 소극적으로 접근할 필요가 없다. 어설픈 투룸보다는 방 3개 이상 대형 평형을 과감하게 노리는 편이 낫다.

1인 1사업장 구조에서 매출의 상단을 결정하는 요소는 결국 수용 인원이다. 한 팀을 더 받는 구조보다 한 번에 많은 인원을 받는 구조가 운영 피로도 대비 수익이 훨씬 안정적이다.

수도권·지방: '입지'가 곧 전략이다

서울·부산을 제외한 수도권과 지방에서는 실증특례 적용이 어렵다. 이 경우 전략은 자연스럽게 단순해진다. 외국인은 외도민으로, 내국인은 단기임대 전략이다.

즉, 내국인 수요는 숙박이 아닌 임대 방식으로 흡수해야 한다. 이 지역에서 가장 중요한 변수는 시설이 아니라 입지 자체다. 막연하게 '관광지 근처'를 찾기보다 다음 조건을 우선적으로 살펴보자.

관광지·골프장·리조트 인접 지역이나 일자리가 밀집된 산업단지 인근, 교통 중심지(역·터미널) 혹은 대학병원 주변이라면 좋다. 이런 지역의 공통점은 숙박 수요는 꾸준하지만, 노후 숙박시설 비중이 높다는 점이다. 즉, 새 숙소가 들어올 여지가 크다.

• 관광지 인근 사례: 용인시 기흥·처인구 일대

용인시 기흥구와 처인구는 서울에서 차량으로 1시간 내외 거리이면서 에버랜드, 한국민속촌 등 내·외국인이 모두 찾는 관광지가 밀집한 지역이다. 여기에 골프장, 리조트, 스키장 수요까지 더해지지만 시설이 괜찮은 숙박시설은 상대적으로 부족하다. 이런 지역은 임차 공유숙박이 수요 대비 공급 공백을 파고들기 좋은 환경이다.

수요 대비 공급이 부족한 용인 기흥구와 처인구 일대 에어비앤비 숙소 현황 [출처: 에어비앤비]

• 교통 중심지 & 병원 수요 사례: 미금역 주변

미금역 일대는 신분당선과 수인분당선이 교차하는 더블 역세권으로 접근성이 뛰어난 지역이다. 특히 분당서울대병원과 인접해 있어 지방에서 진료를 위해 올라오는 환자 보호자, 장기 실습에 들어오는 간호·의료 인력 수요가 꾸준하다. 이들은 모텔은 꺼리고, 호텔은 부담스러워하는 경우가 많다. 이때 공유숙박이나 단기임대는 가격과 생활 편의성 측면에서 가장 합리적인 대안이 된다.

미금역 주변에 등록된 에어비앤비 현황 [출처: 에어비앤비]

농어촌 지역: '농어촌민박업'이라는 확실한 해법

제주도나 지방 소도시의 읍·면 지역이라면 전략은 오히려 단순해진다. 농어촌민박업을 활용하면 된다. 농어촌민박은 도시민박업에 비해 주택 요건이 덜 까다롭고, 내국인 숙박도 합법적으로 가능하다. 임차인이라 하더라도 해당 지역에 3년 이상 거주했고, 2년 이상 민박 운영 계획이 있다면 주택 소유 없이도 사업자 등록이 가능하다.

실제로 제주도의 많은 감성 숙소들이 이 방식으로 운영되고 있다. 도심과 달리 농어촌 지역에서는 '제도 선택'보다 '콘셉트와 운영 완성도'가 성패를 좌우한다는 점도 기억해야 한다.

시간 관리 전략: 본업이 있는 당신을 위한 운영 노하우

공유숙박으로 수익을 내는 일도 중요하지만, 직장인에게 더 중요한 전제는 분명하다. 본업에 지장이 없어야 한다는 점이다. 이 원칙이 흔들리는 순간, 부업은 곧 스트레스의 원인이 되고 결국 오래 가지 못한다.

공유숙박은 겉으로 보면 원격으로 운영하는 온라인 사업처럼 보이지만, 실제 운영해보면 현장 대응이 반복적으로 발생하는 오프라인 비즈니스에 가깝다. 따라서 숙소 운영 방식은 '얼마나 벌고 싶은가'보다 내가 하루에 쓸 수 있는 시간이 얼마나 되는가를 기준으로 설계해야 한다.

시간 빈곤형(직장인): "퇴근길 케어 가능?"이 첫 기준이다

아침 9시부터 저녁 6시까지 사무실에 묶여 있는 직장인이라면, 첫 숙소의 위치는 사실상 정해져 있다. 집 근처 또는 회사 근처. 이 기준을 벗어나면 운영 난이도는 급격히 올라간다. 공유숙박에서 발생하는 문제는 대부분 예고 없이 찾아온다.

- "보일러가 갑자기 안 돼요."
- "변기가 막혔어요."
- "전기가 나갔어요."

이런 연락은 주말이나 밤늦은 시간에도 가리지 않고 온다. 실제 운영 과정에서는 콘센트가 타면서 전기가 내려가거나, 여름 장마철 누수로 천장에 곰팡이가 번지는 상황도 발생한다. 이런 문제를 "내일 가서 볼게요"라고 넘길 수 있는 경우는 거의 없다. 대응이 늦어질수록 환불 요청이나 낮은 평점으로 직결된다.

그래서 시간이 부족한 사람일수록 물리적 거리를 최대한 좁혀야 한다. 퇴근길에 들러 30분 안에 상황을 파악하고 조치할 수 있는 거리라면 문제는 '관리' 수준에서 끝난다. 반대로 이동에 1시간 이상이 걸리는 숙소라면 작은 문제도 리스크로 커진다. 시간 빈곤형 직장인에게 직주근접은 선택이 아니라 리스크 관리 전략이다.

시간 여유형(프리랜서·전업주부): 매출의 상단을 열어라

반대로 시간을 비교적 자유롭게 쓸 수 있는 사람이라면 전략은 완전히 달라진다. 이 경우에는 숙소를 '관리 가능한 범위'에만 가두지 말고, 매출이 가장 잘 나오는 지역으로 시야를 넓히는 전략이 합리적이다. 대표적인 곳이 서울과 부산 같은 관광·비즈니스 수요가 집중된 도시다.

이 지역에서는 입지만 확보된다면 객단가와 회전율 모두에서 지방과 비교할 수 없는 구조가 나온다. 시간 여유형 운영자의 강점은 청소, 세탁, 비품 관리까지 직접 컨트롤할 수 있다는 점이다. 이 과정에서 인건비를 아끼면 수익률은 눈에 띄게 올라간다.

관리 효율을 높이는 핵심: '장기 숙박' 중심 운영

시간 여유형 운영자에게 가장 추천하는 방식은 최소 5박 이상 장기 숙박 위주의 예약 구조다. 체크인과 체크아웃이 줄어들면 청소 횟수와 소모 비용이 크게 감소한다. 동시에 게스트 응대 빈도도 줄어 운영 피로도가 눈에 띄게 낮아진다.

실제 사례를 보면, 경기 남부에 거주하는 전업주부가 서울 강북의 숙소를 관리하며 월급 이상의 수익을 꾸준히 올리고 있는 경우도 있다. 이 구조의 핵심은 명확하다.

- 시간이라는 자산을 직접 투입하고
- 대신 매출의 상단을 크게 가져간다

시간 여유형에게 '시간'은 비용이 아니라 투자 자원이다.

시간 전략을 잘못 세우면 생기는 문제

가장 흔한 실패 패턴은 시간 빈곤형인데도 시간 여유형 전략을 그대로 따라 하는 경우다. 멀리 있는 숙소, 잦은 체크인·아웃, 외주 관리에 대한 과도한 의존은 본업과 부업을 동시에 갉아먹는다.

반대로 시간 여유형임에도 너무 보수적인 소형 숙소에 머무르면 노력 대비 수익이 제한된다. 따라서 시간 관리 전략은 운영 방식 이전에 자기 상황을 냉정하게 구분하는 것에서 시작해야 한다.

3장

직장인 에어비앤비 실전 운영 꿀팁 대공개

에어비앤비 부동산을 구할 때 반드시 고려할 점

좋은 에어비앤비 매물을 구하는 일은 공유숙박 창업의 성패를 가르는 핵심 단계다. 과장이 아니라, 성공의 절반은 매물 선정에서 이미 결정된다고 해도 무리가 없다.

문제는 요즘 시장 상황이다. 경쟁이 치열해지면서 발품을 아무리 팔아도 원하는 조건의 매물이 바로 나오지 않는 경우가 대부분이다. 실제로 최근에는 에어비앤비 운영이 가능한 매물을 찾는 데 두세 달이 기본이라는 이야기도 흔하게 들린다.

나 역시 처음 숙소를 구할 때 1호점은 약 1개월, 2호점은 2개월 가까운 시간이 필요했다. 이렇게 어렵게 찾은 매물이 계약 이후 인허가 문제나 구조적 결함으로 막힌다면 그동안의 시간과 비용은 그대로 손실이 된다. 그래서 이 장에서는 직접 겪은 시행착오와 다른 호스트들의 공통된 경험을 바탕으로 에어비앤비 부동산을 구할 때 반드시 선행해서 확인해야 할 핵심 사항을 정리한다.

합법 운영 가능 여부 – 모든 판단의 출발점

매물을 보다 보면 입지도 좋고, 내부 상태도 깔끔하며, 월세 조건까지 마음에 드는 집을 만나게 된다. 하지만 이 단계에서 가장 먼저 던져야 할 질문은 단 하나다.

"이 집에서 에어비앤비를 합법적으로 운영할 수 있는가?"

아무리 조건이 좋아도 법적으로 문제가 있다면 검토 대상에서 즉시 제외해야 한다. 특히 외국인관광도시민박업 기준으로 보면 겉으로는 멀쩡해 보이지만 인허가 자체가 불가능한 매물이 생각보다 많다.

건축물대장 확인은 선택이 아니라 필수다

매물 주소를 받는 즉시 건축물대장을 확인한다. 계약 직전이 아니라 검토의 출발 단계다. 노후주택은 건축물대장만으로 판단하지 말고, 관할 구청에 주소를 직접 문의해 허가 가능 여부를 확인한다.

- 위반건축물 여부: '위반건축물' 표시가 있으면 원칙적으로 인허가 불가
- 건물 용도: 다세대·다가구·단독·상가주택 등 '주택'만 가능
- 노후 여부: 통상 준공 30년 기준. 최근에는 안전점검 결과 제출 시 허가 가능

집주인 동의, 계약서에 반드시 명시하기

건축물대장 확인을 마쳤다면 그다음으로 점검해야 할 단계는 집주인의 동의를 받을 수 있는지 여부다. 에어비앤비 운영은 임차인의 개인적 활용 범위를 넘어서는 행위이기 때문에 집주인의 인식과 동의 여부가 향후 운영 안정성을 크게 좌우한다.

이 단계에서 가장 중요한 원칙은 처음부터 목적을 숨기지 않는 것이다. 부동산 중개사를 통해 "에어비앤비 운영 목적입니다", "외국인관광도시민박업 등록을 예정하고 있습니다" 라고 명확하게 전달해야 한다.

집주인이 구두로 허락했더라도, 분쟁을 예방하기 위해 계약서 특약사항에 '에어비앤비(외국인관광도시민박업) 운영 가능' 문구를 반드시 명시해야 한다.

지역 선정 – '핫플'보다 중요한 것은 수요 검증

"어느 지역에 하면 잘 될까요?"

에어비앤비를 준비하는 과정에서 가장 자주 받는 질문이다. 하지만 이 질문에는 명확한 정답이 없다. 이미 대부분의 지역에서 에어비앤비 숙소는 충분히 많고, 어디를 검색해도 경쟁 숙소가 빼곡히 등장한다. 이제 지역 선정의 기준은 '핫플레이스인가'가 아니라 실제 수요가 검증된 곳인가로 옮겨가야 한다.

지역마다 손님의 유형은 다르다

지역마다 찾는 손님의 목적과 체류 방식은 분명히 다르다. 강남·역삼·삼성 일대는 해외 출장이나 단기 비즈니스 방문객 비중이 높다. 대치동·목동처럼 학군이 밀집된 지역은 시험이나 교육 일정으로 상경한 학부모와 학생이 함께 한두 달 머무는 수요가 꾸준하다. 신사·압구정 일대에서는 해외에서 성형·의료 관광을 목적으로 방문한 고객도 자주 보인다. 부산이나 강원도처럼 관광 수요가 뚜렷한 지역에서는 오션뷰나 전망을 중시하는 숙소가 선택을 받는다.

이처럼 지역마다 '잘 되는 숙소의 이유'는 다르다. 그래서 이제 막 에어비앤비를 시작하는 단계라면 막연히 유명한 지역을 좇기보다, 본인이 잘 알고 있고 관리하기 쉬운 지역에서 시작하는 것이 현실적인 선택이 된다.

게스트 입장에서 예약률을 확인하라

그렇다면 내가 고려하는 지역에 실제로 수요가 있는지는 어떻게 판단할 수 있을까. 방법은 단순하다. 게스트의 입장이 되어 직접 확인하면 된다. 에어비앤비 앱이나 웹사이트에서 운영을 고민하는 지역을 검색한 뒤, 후기 수가 많고 평점이 안정적인 상위 숙소를 살펴본다.

이때 본인이 구상하는 숙소와 구조가 비슷한 매물을 중심으로 보면 더 도움이 된다. 숙소의 캘린더를 열어보면 예약이 불가능한 날짜를 확인할 수 있다. 이미 막혀 있는 날짜가 많다면 그 지역은 수요가 충분히 검증된 곳이라고 볼 수 있다.

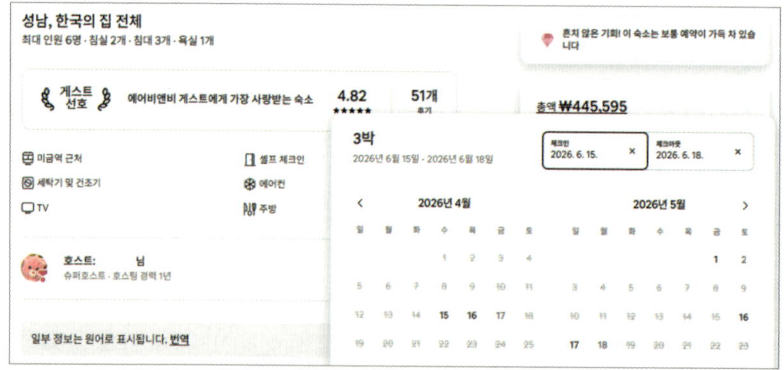

예약이 불가능한 날짜를 확인하여 예약률을 추정할 수 있다

이 과정에서 가격대, 후기 내용, 평점 수준을 함께 비교하면 내가 진입했을 때 어느 정도의 경쟁력을 가질 수 있을지도 가늠할 수 있다. 다만 한 가지는 분명하다. 수요가 많은 지역일수록 임차 가능한 매물을 구하기는 더 어려워진다는 점이다. 이 점까지 감안해 지역 선정과 매물 탐색을 병행해야 한다.

교통 접근성과 주변 환경은 기본 조건이다

입지를 분석할 때는 크게 두 가지를 본다. 하나는 해당 지역에 호텔이나 기존 숙박시설이 많은지, 다른 하나는 관광지나 번화가와의 연계성이다. 외국인을 주요 타깃으로 한다면 공항 접근성이 좋은 동선이나 지하철 2호선 라인 인근 지역이 꾸준히 선호된다.

보다 세부적으로는 역세권 여부, 주변에 식당·카페·편의점·마트가 있는지를 확인한다. 특히 야간 유동 인구와 치안 상태도 반드시 체크해야 한다. 대부분의 게스트는 관광을 마치고 저녁 시간대에 숙소로 돌아온다. 이때 숙소로 들어오는 길이 어둡거나 불안한 환경이라면 후기와 평점에 직접적인 영향을 미친다.

일반적으로 지하철역 도보 10분 이내, 공항 리무진 정류장 인근, 주요 관광지까지 30분 내 이동 가능하다면 입지 측면에서는 충분히 경쟁력이 있다. 편의점은 도보 5분 이내에 있는지, 식당가가 밀집해 있는지, 대형 마트 접근성은 어떤지도 함께 살펴보면 좋다.

주거 형태 및 집 구조 - 실측이 답이다

에어비앤비 숙소를 살펴보면 아파트, 한옥, 다세대주택 등 주거 형태는 매우 다양하다. 처음 시작하는 사람들 대부분은 관리와 운영이 비교적 쉬운 투룸 구조를 선택하는 경우가 많다. 운영 난이도가 낮고 초기 부담이 적기 때문이다.

다만 주거 형태와 집 구조는 단순히 '관리하기 편한가'만으로 결정할 수 있는 요소는 아니다. 방 개수, 실제 크기, 가구 배치 가능 여부가 곧 수익성과 직결되기 때문이다.

방 개수와 예산의 균형

투룸은 초기 인테리어 비용과 가구 비용이 비교적 적게 들고, 청소와 관리도 수월하다는 장점이 있다. 반면 객단가에는 분명한 한계가 있다. 쓰리룸이나 포룸처럼 방 개수가 늘어나고 면적이 넓어질수록 초기 투자 비용은 커진다. 가구, 가전, 집기 비용이 늘어나기 때문에 상대적으로 리스크가 있는 선택이 될 수 있다. 결국 이 부분은 본인의 예산과 목표 수익에 맞춰 판단해야 할 영역이다.

다만 개인적으로는 가능하다면 쓰리룸 이상의 구조를 추천한다. 숙박 인원을 늘릴 수 있어 객단가를 높이기 쉽고, 가족 단위나 소규모 단체 게스트를 받을 수 있어 장기 투숙으로 이어질 가능성도 높기 때문이다.

• 침대가 실제로 들어가는 구조인가

매물을 보다 보면 투룸이라고 해도 방 하나가 싱글 침대조차 들어가지 않는 크기인 경우를 종종 만나게 된다. 침대 개수는 받을 수 있는 숙박 인원을 결정하고, 이는 곧 매출과 직결된다. 따라서 방 개수보다 침대를 실제로 놓을 수 있는 구조가 중요하다. 이 때문에 매물 방문 시에는 줄자를 직접 챙겨가는 편이 좋다.

특히 가장 큰 방에는 퀸 사이즈 침대가 들어갈 수 있는지 반드시 확인해야 한다. 퀸 사이즈 침대의 규격은 가로 150cm×세로 200cm다. 침대와 동선을 고려하면 방 폭이 최소 300cm 이상은 나와야 실제 사용이 가능한 구조라고 볼 수 있다.

• 캐리어를 놓을 공간이 있는지도 확인한다

많이 간과되는 부분이 하나 더 있다. 바로 짐을 펼칠 공간이다. 외국인 관광객들은 대형 캐리어를 여러 개 가져오는 경우가 많다. 방 안이 가구로 가득 차 있으면 숙박 자체는 가능해도 체감 만족도는 크게 떨어진다. 침대, 협탁, 옷장 등 필요한 가구는 최소한으로 배치하고, 큰 캐리어를 놓고 짐을 편하게 꺼낼 수 있는 여유 공간을 의도적으로 남겨두면 더 좋다.

특히 외국인 관광객은 한국에서 쇼핑을 많이 하는 편이기 때문에, 캐리어 정리가 수월한 구조는 후기와 만족도에서 분명한 차이를 만든다.

치명적 하자 체크 – 인테리어로는 고칠 수 없는 요소들

매물을 직접 보러 갔을 때 가장 중요한 점은 인테리어로 해결할 수 없는 근본적인 하자를 찾아내는 일이다. 도배나 장판, 조명 교체처럼 돈으로 개선할 수 있는 요소는 많다. 하지만 건물 자체의 구조 문제, 소음, 누수 같은 하자는 아무리 비용을 들여도 완전히 해결하기 어렵다. 이런 문제를 안고 시작하면 운영 과정에서 지속적으로 스트레스를 받게 되고, 결국 매출에도 직접적인 타격을 준다.

누수와 곰팡이

천장, 벽, 바닥에 누수 흔적이 없는지 꼼꼼히 확인해야 한다. 특히 화장실과 주방은 가장 먼저 살펴봐야 할 공간이다. 겉으로는 도배를 새로 해 깔끔해보일 수 있지만, 구석진 곳이나 천장 모서리를 보면 곰팡이 자국이나 과거 누수 흔적이 남아 있는 경우가 많다.

외도민 허가가 가능한 매물들은 대체로 연식이 있는 경우가 많아 부분 수리가 필요한 상황이 흔하다. 문제는 아무리 비용을 들여 수리를 하더라도 누수와 곰팡이가 완전히 해결되지 않는 경우가 적지 않다는 점이다.

이런 문제는 호스트가 직접 해결하기도 어렵고, 게스트의 건강과 직결되기 때문에 환불 요청이나 낮은 평점으로 이어질 가능성이 높다. 결국 장기적으로는 매출 감소로 연결된다.

수압과 배수

샤워기와 싱크대의 수압이 충분한지도 반드시 확인해야 한다. 특히 여성 고객의 경우 머리를 감는 데 시간이 오래 걸리기 때문에 수압이 약하면 불만이 크게 나타난다. 가능하다면 샤워기와 싱크대를 동시에 사용해보면서 수압이 유지되는지 직접 테스트해보자.

배수 상태도 중요하다. 아무리 시설이 좋은 숙소라도 샤워 후 물이
잘 빠지지 않으면 게스트는 "청소가 제대로 되지 않았다"고 인식하기
쉽다. 배수구 상태를 눈으로 확인하고, 물을 실제로 흘려보내 배수가
원활한지 꼭 점검해야 한다.

소음과 방음

소음 문제는 게스트의 컴플레인과 이웃 세대의 민원으로 직결되기
때문에 가볍게 넘길 수 없는 요소다. 낮과 밤의 소음 수준은 다를 수 있
고, 평일과 주말의 분위기도 다르다. 가능하다면 저녁 시간대나 밤 시
간대에도 한 번 더 방문해보기를 권한다.

외부 소음에 취약한 구조인지, 창문을 닫았을 때 차량 소리나 유동
인구 소음이 어느 정도인지도 직접 체감해봐야 한다. 조용하고 편안한
환경은 숙면과 직결되고, 이는 곧 후기와 평점으로 이어진다. 반대로 소
음 문제는 숙소의 가장 치명적인 약점이 될 수 있다.

냉방과 난방

냉방과 난방은 여름과 겨울 시즌 운영을 좌우하는 기본 조건이다. 에
어컨이 정상적으로 작동하는지, 가동 시 냄새는 나지 않는지 확인해야
한다. 오래된 단독주택이나 다세대주택의 경우 보일러 점검도 필수다.

난방은 계약 전에 반드시 직접 틀어보고 실내가 충분히 데워지는지
확인한다. 온수는 바로 나오는지, 온도 조절이 원활한지도 함께 점검해
야 한다. 이 부분을 간과하면 성수기에 예약을 받고도 운영이 어려워지
는 상황이 발생할 수 있다.

워시타워 설치 공간 - 운영 효율의 핵심

워시타워가 없는 숙소의 경우 대부분 인근 코인 빨래방을 이용하게 된다. 하지만 실제 운영해보면 이 방식은 생각보다 비효율적이다. 에어비앤비 운영의 상당 부분은 청소와 세탁으

워시타워를 부엌에 설치한 사례

로 이루어진다. 매일같이 수건과 침구를 세탁해야 하는 구조에서 외부 빨래방에 의존하면 시간과 비용이 동시에 소모된다.

그래서 매물을 볼 때는 방 구조나 인테리어 못지않게 세탁과 건조가 가능한 워시타워 설치 공간이 있는지를 함께 확인하라고 권한다.

코인 빨래방 비용은 생각보다 크다

처음 숙소를 운영할 때 나 역시 코인 빨래방을 이용했다. 하지만 이불과 수건을 세탁하고 건조까지 마치면 한 번에 1만 원 이상이 쉽게 나갔다. 빨래를 모아서 3~4일에 한 번씩 돌린다고 가정해도 한 달에 약 10회 이상 이용하게 된다. 이를 비용으로 환산하면 한 달 10만 원 이상, 1년이면 120만 원 이상의 비용이 세탁과 건조에만 들어간다.

이 정도 금액이라면 워시타워를 설치해 직접 운영하는 편이 장기적으로 훨씬 합리적이다. 실제로 2호점부터는 워시타워를 설치해 운영했고, 그 이후 세탁과 청소 과정이 눈에 띄게 수월해졌다. 청소를 담당하는 분들도 빨래 동선이 편해야 장기적으로 안정적인 협업이 가능하다.

설치 공간은 유연하게 생각한다

워시타워 전용 공간이 처음부터 확보되어 있지 않더라도 설치를 포기할 필요는 없다. 구조에 따라서는 부엌이나 실내 한쪽 공간에 설치하는 방식도 충분히 고려해볼 수 있다. 핵심은 '어디에 두느냐'보다 숙소 내부에서 세탁과 건조가 가능하냐는 점이다.

이렇게 하면 더 좋아요!

청소 동선을 기준으로 보면 보통 청소를 시작하자마자 빨래를 돌리고, 마무리 단계에서 건조기를 돌리게 된다. 이 때문에 게스트 체크인 시점에 건조기가 작동 중인 경우도 생기지만, 이를 불편해하거나 문제 삼는 경우는 거의 없었다.

오히려 "이 숙소는 매일 세탁과 청소를 한다"는 인상을 주어 위생적으로 신뢰를 얻는 경우가 많았다. 또 하나 덧붙이자면, 워시타워는 중고 제품이나 렌탈보다는 새 제품 구매를 추천한다.

에너지 효율 1등급 제품을 구매하면 한전 지원으로 구매가의 약 40% 수준을 환급받을 수 있다. 이 점을 고려하면 추후 중고로 처분하더라도 감가 부담은 생각보다 크지 않다.

에어비앤비 가성비 인테리어,
이렇게 하면 된다

에어비앤비 숙소를 구했다면 이제 다음 고민은 인테리어다. 막상 시작하려고 하면 "내 취향대로 해도 괜찮을까?", "경쟁력 있는 공간을 만들려면 큰돈이 들지 않을까?"라는 생각에 망설여지는 경우가 많다.

하지만 실제 운영 사례를 보면 에어비앤비 인테리어는 비싼 비용보다 방향 설정이 더 중요하다. 핵심은 내 취향, 현재 트렌드 그리고 가성비 사이에서 균형을 잡는 데 있다. 특히 초보 호스트일수록 자신의 감각을 과신하기보다는 이미 검증된 숙소를 참고해 실패 확률을 줄이는 접근이 필요하다.

에어비앤비 인테리어,
어디서부터 접근해야 할까

인테리어에는 정답이 없다. 숙소의 위치, 구조, 주요 손님층이 모두 다르기 때문이다. 다만 초보 호스트들이 가장 많이 실패하는 지점은 공통적이다. 자신의 미적 감각만 믿고 콘셉트를 잡았다가 결과적으로 특징 없는 공간이 되는 경우다.

가장 현실적인 방법은 내 숙소 반경 1~5km 이내에서 별점이 높고 후기 수가 많은 인기 숙소 세 곳 정도를 레퍼런스로 정하는 것이다. 이 숙소들의 사진과 후기를 살펴보면 주요 손님층이 누구인지, 어떤 요소가 반복적으로 언급되는지 금방 드러난다. 예를 들어 여성 고객이 많은 숙소인지, 커플이 주로 찾는지, 가족 단위 체류가 많은지에 따라 공간의 분위기와 가구 배치가 확연히 다르다.

레퍼런스는 90%, 나만의 디테일은 10%

레퍼런스 숙소가 명확해졌다면 그 감성을 90% 정도는 그대로 따라가도 무방하다. 이미 예약과 후기로 검증된 방향이기 때문에 굳이 다른 길을 택할 이유가 없다. 대신 남은 10%에서 소품, 색감, 가구 하나 정도로 개성을 더하면 충분하다.

이때 레퍼런스를 그대로 복제하려 하기보다는, 비슷한 분위기의 사례를 더 넓게 살펴보는 것이 도움이 된다. 인스타그램, 오늘의집, 핀터레스트(Pinterest) 같은 플랫폼에서 비슷한 스타일의 공간을 여러 개 비교해보면 공통적으로 쓰이는 색감과 가구, 조명 구성이 보인다.

특히 오늘의집 집들이 콘텐츠 중 내 숙소와 구조가 유사한 사례를 찾아보면 현실적인 배치와 비용 감각을 익히는 데 큰 도움이 된다.

차별화는 '과함'이 아니라 '방향'에서 나온다

에어비앤비에는 이미 수많은 인테리어 콘셉트의 숙소가 존재한다. 그렇다면 이런 경쟁 환경에서 인테리어로 어떤 차별화를 만들 수 있을

오늘의집 '집들이'에서 비슷한 구조를 인테리어한 레퍼런스 참고하기

까. 답은 복잡하지 않다. 모든 요소를 잘하려 하기보다, 몇 가지 감성 포인트에 힘을 주면 된다. 다음 네 가지는 비교적 적은 비용으로도 체감 차이를 만들 수 있는 요소들이다.

• 음악

요즘 이른바 '분좋카(분위기 좋은 카페)'가 인기를 끄는 이유는 분명하다. 일상적인 생활 공간과는 다른 분위기를 경험하고, 그 감각을 사진과 기록으로 남길 수 있기 때문이다. 이런 공간들이 공통적으로 신경 쓰는 요소가 바로 음악이다. 숙소에서도 같은 접근이 가능하다. 값비싼 오디오 장비를 들이기보다는, 공간의 분위기에 맞는 오브제를 활용해보자.

카세트테이프, 빈티지 전축이나 턴테이블 혹은 10만 원 미만의 블루투스 스피커만으로도 공간의 인상은 충분히 달라진다. 작은 소품 하나가 전체 분위기를 좌우한다.

• 다이닝(주방)

에어비앤비 숙소의 가장 큰 강점은 호텔과 달리 직접 요리하고 함께 식사할 수 있는 공간이 있다는 점이다. 그 중심에 주방과 식탁이 있다. 단순히 '요리가 가능한 공간'이 아니라, 누가 봐도 '여기서 직접 음식을 해먹고 싶다'는 느낌이 중요하다. 기존 싱크대가 낡았다면 이케아 등에서 판매하는 제품으로 100만 원 내외의 예산으로 교체가 가능하다.

식기는 개수를 늘리기보다 접시, 머그잔, 플레이팅 소품처럼 식탁 위에서 사진이 잘 나오는 아이템 위주로 구성하면 게스트 만족도가 눈에 띄게 높아진다.

• 조명

조명은 공간의 분위기를 결정짓는 핵심 요소다. 일반 가정집에서 흔히 사용하는 형광등을 주백색 조명으로만 바꿔도 공간은 훨씬 따뜻하고 안정적으로 느껴진다. 여기에 스탠드나 펜던트 조명으로 포인트를 더하면 감성이 자연스럽게 살아난다. 국내 브랜드 조명이 부담스럽다면 알리 익스프레스 등 해외 직구를 활용해 비교적 저렴한 가격으로 다양한 무드를 연출할 수 있다. 준비 기간이 있다면 배송 시간을 고려해 미리 주문해두는 편이 좋다.

주광색(하얀빛), 주백색(아이보리빛), 전구색(노란빛) 비교

- **향기**

시각과 청각만큼이나 강하게 기억에 남는 감각이 후각이다. 게스트가 현관문을 열고 들어오는 순간의 향기는 숙소의 첫인상을 결정한다. 아무리 깔끔하게 청소된 공간이라도 퀴퀴한 냄새가 나거나 아무 향도 느껴지지 않으면 인상은 반감된다. 반대로 현관에 디퓨저를 두거나 체크인 전 가볍게 룸 스프레이를 뿌려두기만 해도 '관리하는 공간'이라는 느낌을 줄 수 있다.

향은 강하지 않아야 한다. 우디, 시트러스, 코튼 계열처럼 편안하고 깨끗한 향이 무난하다. 고가의 브랜드 제품이 아니어도 대용량 디퓨저나 패브릭 퍼퓸으로 충분히 고급스러운 분위기를 연출할 수 있다. 향기는 눈에 보이지 않지만, 게스트의 기억 속에 오래 남는 감성 요소다.

인테리어 비용 아끼는 가성비 인테리어 실전 꿀팁

에어비앤비 인테리어에서 가장 흔한 실수는 초기부터 과한 비용을 쓰는 것이다. 가성비 인테리어의 핵심은 '적게 쓰되, 티 나는 곳에만 쓰기'다. 아래 네 가지 원칙만 지켜도 초기 비용 부담을 크게 줄일 수 있다.

레퍼런스 따르기와 소품 구매

인테리어는 개성보다 검증된 감성을 따르는 편이 가장 안전하다. 이미 예약과 후기로 검증된 숙소의 분위기를 참고해 비슷한 방향으로 구성하면 실패 확률을 크게 낮출 수 있다.

소품과 생활 용품은 당근마켓, 알리 익스프레스, 다이소 등을 활용하면 비용 부담을 효과적으로 줄일 수 있다. 모두 새 제품으로 맞추기보다 상태 좋은 중고나 가성비 제품을 섞어 구성하는 방법이 현실적이다.

준비 기간 단축

인테리어 비용만큼이나 시간 비용도 중요하다. 공사 기간이 한 달씩 길어지면 그만큼 월세는 나가고 매출은 발생하지 않는다. 그래서 매물 선정 직후부터 가구와 소품, 조명 등을 온라인으로 미리 주문해두어야 한다. 공사와 스타일링을 동시에 진행하면 전체 준비 기간을 크게 줄일 수 있다. 준비 기간을 줄이기만 해도 실질적인 비용 절감 효과가 상당하다.

DIY와 셀프 리모델링

오래된 주택이라고 해서 무조건 큰돈을 들여 리모델링할 필요는 없다. 예를 들어 기존 몰딩을 제거하고 단순한 평몰딩으로 교체하면 공간이 훨씬 깔끔해진다. 오래된 나무 창문은 우드 스테인만 다시 칠해도 빈티지한 감성이 살아난다.

유튜브에서 '○○ 셀프 교체'로 검색하면 따라 하기 쉬운 영상들이 많아 직접 시도해볼 수 있다. 화장실이 많이 낡았다면 집주인과 리모델링 비용을 절반씩 부담하는 방법도 고려해볼 만하다. 또는 화이트 톤 타일 페인트만 칠해도 공간 분위기는 충분히 개선된다. 이처럼 간단한 DIY만으로도 인테리어 비용은 크게 줄일 수 있다.

구형 TV나 빔프로젝터에 크롬캐스트나 미스틱을 연결하면 넷플릭스, 유튜브 등 OTT를 스마트 TV처럼 이용할 수 있다. 비싼 스마트 TV나 스탠바이미를 새로 구매하지 않아도 5~6만 원 수준의 비용으로 게스트에게 충분히 만족스러운 시청 환경을 제공할 수 있다. 가성비 대비 체감 만족도가 높은 대표적인 아이템 중 하나다.

인테리어 투자금 산정 방법

인테리어 예산은 막연한 감이나 취향이 아니라 투자금 회수 기간을 기준으로 산정해야 한다. 나는 인테리어에 투입한 비용을 3~4개월 안에 회수할 수 있는 수준으로 잡는 편이 적당하다고 본다. 이 기간을 넘어가면 초기 리스크가 불필요하게 커진다.

예산을 잡는 방법은 간단하다. 운영하려는 지역에서 내 숙소와 비슷한 컨디션의 숙소를 검색해 1박 요금과 예약률을 확인한다. 이를 바탕으로 예상 월 수익을 대략적으로 산출한 뒤, 이를 기준으로 3~4개월치 수준의 인테리어 예산을 설정하면 된다.

사업의 목적은 분명하다. 수익을 내기 위한 사업이지, 처음부터 큰돈을 들여 취향을 과시하기 위해 시작하는 사업이 아니다. 초기 단계에서는 인테리어에 과도하게 투자하기보다, 예상 수익과 회수 기간을 먼저 점검하고 그 범위 안에서 가성비 있게 공간을 완성하는 전략이 훨씬 안정적이다. 기본만 잘 갖추고 디테일을 살리는 방식으로도 충분히 경쟁력 있는 숙소를 만들 수 있다.

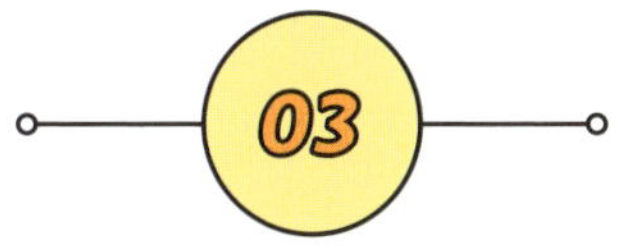

에어비앤비 자동화,
이 정도만 알아도 충분하다

에어비앤비 호스팅을 시작할 때 우리가 떠올리는 모습은 비교적 분명하다. 월급 외의 부수입이 통장에 들어오고, 그 돈으로 삶에 조금의 여유가 생기는 장면이다. 하지만 실제로 운영을 시작해보면 현실은 생각보다 훨씬 고단하다. 퇴근 후에도 끊임없이 울리는 게스트 문의 알림, 매번 맞춰야 하는 청소 일정, 혹시 예약 안내를 놓치지는 않았는지에 대한 불안감까지.

이 모든 과정을 직접 손으로 처리하는 구조라면 호스팅은 부업이 아니라 또 하나의 노동이 된다. 특히 본업이 있는 직장인이라면 이 부담은 더 크게 느껴진다. 근무 중에 수시로 휴대폰을 확인할 수도 없고, 답변이 늦어질수록 게스트의 불만이 쌓일까 걱정하게 된다.

다행히도 현재의 에어비앤비 환경에는 호스트를 위한 자동화 기능과 도구가 이미 충분히 갖춰져 있다. 거창하게 코딩을 배우거나 복잡한 기술을 익힐 필요는 없다. 기본적인 몇 가지 기능만 제대로 설정해두어도 호스팅의 체감 난이도는 크게 달라진다.

실제로 운영하면서 느낀 점은 분명하다. 자동화를 얼마나 잘 해두느냐에 따라 이 일이 '관리 가능한 부업'이 될지, '지치게 만드는 일'이 될지가 갈린다. 이제부터는 누구나 어렵지 않게 적용할 수 있는 에어비앤비 자동화의 핵심 요소들을 차례대로 살펴보겠다.

24시간 나를 대신하는 비서: 에어비앤비 '빠른 답변 관리'

가장 먼저 활용해야 할 자동화 기능은 에어비앤비 앱에 기본으로 탑재된 '빠른 답변 관리'다. 이 기능은 미리 작성한 문구를 단순히 복사해 보내는 수준이 아니다. 예약이 확정되는 순간부터 체크아웃 이후까지의 전 과정을 호스트가 설정한 시나리오에 따라 알아서, 제때에 메시지와 사진을 발송해주는 강력한 자동화 도구다.

초보 호스트의 경우 "예약해주셔서 감사합니다", "체크인은 3시입니다", "숙소 위치는 여기입니다" 같은 안내를 매번 직접 입력해 보내는 경우가 많다. 하지만 예약이 늘어날수록 이 단순 반복 작업은 생각보다 큰 피로로 다가온다.

빠른 답변 관리를 설정해두면 예약 확정 시점부터 체크인 1일 전, 체크인 당일 오전, 체크아웃 1일 전, 체크아웃 당일 오전 그리고 체크아웃 이후 후기 요청까지 호스트의 개입 없이 자연스럽게 안내가 이어진다.

예를 들어 체크인 하루 전에는 숙소의 정확한 위치, 도어락 비밀번호, 주차 안내가 포함된 메시지가 자동 발송된다. 체크아웃 당일 아침에는 퇴실 시간과 쓰레기 분리수거 방법을 정중하게 안내하는 메시지가 전달된다.

숙박이 끝난 뒤에는 "편안히 쉬셨나요? 5점 만점의 후기는 저에게 큰 힘이 됩니다"라는 문구로 후기 작성을 유도할 수도 있다.

이렇게 시스템을 구축해두면 호스트가 잠을 자고 있거나 회사에서 회의 중일 때도 게스트는 필요한 정보를 적시에 받아볼 수 있다. 안내가 제때 제공되면 게스트의 만족도는 자연스럽게 높아지고, "비밀번호가 뭐예요?", "주차는 어디에 하나요?" 같은 단순 반복 문의도 크게 줄어든다. 결과적으로 호스트의 시간을 아껴줄 뿐만 아니라 서비스 품질까지 함께 끌어올리는 가장 기본적이면서도 효과적인 도구다.

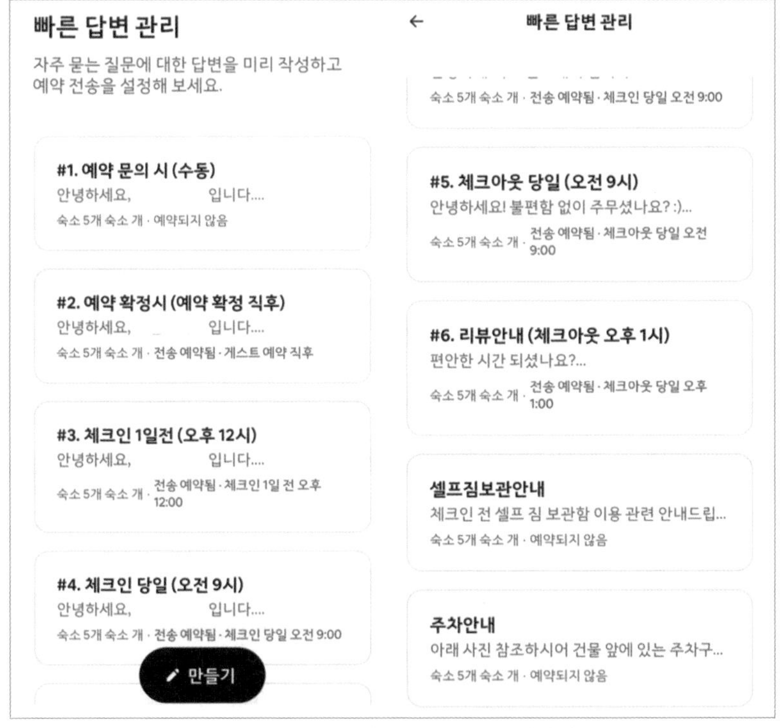

운영중인 모텔에서 실제로 사용하고 있는 빠른 답변 관리 목록

1초 만에 칼답하는 비결: 갤럭시 '단축어' 기능

에어비앤비 외에도 네이버 예약, 부킹닷컴 등 다른 플랫폼을 통해 들어오는 문의가 있다. 또 자동화 메시지에 포함되지 않은 개별적인 질문도 반드시 생긴다. 이런 경우에는 자동 발송만으로 대응할 수 없는데, 이때 갤럭시 스마트폰의 '단축어' 기능이 큰 도움이 된다.

스마트폰 키보드에 자주 사용하는 문구를 미리 등록해두고, 짧은 단어만 입력하면 긴 문장이 자동으로 완성되도록 해준다. 설정 방법도 어렵지 않다. [설정 → 일반 → 삼성 키보드 설정 → 단축어] 메뉴에서 자주 받는 질문에 대한 답변을 한 번만 등록해두면 된다.

예를 들어 게스트가 주차에 대해 문의했다고 가정해보자. 매번 "건물 뒤편 주차장에 주차하시면 되고, 만차 시에는…"라는 긴 설명을 타이핑한다면 시간과 에너지를 모두 소모한다. 이때 단축어로 '주차'라고 입력하면 미리 등록해둔 상세한 주차 안내 문구가 즉시 입력된다. '와이파이'를 입력하면 비밀번호와 접속 방법이 한 번에 완성된다.

이 기능의 가장 큰 장점은 신속성과 정확성이다. 이동 중이거나 업무 중에도 1~2초 만에 친절한 장문의 답변을 보낼 수 있다. 급하게 타이핑하면서 생길 수 있는 오타를 줄일 수 있고, 항상 같은 톤과 내용으로 일관된 응대가 가능해진다. 게스트 입장에서는 "이 호스트는 답장이 빠르고 믿을 만하다"는 인상을 자연스럽게 받게 된다.

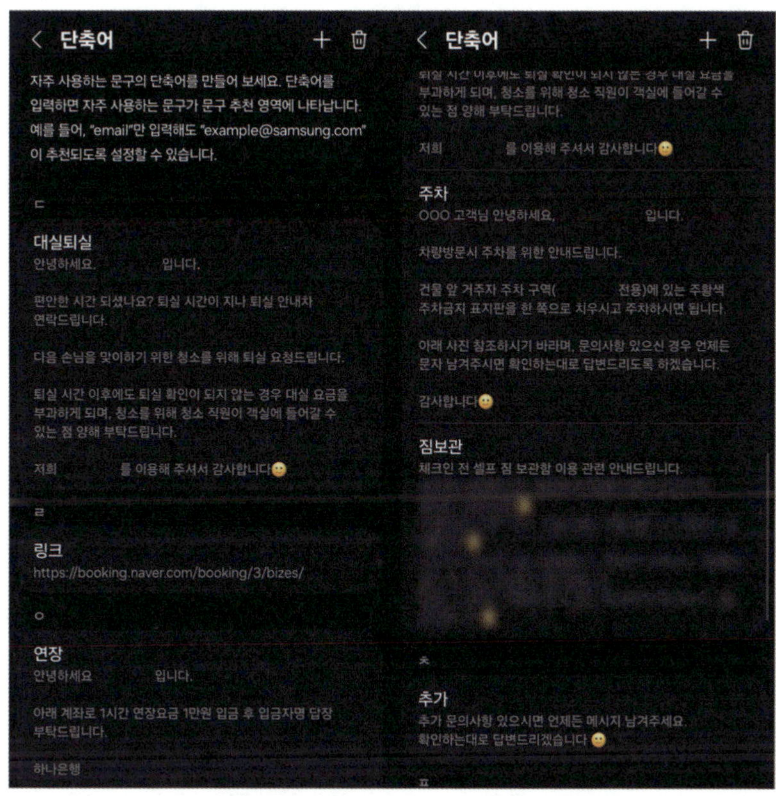

운영중인 모텔에서 실제로 사용하고 있는 단축어 목록

청소 스트레스 해방: '비앤비 호스트' 앱 활용

숙소 운영에서 가장 많은 스트레스를 유발하는 요소는 단연 청소 관리다. 숙소가 한두 개일 때는 직접 청소를 하거나, 달력에 표시해두고 청소 담당자에게 문자로 안내하는 방식도 가능하다. 하지만 숙소가 늘어나거나 본업이 바빠지면 청소 일정 조율 자체가 큰 부담이 된다.

작은 착오가 생기기 쉽고, 청소 누락이라는 치명적인 사고로 이어질 수도 있다. 이 문제를 해결해주는 도구가 '비앤비 호스트(BNB Host)'와 같은 일정 관리 앱이다. 이 앱의 핵심은 실시간 캘린더 공유에 있다. 호스트와 청소 담당자가 하나의 예약 캘린더를 함께 확인하는 구조다.

앱을 연동해두면 호스트가 일일이 청소 일정을 전달할 필요가 없다. 예약이 들어오면 일정이 자동으로 생성되고, 취소되면 즉시 반영된다. 청소 담당자는 앱을 통해 언제 청소가 필요한지 실시간으로 확인할 수 있고, 일정 조율도 훨씬 수월해진다. 그만큼 청소 공백이 생길 가능성도 줄어든다.

체크인 당일 청소가 누락되면 급하게 인력을 구하거나 휴가를 내고 직접 청소를 해야 하는 상황이 발생한다. 최악의 경우 호스트 사유로 예약을 취소하며 패널티를 감수해야 할 수도 있다.

청소 일정 자동화는 단순한 편의 기능이 아니다. 운영 리스크를 줄이고 안정적인 숙소 관리를 가능하게 하는 필수 장치다. 특히 본업을 유지하면서 부업으로 숙소를 운영하는 직장인에게는 이런 자동화 시스템이 가장 든든한 사업 파트너가 된다.

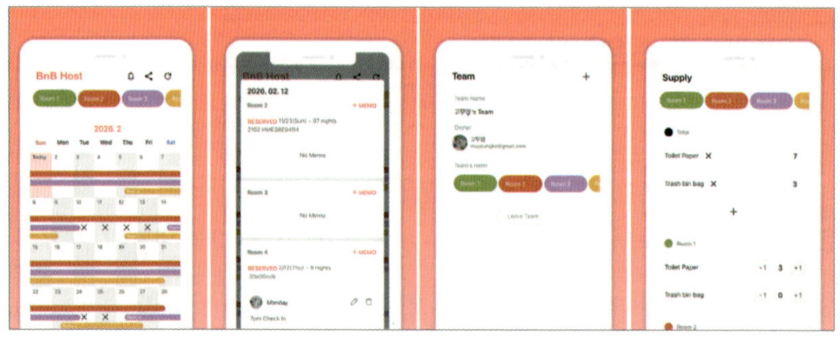

에어비앤비 캘린더 공유가 가능한 어플리케이션 비앤비 호스트
[출처: 구글 플레이스토어]

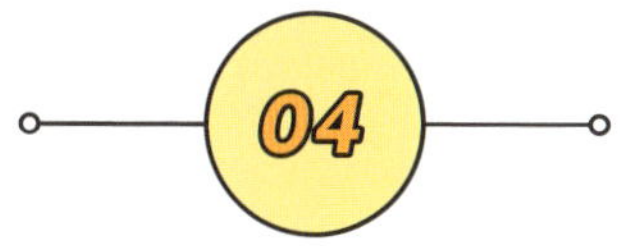

3개월 만에
슈퍼호스트&게스트 선호 숙소 되는
실전 전략

에어비앤비를 운영하는 호스트라면 누구나 한 번쯤 목표로 삼는 타이틀이 있다. 바로 슈퍼호스트다. 최근에는 에어비앤비가 적극적으로 노출을 밀어주는 '게스트 선호' 배지가 새롭게 중요해졌다.

이 두 가지는 단순한 명예가 아니라 서비스 품질과 신뢰도를 증명하는 지표이자, 실제 예약률과 수익을 끌어올리는 실질적인 도구다. 에어비앤비 내부 통계에 따르면 슈퍼호스트 배지를 보유한 숙소의 수입은 평균적으로 60% 이상 높은 것으로 나타난다.

이번에는 직접 운영하며 검증한 기준을 바탕으로 3개월 안에 슈퍼호스트를 달기 위한 전략과, 에어비앤비가 현재 가장 중시하는 게스트 선호 숙소가 되는 방법을 정리한다.

슈퍼호스트가 되기 위한
네 가지 기준

슈퍼호스트 평가는 매 분기(1월, 4월, 7월, 10월)마다 자동으로 진행된다. 별도의 신청 절차는 없으며, 아래 네 가지 기준만 충족하면 프로필에 슈퍼호스트 배지가 부여된다.

슈퍼호스트 자격 요건

슈퍼호스트가 되려면, 에어비앤비에 등록된 숙소의 숙소 소유주여야 하고 계정에 위반 사항이 없으며 다음 기준을 충족해야 합니다.

- 예약 10건 이상 호스팅 또는 3건의 예약에 걸쳐 총 100박 이상 호스팅
- 응답률 90% 이상 유지
- 예약 취소율 1% 미만 유지. 단, **중대 재해 정책**이나 기타 **정당한 사유**로 인한 예약 취소는 제외
- 전체 평점 4.8점 이상 유지(후기 작성 기한인 14일이 지나거나, 그전에라도 게스트와 호스트 양측이 모두 후기를 제출하면 후기 점수가 슈퍼호스트 실적에 반영됩니다.)

참고: 상기 기준에 대한 평가는 호스트가 리스팅 소유자인 숙소에만 적용됩니다. 공동 호스트로 운영에 참여하는 숙소의 실적은 슈퍼호스트 평가에 반영되지 않습니다.

슈퍼호스트 요건 충족하기 [출처: 에어비앤비]

예약 10건 이상

가장 기본이 되는 조건은 최소 10건 이상의 예약 완료다. 또는 예약 3건으로 총 100박 이상을 달성해도 된다. 다만 신규 숙소가 장기 숙박 3건을 빠르게 확보하기란 현실적으로 쉽지 않다. 따라서 오픈 초기에는 1~2박의 단기 숙박 위주로 예약을 받아 예약 횟수를 빠르게 채우는 전략이 유리하다. 그래야 다음 분기 심사 시점에 슈퍼호스트 조건을 충족할 수 있다.

취소율 1% 미만(호스트 취소는 사실상 금지)

취소율은 1% 미만을 유지해야 한다. 여기서 포인트는 게스트가 아닌 호스트 취소만 집계 대상이라는 점이다. 특별한 사유가 없는 한 호스

트가 먼저 예약을 취소하는 일은 절대 피해야 한다.

부득이하게 오버부킹이나 시설 고장 등 호스트 측 사유로 취소가 필요할 경우에는 게스트에게 상황을 충분히 설명하고 게스트가 직접 취소하도록 협의하는 방식이 필요하다. 이 과정에서의 커뮤니케이션 능력도 운영자의 중요한 역량이다.

24시간 이내 응답률 90% 이상

게스트 문의에 24시간 이내로 답변한 비율이 90% 이상이어야 한다. 전업 호스트가 아닌 이상 모든 메시지에 즉각 대응하기는 쉽지 않다. 이때 활용해야 할 기능이 앞서 소개한 '빠른 답변 관리'다. 체크인 안내, 주차 방법, 맛집 추천처럼 자주 반복되는 질문은 미리 템플릿으로 저장해두고 한 번의 터치로 전송하는 구조를 만들어두면 응답률 관리가 훨씬 수월해진다.

별점 4.8점 이상

가장 까다로운 조건이다. 10건 이상의 예약에서 받은 평균 평점이 4.8점 이상이어야 한다. 5점 만점 기준에서 4.8점은 사실상 대부분의 게스트에게 5점을 받아야 가능한 수치다. 이를 위해서는 청결, 응대, 시설 관리 같은 기본 요소 외에 작은 감동 포인트가 필요하다.

환영 메시지, 간단한 웰컴 푸드, 세심한 안내 문구처럼 게스트가 '신경 써준 숙소'라고 느낄 수 있는 요소가 평점에서 분명한 차이를 만든다.

신규 숙소가 3개월 만에 슈퍼호스트 되는 꿀팁

신규 숙소는 인지도도 없고, 리뷰도 없다. 이 상태에서 어떻게 빠르게 평점을 쌓고 슈퍼호스트 기준을 맞출 수 있을까. 핵심은 단순하다. 첫 3개의 리뷰다. 에어비앤비에서 신규 숙소는 리뷰가 3개 쌓이기 전까지 '★ 신규'로 표시된다. 평점이 공개되는 시점은 바로 세 번째 리뷰부터다.

게스트의 입장에서 생각해보자. 검색 결과에 '평점 없는 숙소', '4점대 숙소', '5.0 만점 숙소'가 함께 노출된다면 어디를 클릭할까. 대부분은 5.0 숙소를 선택한다. 그래서 오픈 초기에 첫 3개의 리뷰를 5점 만점으로 안정적으로 쌓아야 한다.

첫 리뷰를 만드는 현실적인 방법

나는 오픈 직후 지인을 초대해 숙소를 직접 경험하게 하는 방식을 추천한다. 숙소의 장단점을 모두 체감한 뒤 솔직하고 성의 있는 리뷰를 남겨 달라고 요청했다. 이 과정의 목적은 단순히 별점을 올리는 데 있지 않다. 리뷰를 통해 강점은 더 살리고, 단점은 초기에 보완할 수 있다.

이후에는 얼리 체크인이나 레이트 체크아웃, 소액의 커피 쿠폰 등을 제공하며 리뷰 작성을 유도하는 방식으로 5점 리뷰를 차근차근 쌓아 갈 수 있다. 일부 호스트들 사이에서는 예약이 비는 날에 서로의 숙소를 이용하며 후기를 남기는 방식도 활용된다. 개인적으로 직접 사용한 방법은 아니지만, 시장에서는 하나의 마케팅 전략으로 인식되고 있는 것도 사실이다.

새로운 대세, '게스트 선호' 숙소란?

슈퍼호스트가 호스트 계정에 부여되는 등급이라면, '게스트 선호'는 숙소 단위로 부여되는 배지다. 즉, 슈퍼호스트가 운영하는 여러 숙소 중에서도 조건을 충족한 일부 숙소에만 선별적으로 부여된다.

슈퍼호스트 배지가 '신뢰할 수 있는 호스트'를 의미한다면, 게스트 선호 배지는 그중에서도 특히 만족도가 높은 숙소라는 신호에 가깝다. 이 배지는 에어비앤비 검색 결과에서 눈에 띄게 노출되며, 게스트가 예약을 결정할 때 강력한 신뢰 지표로 작용한다.

게스트 선호 숙소의 조건

슈퍼호스트는 네 가지 기준이 명확하게 공개되어 있지만, 게스트 선호 숙소는 에어비앤비의 데이터 기반 알고리즘으로 선정된다. 에어비앤비가 공식적으로 밝힌 기준은 다음과 같은 요소들을 종합적으로 반영한다는 것이다.

- 높은 평점과 긍정적인 후기
- 응답 속도와 응대 품질
- 취소율과 문제 발생 빈도
- 전반적인 게스트 만족도

즉, 단기적인 꼼수보다는 기본 운영을 얼마나 성실하게 했는지가 결국 결과로 드러난다. 슈퍼호스트를 목표로 운영했다면, 그 과정 자체가 게스트 선호 숙소로 가는 길과 크게 다르지 않다는 점을 기억하면 된다.

> **'게스트 선호' 배지를 얻는 방법**
>
> 게스트 선호 숙소는 다음과 같은 다양한 요소를 반영하여 선정됩니다.
>
> - 게스트가 남긴 후기 5건 이상
> - 훌륭한 후기
> - 체크인, 청결도, 정확도, 호스트와의 의사소통, 위치, 가격 대비 만족도 부문에서 게스트로부터 높은 평가를 받음
> - 신뢰도 면에서 탁월한 기록(호스트 예약 취소와 퀄리티 관련 고객 서비스 문제가 평균 1% 수준)
> - 플랫폼을 통한 게스트와 호스트 간 의사소통
>
> 위 요건을 충족하는 숙소는 에어비앤비 게스트에게서 가장 사랑받는 숙소로 선정될 수 있습니다.

게스트 선호 숙소 선정 방식 [출처: 에어비앤비]

게스트 선호 배지를 얻기 위한 핵심 요소

나는 슈퍼호스트로 모텔의 여러 객실을 등록해 운영하고 있다. 그 과정에서 일부 객실은 게스트 선호 배지를 달고 있고, 일부 객실은 슈퍼호스트 배지만 유지하고 있다. 직접 경험한 내용과 다른 호스트들의 사례를 종합해보면, 게스트 선호 배지를 얻기 위한 핵심 요소는 다음 세 가지로 정리된다.

첫째, 압도적인 평점이다. 별점은 최소 4.9점 이상을 안정적으로 유지해야 한다. 이는 슈퍼호스트 기준인 4.8점보다 한 단계 더 엄격한 수준이다.

둘째, 후기의 질과 지속성이다. 점수만 높은 게 아니라 후기 내용이 긍정적이어야 하고, 최근 후기들이 꾸준히 쌓여야 한다. 과거의 좋은 평점만으로는 게스트 선호 배지를 유지하기 어렵다.

셋째, 신뢰도다. 호스트 취소율은 사실상 0%에 가까워야 하고, 체크인

과정에서 문제가 발생하는 비율도 평균 1% 미만으로 관리되어야 한다.

게스트 선호 숙소가 되기 위한 실전 전략

게스트 선호 배지는 슈퍼호스트 전략과 크게 다르지 않다. 다만 같은 기준을 훨씬 더 디테일하게 관리해야 한다는 점이 차이다.

• 사진과 실물의 일치

게스트 선호 숙소 선정에서 가장 중요한 기준은 기대치 충족이다. 사진은 화려한데 실물은 낡아 보이거나, 광각 렌즈로 방을 과도하게 넓게 표현한 경우 기대치 불일치로 이어진다.

정확하고 솔직한 사진이 오히려 신뢰를 만들고, 결국 5점 후기로 연결된다. 사진에서 기대한 모습과 실제 숙소가 같다는 인식이 중요하다.

• 손편지와 웰컴 푸드

체크인 순간의 환대는 전체 숙박 경험을 좌우한다. 거창한 선물이 필요하지는 않다. 예쁜 엽서에 게스트의 이름을 적고 "먼 길 오시느라 고생하셨습니다. 편안히 쉬다 가세요." 정도의 짧은 메시지만 남겨도 진정성은 충분히 전달된다.

외국인 고객의 경우에는 미니 약과, 식혜, 수정과 등 한국 전통 간식을 작은 바구니에 담아 식탁 위에 두는 방식이 효과적이다. 원가는 1천 원 내외지만, '대접받는다'는 인상을 주기에는 충분하다.

• **청결은 기본이자 가장 중요한 요소**

에어비앤비 리뷰 항목 중 게스트가 가장 민감하게 반응하는 부분은 단연 청결이다. 아무리 청소를 열심히 해도 배수구 물이 잘 내려가지 않거나, 냉장고에 남은 음식이 있거나, 욕실 타일 사이에 곰팡이 하나가 있으면 그 순간 4점 후기가 된다. 게스트 선호 숙소 선정 알고리즘에서도 청결도가 가장 큰 비중을 차지한다는 말이 현장에서는 상식처럼 받아들여진다. 청소 매뉴얼을 만들어 체계적으로 관리하고, 정기적으로 직접 점검하는 과정이 필수다.

• **유연한 문제 해결 능력**

아무리 관리가 잘된 숙소라도 와이파이 고장, 이웃 세대 소음 같은 예기치 못한 문제는 발생한다. 이때 핵심은 문제 자체보다 호스트의 대응 방식이다. 변명하기보다 즉시 사과하고, 대안을 제시하거나 레이트 체크아웃 제공 같은 소소한 보상을 제안해보자.

그래도 불만이 쉽게 해소되지 않는다면 부분 환불이나 전액 환불도 충분히 고려할 수 있다. 이 비용은 아까워할 손실이 아니라 마케팅 비용에 가깝다. 낮은 별점 후기 하나가 게스트 선호 배지와 매출 전체에 미치는 영향을 생각하면, 유연한 대응이 훨씬 합리적인 선택이 된다.

4장

숙박업,
부업에서 사업으로
키우는 법

에어비앤비에서 모텔로의
사업 확장 모델

직장 생활을 하며 에어비앤비를 운영한 지 2년이 지났다. 매번 통장에 찍히는 정산금은 단순한 용돈벌이를 넘어, 공간 대여업이 실제 수익이 될 수 있다는 가능성을 증명하기에 충분했다. 기획부터 운영까지 전 과정을 직접 담당한 공간을 제공하고, 그에 대한 대가로 수익을 얻는 경험은 직장 생활에서는 느낄 수 없는 즉각적인 성취감을 주었다.

하지만 부업으로서의 에어비앤비는 분명한 성장 한계에 부딪혔다. 가장 큰 문제는 규제와 확장성이었다. 외도민 허가를 받기 위해서는 실거주, 즉 전입신고가 필수였다. 이는 내가 거주하는 집 한 곳 외에는 합법적으로 사업을 확장할 수 없다는 뜻과 다르지 않았다.

나는 더 큰 수익을 원했다. 단순히 시간을 투입해 얻는 부수입이 아니라, 시스템으로 돌아가는 진짜 '사업'을 만들고 싶었다. 이번 장은 평범한 직장인이었던 내가 왜 호스텔을 거쳐 낡은 모텔로 시선을 옮기게 되었는지, 그리고 왜 모텔업이 사업 확장을 원하는 에어비앤비 호스트들에게 '넥스트 레벨'이 될 수 있는지에 대한 기록이자 제안서다.

에어비앤비의 한계와
호스텔 창업의 어려움

에어비앤비 수익이 안정화되자 자연스럽게 확장을 고민하게 됐다. 하지만 '내가 사는 집'에서만 운영해야 하는 외도민 규정은 1가구 1사업장이라는 한계를 분명히 드러냈다. 물론 지인의 명의를 활용해 실질 운영을 맡거나, 생활형 숙박시설에서 운영하거나, 타인의 숙소를 위탁 운영하며 수십 개의 에어비앤비를 굴리는 사람들도 있다. 다만 직장 생활을 병행하는 입장에서, 여러 지역에 흩어진 숙소를 동시에 관리하기란 현실적으로 불가능에 가깝다고 판단했다.

그래서 다음으로 눈을 돌린 대안이 호스텔업이었다. 호스텔은 전입 신고가 필요 없고, 한 건물에서 여러 객실을 운영할 수 있어 규모의 경제를 만들 수 있는 구조였다. 마침 부동산을 함께 공부하던 지인들과 매주 경매 스터디를 하던 시기였기에, 다가구 건물을 경매로 낙찰받아 전체를 호스텔로 용도 변경하는 '건물주 겸 사업가'의 그림도 그려봤다.

하지만 현실은 생각보다 훨씬 까다로웠다. 가장 큰 장벽은 도로와 학교였다. 호스텔 허가를 받으려면 건물이 폭 8m 이상의 도로에 4m 이상 접해야 한다. 일부 특별 고시 지역에서는 20실 이하 객실에 한해 기준이 완화되지만, 여전히 조건은 까다롭다. 서울 시내 주택가 골목에 위치한 다가구 주택 중 이 요건을 충족하는 매물은 드물었다.

여기에 더 큰 변수는 학교보건법이었다. 숙박시설은 유해시설로 분류돼 학교 인근에 들어설 수 없다. 학교 출입문 기준 50m 이내는 절대보호구역으로 설치가 불가능하고, 200m 이내는 상대보호구역으로 교육청 보호환경심의위원회 심의를 거쳐야 한다. 서울 지도를 펼쳐 학교 반경을 표시해보면, 숙박업이 가능한 입지는 급격히 줄어든다.

- **절대보호구역:** 학교 출입문으로부터 직선거리 50m 이내(설치 절대 불가)
- **상대보호구역:** 학교 경계로부터 직선 200m 이내의 절대보호구역을 제외한 나머지 지역(교육청 보호환경심의위원회 심의를 거쳐 조건부 허용 가능)

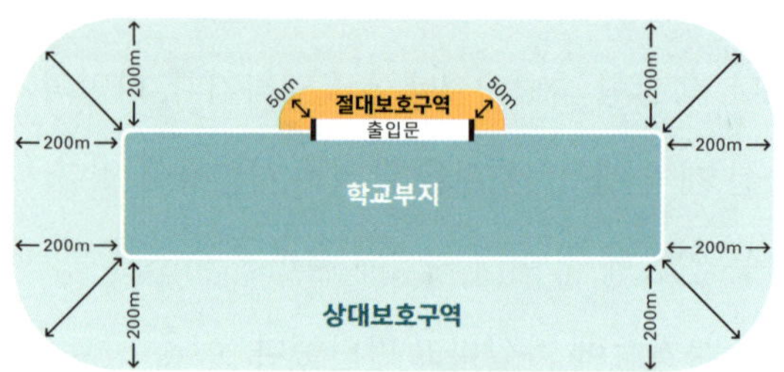

학교보건법에 따른 보호구역

경매로 나온 다가구 건물 중에서 도로 조건과 학교 정화 구역을 모두 피하면서, 동시에 외국인 관광객이 선호할 만한 입지를 갖춘 물건은 사실상 '유니콘'에 가까웠다. 호스텔 창업은 이론적으로는 완벽해 보였지만, 직장인의 현실 속에서는 실행이 어려운 선택지로 느껴졌다.

발상의 전환: 왜 낡은 모텔인가?

출근길에 유튜브를 보다가 우연히 '아침소' 채널의 영상을 접했다. 나와 비슷한 또래의 대표가 지방의 낡은 모텔을 매입해 감각적으로 리모델링하고, 이를 무인 시스템으로 운영하는 내용이었다. 그 모습은 꽤 충격적이었다. 그는 모텔을 기존의 '러브호텔'이 아니라, 하나의 '스테이(Stay)'로 정의하고 있었다.

그 순간 머릿속에서 퍼즐이 맞춰졌다. 나는 왜 허가도 나지 않는 주택을 억지로 숙박시설로 바꾸려 애쓰고 있었을까. 이미 숙박업 허가가 나 있는 공간에서 운영하면 되는 문제였다.

- **즉시 영업 가능:** 기존 영업신고증을 승계받으면 복잡한 건축법, 소방법 검토나 용도변경 절차 없이 잔금 치른 당일부터 바로 영업이 가능하다.
- **규제 프리(Free):** 이미 숙박업으로 등록된 건물이기에 학교보건법이나 도로 사정 때문에 영업을 못 할 리스크가 없다.
- **타깃의 무제한:** 기존의 NOL, 여기어때 등 숙박 플랫폼에 에어비앤비 등 해외 OTA 플랫폼을 더해 내국인, 외국인 모두를 합법적으로 받을 수 있다.

서울 역세권 곳곳에는 10년, 20년 이상 된 낡은 여인숙과 여관, 모텔들이 여전히 남아 있다. 입지는 뛰어나지만 시설이 낙후돼 젊은 층과 관광객에게 외면받는 곳들이다. 하지만 내 눈에는 이런 낡은 모텔이 흉물이 아니라, 그동안 쌓아온 에어비앤비 운영 노하우를 입힐 수 있는 거대한 캔버스로 보이기 시작했다.

레드오션 속 블루오션: 과열된 에어비앤비 시장, 틈새를 노리는 모텔

현재 에어비앤비(외도민) 시장은 이미 포화 상태다. '하루 5분 투자로 월 300만 원' 같은 자극적인 문구에 이끌린 초보 창업자들이 대거 유입됐다. 그 결과 허가 가능한 집을 구하는 일 자체가 어려워졌다. 권리금 수천만 원을 주고 인수해 운영하는 사례도 흔해졌다.

반면 모텔 시장은 진입 장벽이 높다. 초기 투자금이 크고, 여전히 '모텔=음지'라는 사회적 선입견이 강하다. 하지만 바로 그 지점이 나에게는 기회였다. 누구나 쉽게 들어오는 시장은 빠르게 레드오션이 된다. 반대로 공부와 자본이 필요한 시장은 경쟁자가 적다.

현재 모텔 시장은 뚜렷한 양극화를 겪고 있다. 관리를 포기한 채 방치된 노후 모텔이 한쪽에 있고, 자본과 기획력을 투입해 조적 욕조, 대형 스크린, 최신 인테리어로 새롭게 탈바꿈한 리모델링 모텔이 다른 한쪽에 있다. 나는 이 둘의 중간 지점을 공략하기로 했다. 목표는 '에어비앤비 감성 모텔'이었다.

처음부터 모텔을 임차해 운영할 계획이었다. 그래서 큰돈을 들이기보다는 최소 비용으로 가성비 있는 리모델링을 선택했다. 과한 시설 투자 대신 에어비앤비 감성의 인테리어에 집중했다.

기존 모텔 주인들은 대부분 고령이다. 온라인 마케팅과 CS 관리에 취약한 경우가 많다. 여기에 내가 쌓아온 에어비앤비 운영 경험, 젊은 감각, 플랫폼 활용 능력을 더하면 충분히 승산이 있다고 판단했다. 높은 진입 장벽을 넘으면, 그만큼 단단한 해자가 만들어진다. 나는 그 구조 위에 나만의 철옹성을 쌓을 수 있다고 확신했다.

직장인 N잡러의 다음 단계, 법인 운영

직장인이 부업을 '사업'으로 키우려 할 때 가장 무서운 적은 세금이다. 외도민은 개인사업자만 가능하다. 연봉이 높은 직장인이 개인 명의로 에어비앤비를 운영해 수익이 커지면, 근로소득과 사업소득이 합산된다. 종합소득세 최고 구간에 걸리면 소득의 절반에 가까운 금액을 세금으로 낸다. 세율 45%에 지방소득세까지 더해진다.

건강보험료 문제도 크다. 월급 외 소득이 연 2,000만 원을 넘으면 건강보험료가 추가 부과된다. 연말정산 시 납부 내역이 많아지면, 회사에서 겸업을 유추할 가능성도 생긴다. 겸업 금지 조항이 있는 회사에 다니는 직장인에게는 치명적이다.

모텔업은 구조가 다르다. 외도민과 달리 법인 명의 운영이 가능하다. 이 점이 직장인 투자자에게 가장 강력한 무기다. 직장인이 부업으로 모텔을 운영할 때 법인 명의가 필수적인 이유는 세 가지다.

- **낮은 세율:** 법인세는 과세표준 2억 원 이하 구간에서 9%에 불과하다. 개인 종합소득세율에 비해 압도적으로 유리하다.
- **익명성 보장:** 내가 법인 대표라 하더라도, 법인에서 급여를 받지 않는다면(무보수 대표), 회사에서는 내가 법인을 운영하는지 알 방법이 없다. 4대 보험 문제나 겸업 이슈에서 자유롭다.
- **재투자 용이:** 법인의 수익은 대표 개인이 마음대로 쓸 수 없다는 단점이 있지만, 사업 확장을 꿈꾸는 직장인 N잡러에게는 오히려 장점이 된다. 수익을 법인 통장에 유보하여 2호점, 3호점으로 모텔을 매입하거나, 다른 사업으로 확장하기 위한 종잣돈으로 쓸 수 있기 때문이다.

에어비앤비 불법 숙소 퇴출의 최대 수혜자는 모텔 사장님이다?!

2026년 4월, 벚꽃이 만개한 봄 여행 시즌이 돌아왔다. 하지만 이번 봄, 여행을 준비하던 알뜰 여행족들 사이에서는 의외의 불만이 터져 나온다. "잘 곳이 없다"는 말이다. 불과 몇 달 전까지만 해도 에어비앤비에는 1박에 5~7만 원대의 저렴하고 감각적인 원룸 숙소들이 넘쳐났다. 하지만 지금은 상황이 완전히 달라졌다. 그 숙소들이 마치 약속이라도 한 듯 자취를 감췄다.

변화의 시작은 2026년 1월 1일이다. 이날부터 에어비앤비는 정부의 강력한 규제에 맞춰, 영업신고증을 제출하지 않은 미등록 숙소의 예약을 전면 차단했다. 업계에서는 약 3만 개 이상의 불법 숙소가 한꺼번에 사라진 것으로 추산한다. 그중 상당수는 오피스텔에서 불법으로 운영되던 숙소였다.

문제는 수요다. 저렴한 가격의 깔끔한 숙소를 찾던 1~2인 여행객들은 여전히 존재한다. 하지만 선택지는 급격히 줄어들었다. 그들은 지금 어디에서 잠을 청하고 있을까. 이 변화는 단순한 숙소 부족 문제가 아니다. 시장 구조가 바뀌고 있다는 신호다. 그리고 이 지점에서 새로운 기회가 생긴다. 왜 2026년이 직장인 N잡러들에게 '모텔 창업의 골든타임'이 되는지, 그 이유를 세 가지 관점에서 살펴본다.

불법 에어비앤비, 강력한 라이벌의 강제 퇴장

숙박업을 운영하는 입장에서 지난 몇 년간 가장 골치 아픈 경쟁자는 대형 호텔이 아니었다. 진짜 경쟁자는 오피스텔이나 빌라에서 불법으로 운영되던 에어비앤비 숙소였다. 1~2인 여행객이나 출장객은 비싼 호텔 조식을 원하지 않는다. 모텔 특유의 어두운 분위기를 부담스러워하는 경우도 많다. 이들이 선택한 대안은 호텔보다 저렴하고, 모텔보다 깔끔한 '원룸형 에어비앤비'였다.

실제로 강남, 홍대 같은 주요 도심에서는 원룸 오피스텔 에어비앤비가 중저가 모텔 수요를 대거 흡수해왔다. 가격, 청결, 분위기 면에서 가장 합리적인 선택지였기 때문이다.

하지만 2026년 1월 이후 상황은 완전히 달라졌다. 영업신고증 없이 운영되던 불법 숙소들이 에어비앤비 플랫폼에서 강제 퇴출됐다. 현재 에어비앤비에 남아 있는 합법 숙소 대부분은 외국인관광도시민박업으로 허가받은 투룸 이상의 주택이다.

여기서 문제가 발생한다. 1~2인 여행객에게 투룸은 필요 이상으로 넓고 비싸다. 출장객에게 1박 10만 원 이상의 투룸은 회사 출장비 기준을 넘기기 쉽다. 결국 1~2인 고객에게 '투룸 이상 합법 숙소'는 현실적인 대안이 아니다. 이들이 선택할 수 있는 가장 자연스러운 대체재는 가성비 좋은, 깔끔한 모텔이다.

사라진 약 3만 개의 불법 숙소 수요가 그대로 중소형 모텔 시장으로 이동하고 있다. 공급은 줄었고, 수요는 그대로다. 이 구조가 2026년 모텔 시장이 맞이한 첫 번째 기회다.

경쟁력 있는 가격 포지셔닝

과거 여행객들이 에어비앤비를 선호했던 이유 중 하나는 '저렴해 보이는 가격'이다. 검색 화면에 뜨는 '1박 6만 원'이라는 숫자는 강력하다. 하지만 실제 결제 단계로 넘어가면 이야기가 달라진다. 청소비 3만 원, 서비스 수수료 14%가 붙는다. 최종 결제 금액은 10만 원을 훌쩍 넘기는 경우가 많다. 특히 1~2박만 이용하는 단기 투숙객에게 청소비는 치명적인 가격 장벽이다.

반면 모텔은 구조가 다르다. 상시 청소 인력이 있기 때문에 청소비를 별도로 받지 않는다. 요금에 자연스럽게 포함시킬 수 있다. 가격 구조를 단순 비교해보면 차이는 명확하다.

- 에어비앤비: 1박 8만 원 + 청소비 2만 원 + 수수료(14%) = 11.4만 원
- 호텔·모텔: 1박 8만 원 + (청소비 없음) + (수수료 없음: 숙박 앱) = 8만 원
  ※ 일부 에어비앤비 숙소는 청소비를 받지 않기도 한다.

결국 핵심은 '체감 가격'이다. 불법 원룸 에어비앤비가 사라진 이후, 남아 있는 합법 투룸 에어비앤비는 가격과 면적 모두에서 부담이 커졌다. 이때 가격은 더 저렴하고, 접근성은 더 좋고, 에어비앤비 못지않게 깔끔하게 리모델링된 모텔이 등장한다면 어떨까. 원룸 에어비앤비를 찾던 수요가 모텔로 이동할 가능성은 충분하다. 가격 구조만 놓고 봐도 승부는 이미 시작됐다.

1~2인 에어비앤비 고객을 끌어당기는 실전 전략

에어비앤비에 숙소를 등록했다고 해서 손님이 자동으로 찾아오지는 않는다. 최근 에어비앤비에서 출발해 모텔로 사업을 확장한 사장님들은 이 사실을 누구보다 잘 안다. 그래서 단순 등록이 아니라, 고객을 잡기 위한 전략 경쟁이 이미 시작됐다. 아래는 내가 실제 업장에서 사용했고, 효과가 입증된 세 가지 전략이다.

'투룸 숙소보다 싸게' 전략

먼저 모텔 주변에서 운영 중인 에어비앤비 투룸 숙소의 시세를 분석한다. 여기서 중요한 기준은 1박 요금이 아니라 최종 결제 금액이다. 청소비와 수수료까지 포함한 금액 기준으로, 투룸 에어비앤비보다 저렴하게 가격을 설정한다. 1~2인 고객 입장에서는 방이 하나라도 상관없다. 대신 "이 가격이면 호텔이나 모텔이 더 낫다"는 확신이 중요하다. 이 전략은 가성비를 중시하는 고객에게 명확한 선택 이유를 만들어준다.

24시간 셀프 짐 보관 서비스

주택형 에어비앤비의 가장 큰 단점 중 하나는 짐 보관이다. 체크인 전이나 체크아웃 후, 캐리어를 끌고 갈 곳이 없다. 실제로 에어비앤비에서 가장 많이 받는 질문도 같다. "체크인 전이나 체크아웃 후에 짐 보관이 가능한가요?"

모텔은 이 문제를 구조적으로 해결할 수 있다. 1층 로비나 남는 공간에 24시간 셀프 짐 보관소를 만들면 된다. "짐은 언제든 맡기고 편하게 여행하세요." 이 문구 하나만으로도 뚜벅이 여행객의 선택은 바뀐다. 거창한 설비는 필요 없다. 우리 업장에서는 기존 비품 캐비닛에 자물쇠만 달아 셀프 짐 보관함으로 운영했다. 고객 만족도는 생각보다 훨씬 높았다.

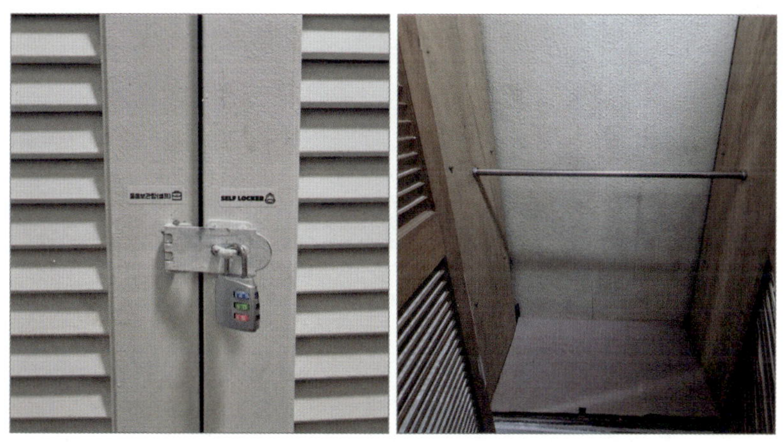

비품 보관 용도로 사용하던 캐비닛을 '셀프 짐 보관함'으로 사용

셀프 비품 스테이션 운영

에어비앤비 숙소를 이용하는 고객은 익숙하다. 수건이 부족하면 직

접 빨아 쓰고, 필요한 물품은 직접 사서 쓴다. 호텔이나 유인 모텔은 직원 대응이 가능하다. 하지만 무인 모텔은 즉각적인 응대가 어렵다. 이때 해답은 '셀프 비품 스테이션'이다. 복도나 공용 공간에 수건, 생수, 어메니티, 고데기, 일회용품 등을 비치한다.

손님은 프런트에 전화할 필요가 없다. 필요한 물건을 언제든 가져간다. 업주는 인건비와 응대 스트레스를 줄인다. 무인 운영 모텔과 에어비앤비 감성의 접점은 이처럼 작은 운영 디테일에서 만들어진다.

비품으로 채워진 작은 캐비닛

5장

모텔 매물 구하는
나만의 노하우

매수가 아닌
임차 운영으로 시작한 이유

직장인이 모텔 부업을 시작할 때, 매수보다 임차 운영이 현실적인 이유는 명확하다. 초기 자본을 줄일 수 있고, 실패 리스크를 통제할 수 있기 때문이다. 동시에 숙박업의 현금흐름과 운영 경험을 먼저 확보할 수 있다. 그래서 나는 매수가 아닌 임차 운영으로 시작했다.

낮은 초기 투자금,
실행 가능한 수익 구조

모텔 건물을 통째로 매수하려면 자본 단위가 다르다. 수억에서 많게는 수십억 원이 필요하다. 직장인이 감당하기엔 현실적으로 어려운 구조다. 반면 임차 운영은 다르다. 보증금, 권리금, 리모델링 비용, 집기 비용이 전부다. 여전히 적지 않은 돈이지만, 매수와 비교하면 진입 장벽이 크게 낮아진다.

그 결과 직장인도 실행 가능한 사업 계획을 세울 수 있다. 중요한 점은 수익의 원천이 달라지지 않는다는 데 있다. 매수든 임차든, 돈은 결국 숙박업 매출에서 나온다. 입지와 타깃에 맞는 운영 전략만 잘 설계하면 투자금은 1~2년 안에 회수가 가능하다. 이후에는 안정적인 현금 흐름 구조를 만들 수 있다.

건물 시세 차익은 기대하기 어렵다. 대신 매출이 성장하면 양도 시 높은 권리금을 기대할 수 있다. 임차 운영에서도 충분히 '엑시트(Exit)'가 가능한 구조다.

초보자에게 가장 중요한 리스크 관리

임차 운영의 가장 큰 장점은 리스크 회피다. 숙박업 경험이 없는 직장인이 처음부터 모텔을 매수하는 결정은 위험하다. 전월세 임대 경험도 없는 사람이 갑자기 꼬마빌딩을 매수해 "월세로 먹고 살겠다"고 선언하는 것과 다르지 않다.

모텔 운영은 단순한 임대 사업이 아니다. 객실 관리, 청결, 고객 응대, 예약 플랫폼 운영까지 모두 포함된다. 초보자가 자신의 운영 능력을 검증하기 전부터 거액의 자본을 투입하는 결정은 매우 위험하다. 운영에 실패했을 때의 손실 규모도 다르다. 매수 실패는 개인이 감당하기 어려운 수준이 된다. 재기 자체가 불가능해질 수 있다.

건물 하자 리스크에서의 방어

모텔은 시설 리스크가 큰 업종이다. 물을 많이 쓰고, 24시간 가동된다. 보일러 고장, 배관 누수는 일상에 가깝다. 특히 오래된 모텔은 더 위험하다. 언제 어디서 문제가 터져도 이상하지 않은 상태다. 말 그대로 시한폭탄이다.

건물을 매수했다면, 모든 수리비는 내 몫이다. 한겨울 보일러 고장이나 누수 사고가 나면 수천만 원이 한 번에 나갈 수도 있다. 임차 운영은 구조가 다르다. 주요 구조부와 설비에 대한 수리 의무는 기본적으로 임대인에게 있다. 임차인은 큰 수리비 폭탄에서 보호받는다.

이 차이는 초보자에게 결정적이다. 임차 운영은 실패 가능성을 줄이는 선택이 아니라, 실패하더라도 다시 일어날 수 있게 만드는 선택이다.

오래된 모텔을
적극 추천하는 이유

모텔 임차 운영에 관심이 생겼다면, 매물 선택 단계에서 반드시 짚고 넘어가야 할 포인트가 있다. 처음 모텔을 임장하는 사람들은 이렇게 생각하기 쉽다. "어차피 월세를 내고 운영하는데, 시설 좋고 깨끗한 신축 모텔이 더 잘되지 않을까?"

하지만 냉정하게 말하자면 돈을 벌고 싶다면 선택은 반대다. 특히 직장을 다니며 가성비 있게 수익을 만들고 싶다면, 신축이 아니라 오래된 모텔을 봐야 한다. 신축 모텔은 화려하다. 하지만 임대료가 비싸다. 웬만큼 장사가 되어서는 월세 내기도 빠듯하다.

반면 오래된 모텔은 다르다. 기획력과 운영 감각만 더해도 투자 대비 수익률을 크게 만들 수 있다. 왜 오래된 모텔을 추천하는지 살펴본다.

압도적으로 낮은 고정비, 월세

오래된 모텔을 추천하는 가장 큰 이유는 월세다. 임차 운영에서 가장 무서운 적은 변수가 아니라 고정비다. 장사가 되든 안 되든, 월세는 매달 빠져나간다. 월세가 높으면 심리적으로 버티기 어렵다. 신축급 모텔이나 리모델링이 잘된 곳은 건물주의 투자 비용이 이미 반영돼 있다. 그래서 월세 자체가 높다. 매출이 나와도 월세를 내고 나면 남는 게 없는 구조가 되기 쉽다.

반대로 15년 이상 된 낡은 모텔은 상황이 다르다. 시설 경쟁력이 떨어진다는 이유로 매출이 낮고, 그만큼 월세도 낮게 형성돼 있다. 이 낮은 월세가 운영의 체력을 만들어준다. 매출이 부진한 달에도 버틸 수 있고, 마케팅이나 서비스 개선에 재투자할 여유도 생긴다. 싸게 빌려서, 가치를 올려받고, 수익으로 가져간다. 바로 임차 운영의 핵심이다.

어중간한 상태보다 제대로 썩은 게 낫다

"그래도 조금은 깨끗한 곳이 수리비가 덜 들지 않을까?"

처음 임차를 고민할 때 가장 많이 하는 생각이다. 하지만 이건 가장 큰 착각이다. 모텔은 어중간하게 손본 곳이 가장 위험하다. 최근 임차인이 어설프게 인테리어를 한 모텔은 오히려 독이 된다. "들어올 때 1억 들여서 고쳤다"며 과도한 권리금을 요구하기 때문이다.

문제는 그 인테리어가 지금 기준에서는 이미 낡았을 가능성이 크다는 점이다. 유행이 지났을 수도 있고, 요즘 MZ세대나 여행객의 감성과는 전혀 맞지 않을 수도 있다. 결국 비싼 권리금을 주고 들어가, 철거부터 다시 해야 하는 상황이 생긴다. 권리금과 철거비를 이중으로 내는 구조다.

반대로 15년 이상 손대지 않은 낡은 모텔은 다르다. 권리금이 거의 없거나, 있어도 낮다. 고칠 곳이 많다는 점은 단점이 아니다. 오히려 완전히 내 의도대로 설계할 수 있는 상태다. 백지 위에 그림을 그릴 수 있다. 처음부터 내가 기획한 에어비앤비 감성, 인스타그래머블한 콘셉트를 온전히 입힐 수 있다. 제대로 썩은 모텔은 흉물이 아니다. 가장 좋은 캔버스다.

'리모델링 카드'로 건물주와 협상하기

건물주가 가장 좋아하는 임차인은 단순하다. 월세를 밀리지 않고, 매달 제때 입금하는 사람이다. 이때 젊은 직장인이 나타나 이렇게 말한다고 가정해보자. "제가 리모델링해서 젊은 감각으로 운영하겠습니다. 월세는 안 밀리고 꼬박꼬박 내겠습니다."

건물주 입장에서는 0순위 임차인이다. 이 지점에서 협상 카드가 생긴다. 바로 '리모델링'이다. 리모델링을 조건으로 렌트프리(Rent-free)를 요청할 수 있다. 보통 1~2개월 정도가 현실적이다. 수리 기간 동안은 월세를 면제해달라고 제안한다.

이 기간에 공사를 최대한 압축한다. 가오픈을 하고, 운영하면서 디테일을 마무리한다. 렌트프리 종료 전에 첫 달 월세를 확보하는 구조다. 이때 노후 보일러 교체나 옥상 방수처럼 건물 자체의 문제도 함께 협의할 수 있다. 리모델링 기간은 건물주에게도 정비 타이밍이다.

'디지털 격차'를 이용한 손쉬운 매출 증대

낡은 모텔을 운영하는 기존 임차인이나 건물주들은 대부분 연령대가 높다. 영업 방식도 과거에 머물러 있다. NOL, 여기어때 같은 플랫폼을 귀찮아 하거나 꺼린다. 간판 불빛을 보고 들어오는 워크인 손님만 기다린다. 단골 손님에 의존하는 구조다.

문제는 시설이 아니다. 홍보를 안 하는 경우가 훨씬 많다. 이 지점이 우리가 파고들 수 있는 틈새다. 리모델링 후 숙소를 새로 촬영한다. 전문 작가에게 맡겨도 좋다. 사진을 바탕으로 숙박 플랫폼에 등록한다. 노출만 늘려도 매출은 바로 반응한다. 친절한 댓글 관리와 CS는 기본이다. 여기에 블로그 체험단, 인스타그램 홍보를 더한다. 젊은 세대에게 익숙한 마케팅이다. 이 조합만으로도 매출 구조는 확실히 달라진다.

열심히 일한 당신, '엑시트'하라

'엑시트'는 더 이상 스타트업 C레벨만의 이야기가 아니다. 낡고 장사가 안 되던 모텔을 싸게 임차했다고 가정해보자. 그리고 운영을 개선해 매출을 2배로 만들었다고 하자. 이때 모텔의 가치는 달라진다. 운영 성과가 곧 자산이 된다.

매출이 오른 모텔은 다음 임차인에게 받을 수 있는 권리금이 생긴다. 처음에는 권리금 없이, 혹은 바닥 권리금으로 들어온다. 나갈 때는 매출 장부를 근거로 수억 원의 권리금을 받을 수 있다. 반대로 신축 모텔이나 최근 리모델링된 모텔은 다르다. 이미 권리금이 최고점에 가깝다. 더 올리기 어렵다. 오히려 시간이 지나면 감가상각으로 깎이기 쉽다.

하지만 오래된 낡은 모텔은 다르다. 내가 한 만큼 권리금을 만들 수 있다. 운영 개선이 그대로 가치 상승으로 이어진다. 월세 수익만이 전부가 아니다. 나갈 때 목돈까지 챙길 수 있다. 이 구조는 성장 여지가 있는 낡은 모텔에서만 가능하다.

모텔 임장 시
필수 체크 항목

성패를 좌우하는 입지 분석

성공적인 모텔 창업에서 임장, 즉 현장 답사는 필수다. 모텔은 단순한 숙박업이 아니다. 부동산업이자, 철저한 입지 산업이다. 어디에 자리 잡느냐가 성패를 좌우한다. 체감상 70~80% 이상을 결정한다. 힐튼, 메리어트 같은 글로벌 호텔 체인들이 "첫째도 입지, 둘째도 입지, 셋째도 입지"를 말하는 이유다.

모텔 임장의 출발점은 입지 분석이다. 단순히 위치를 보는 단계가 아니다. 이 지역에서 돈이 되는 구조인지, 앞으로 성장 여지가 있는지를 판단하는 과정이다. 입지 분석에서 반드시 봐야 할 핵심은 세 가지다. 객단가, 접근성, 경쟁업체다. 이 세 가지를 통해 해당 모텔의 수익성과 잠재력을 가늠할 수 있다.

객단가: 수요와 공급이 말해주는 수익성 지표

입지 분석의 출발점은 객단가다. 객단가는 단순한 숙박 요금이 아니다. 해당 상권의 경쟁 강도와 투자 가치를 보여주는 가장 정직한 지표다. 모텔 사업도 수요와 공급의 원칙을 따른다. 잠재 고객 대비 모텔 수가 적절하면 객단가는 유지된다. 반대로 공급이 과잉된 지역은 가격 경쟁이 불가피하다. 그 결과 객단가는 빠르게 낮아진다.

그래서 임장 전, 관심 지역의 가격대를 반드시 확인해야 한다. 이때 국내 숙박 앱만 봐서는 부족하다. NOL, 여기어때뿐 아니라 에어비앤비, 부킹닷컴, 아고다 같은 해외 OTA 가격도 함께 봐야 한다. 내국인과 외국인이 사용하는 플랫폼은 다르다. 한쪽만 보면 시장을 절반만 보는 셈이다. 여러 플랫폼의 가격을 교차 검증해야 실제 시세가 보인다.

특히 평일 객단가는 반드시 확인해야 한다. 주말은 만실을 전제로 계산하기 쉽다. 하지만 월 매출을 좌우하는 핵심은 평일이다. 평일 객단가가 얼마나 방어되느냐가 전체 수익 구조를 결정한다. 평일 객단가가 안정적인 지역은 신호가 분명하다. 경쟁 강도는 낮고, 수요는 탄탄하다. 이런 곳이 1차적으로 고려해야 할 투자 유망 지역이다.

접근성: 고객의 발길을 이끄는 연결고리

두 번째로 봐야 할 요소는 접근성이다. 과거에는 모텔이 대로변에 있어야 잘된다는 인식이 있었다. 하지만 지금은 다르다. 손님은 스마트폰 앱으로 숙소를 찾고, 길을 보고 이동한다. 이제 중요한 점은 눈에 띄는 위치가 아니다. 실제로 얼마나 편하게 도착할 수 있느냐다. 접근성 분석의 핵심 축은 두 가지다. 지하철역과 공항버스 정류소다.

뚜벅이 여행객은 역세권을 압도적으로 선호한다. 짐을 풀고 이동해야 하기 때문이다. 지하철역에서 도보 이동이 가능한 거리인지가 중요하다. 외국인 관광객까지 노린다면 공항버스 정류소는 결정적이다. 인천공항에서 무거운 캐리어를 들고 환승할 필요가 없다. 숙소 근처에서 바로 내릴 수 있다는 점은 큰 장점이다. 외국인에게는 숙소 선택의 핵심 기준이 된다.

지하철역과 공항버스 정류소라는 두 조건을 모두 갖춘 입지는 드물다. 그래서 가치가 높다. 내국인과 외국인 수요를 동시에 기대할 수 있는 최적의 입지다.

경쟁업체: 위기이자 기회인 비교 대상

마지막으로 주변 경쟁업체를 살펴봐야 한다. 경쟁업체가 많다면 수요가 있다는 뜻이다. 동시에 전략이 없으면 살아남기 어렵다는 신호이기도 하다. 이 단계에서 중요한 정보는 숫자가 아니다. 몇 개가 있느냐보다, 어떤 상태로 운영되고 있느냐다. 시설 수준과 서비스 퀄리티를 반드시 확인해야 한다.

특히 지방 상권이나 노후 모텔 밀집 지역은 기회가 된다. 서울·수도권에 비해 평균 시설 수준이 낮은 경우가 많기 때문이다. 객단가는 높은데 시설이 낡아 있다면 조건은 충분하다. 이런 지역은 리모델링 효과가 즉각적으로 나타난다. 깔끔한 인테리어와 명확한 콘셉트만 갖춰도 지역 내 '대장주'로 올라설 가능성이 크다. 기존 수요뿐 아니라 인근 지역 고객까지 흡수할 수 있다.

핵심은 경쟁업체의 약점이다. 그 약점을 내 강점으로 바꿀 수 있는지 여부다. 그 전환이 가능한 곳이 진짜 입지다. 입지 분석은 세 단계로 완성된다. 객단가로 시장성을 읽고, 접근성으로 유입 경로를 확보하며, 경쟁업체 분석으로 차별화 전략을 세운다.

이 세 가지를 꼼꼼히 점검하면 모텔 투자의 첫 관문은 안정적으로 넘길 수 있다.

남는 구조를 만드는 매출 분석

매출은 이 사업이 돈이 되는지 판단하는 가장 중요한 기준이다. 동시에 투자금을 언제 회수할 수 있는지도 보여준다. 하지만 매도인이나 중개사가 말하는 숫자를 그대로 믿으면 위험하다. 그래서 매출은 반드시 직접 분석해야 한다.

월임대료와 권리금이 적정 수준인지 판단하는 기준

매출 분석이 중요한 이유는 명확하다. 월임대료와 권리금이 적정한지 판단할 수 있기 때문이다. 모텔 임차에서 가장 먼저 마주하는 숫자는 월임대료와 권리금이다. 이 두 가지가 과하면 아무리 장사가 돼도 남는 게 없다. 업계에서 흔히 말하는 구조는 다음과 같다.

임대료: 운영비: 순수익 = 3: 3: 3

이 비율을 기준으로 보면 감이 잡힌다. 매출을 알면 임대료가 과한지, 권리금을 감당할 수 있는지 역산할 수 있다. 예를 들어 월매출이 3,000만 원이라고 가정해보자. 임대료가 1,200만 원이면 매출 대비 40%다. 이 수치는 부담이 크다. 운영비를 매출의 3분의 1인 1,000만 원으로 잡으면, 남는 돈은 800만 원이다. 비수기에 매출이 조금만 줄어도 수익은 바로 흔들린다.

반대로 임대료가 800만 원이라면 구조가 달라진다. 운영비 1,000만 원을 제외해도 1,200만 원이 남는다. 비수기를 고려해도 수익 방어가 가능하다. 이 차이가 사업의 안정성을 만든다. 물론 이는 이해를 돕기 위한 예시다. 실제 운영비와 수익률은 업장마다 다르다. 다만 처음 물건을 소개받았을 때, 전달받은 매출 기준으로 임대료와 권리금이 과한지 1차 판단하는 용도로는 충분하다. 매출 분석은 숫자를 믿기 위한 과정이 아니다. 숫자를 의심하고, 구조를 점검하기 위한 단계다.

매출/수익 구조를 얼마나 개선할 수 있는지 판단의 기준

오래된 모텔 투자의 핵심은 단순하다. 잘 안 되는 곳을 싸게 들어가서 잘 되게 만들면 된다. 그러려면 먼저 두 가지를 알아야 한다. 지금 매출이 얼마인지. 그리고 왜 안 나오는지다.

임장을 통해 객실 수, 가동률, 객단가를 확인한다. 여기에 인건비, 관리비, 공과금 등을 더하면 현재의 월매출과 월수익을 대략적으로 추정할 수 있다. 그다음 단계가 중요하다. 리모델링 이후 매출이 얼마나 바뀔 수 있는지를 따진다. 판매 채널 확대가 가능한지 본다. 객단가를 올릴 여지가 있는지도 확인한다. 고정비를 줄일 수 있는 구조인지 점검한다.

이 과정을 거쳐야 개선 폭이 보인다. 이 분석 없이 "리모델링하면 잘 될 것 같다"는 판단은 위험하다. 투자금에 비해 매출과 수익이 거의 늘지 않는 경우도 많다.

투자 원금 회수 기간 판단의 기준

리모델링 후의 예상 매출과 수익이 나오면 이제 계산은 단순해진다. 얼마 만에 투자 원금을 회수할 수 있는지를 따지면 된다. 예를 들어 보자. 권리금 1억 원과 리모델링 비용 1억 원으로 총 투자금 2억 원이다. 리모델링 후 월수익이 1,000만 원이라면 회수 기간은 약 20개월이다.

반대로 목표 회수 기간이 정해져 있을 수도 있다. 예를 들어 1년 안에 회수하고 싶다면, 월수익 목표에 맞춰 투자 금액을 역산해야 한다. 리모델링 비용도 이 기준 안에서 조정해야 한다. 투자 규모와 회수 기간은 사람마다 다르다. 하지만 공통점은 하나다. 이 모든 판단의 출발점은 매출 분석이다.

매출 분석은 어떻게 할 수 있는가?

모텔 임장을 하다 보면 부동산으로부터 "월매출이 어느 정도 나온다"는 설명을 듣게 된다. 하지만 이 수치는 업주가 말한 내용을 그대로 전달한 경우가 대부분이다. 정확한 근거라고 보기는 어렵다. 개인적인 기준으로는 부동산을 통해 전달받은 매출은 성수기 기준으로 보고, 비수기는 10~20% 낮춰 잡아야 보수적인 판단이 가능하다. 따라서 매출은 반드시 검증이 필요하다.

❶ 세무 자료 요청

가장 정확한 방법은 세무 자료 확인이다. POS 매출 내역, 카드 매출 입금 내역, 부가세 신고 자료, 현금영수증 발행 내역을 대조하는 방식이다. 다만 현실적으로 문제는 있다. 임장 단계에서 이런 자료를 선뜻 공개하는 모텔 사장은 거의 없다. 대부분 성수기·비수기 매출을 구두로 설명하는 수준이다. 그래서 이 단계에서는 참고만 한다. 대신 계약을 구체적으로 검토하는 단계에 들어가면 세무 자료 요청은 반드시 진행해야 한다.

❷ 매출 추정 방법

세무 자료가 없다면 매출을 직접 계산해야 한다. 가장 기본적인 공식은 다음과 같다.

- 매출 = 객단가 × 예약률 × 30일 × 객실 수

먼저 객단가를 확인한다. NOL, 여기어때 등 숙박 플랫폼에서 평일과 주말 요금을 나누어 확인한다. 해당 모텔의 실제 판매가와 주변 경쟁업체의 가격을 함께 비교한다. 다음은 예약률이다. 평일과 주말을 구분해 추정해야 한다. 보수적으로 보면 평일 60~80%, 주말 80~100%를 기준으로 삼을 수 있다. 단, 입지와 시설 수준에 따라 조정이 필요하다.

여기서 반드시 고려해야 할 요소가 있다. 플랫폼에 표시된 금액이 모텔이 실제로 받는 금액은 아니다. NOL, 여기어때는 약 10% 내외의 수수료를 가져간다. 따라서 매출 계산 시 이 수수료는 차감해야 한다. 이 과정을 거치면 매도인이 말한 매출이 과장된 수치인지, 합리적인 수준인지 판단할 수 있는 기준이 생긴다.

❸ 비용 확인을 통한 영업이익 추정

매출을 추정했다면 다음은 비용이다. 모텔 비용은 크게 고정비와 변동비로 나뉜다.

- 고정비: 임대료, 인건비, 공과금(전기, 가스, 수도, TV/인터넷 등), 광고비, 렌탈비 등
- 변동비: 세탁비, 비품, 수리비(고장, 민원 대응) 등

중요한 포인트는 하나다. 리모델링 이후 매출은 얼마나 올릴 수 있는지, 고정비는 얼마나 줄일 수 있는지다. 이 구조를 파악해야 영업이익 개선 폭이 보인다. 그래야 권리금과 리모델링 비용을 얼마 만에 회수할 수 있는지도 계산할 수 있다. 매출 분석은 숫자를 맞추는 작업이 아니다. 이 사업이 된다, 안 된다를 가르는 기준이다.

주의 사항

❶ 평균의 함정

숙박업은 편차가 큰 사업이다. 평일과 주말의 차이가 크고, 성수기와 비수기의 간극도 분명하다. 월평균 하나로 수익성을 판단하면 위험하다. 반드시 기준을 나눠봐야 한다. 평일 기준, 주말 기준, 성수기와 비수기를 각각 계산한다. 그중에서도 가장 보수적인 시나리오에서 버틸 수 있는지를 확인해야 한다. 유튜브에서 흔히 보이는 "월 몇 백, 월 천 수익" 이야기는 대부분 성수기 한 달의 숫자다. 중요한 건 그 매출이 꾸준히 반복되느냐는 점이다.

❷ 부동산을 너무 믿지 말자

모텔 물건을 소개하는 사람은 공인중개사보다 중개사무소 실장인 경우가 많다. 이들은 대부분 모텔 사장이 말한 매출을 그대로 전달한다. 검증된 수치라고 보기 어렵다. 그래서 임장 이후, 계약 전 단계에서는 반드시 세무 자료를 요청해야 한다. 매출은 직접 분석해야 한다. 최근 모텔 시장은 과열 양상도 보인다. 부동산이 확보한 물건에 권리금을 더 붙여 넘기거나, 중개 수수료 외에 컨설팅 비용을 요구하는 사례도 있다. 매출보다 말이 앞서는 순간, 한 번 더 의심해보는 게 맞다.

비용을 절감하는 시설 분석

모텔 임장은 시설 상태를 점검하는 과정이다. 리모델링 범위와 예산을 정하는 출발점이 된다. 임차 운영은 매수보다 초기 자본 부담이 적다. 하지만 운영 중 발생하는 시설 하자는 다르다. 영업 손실과 추가 비용은 대부분 임차인의 몫이다.

그래서 계약 전 임장은 선택이 아니라 필수다. 주요 시설을 미리 확인하지 않으면 예상치 못한 비용이 반복해서 발생한다. 큰 지출을 막고 운영 리스크를 줄이기 위해서는 사전에 점검해야 할 포인트가 분명하다. 시설 상태를 정확히 파악하는 사전 점검이 안정적인 운영의 첫 단계다. 이제 실제 임장에서 반드시 확인해야 할 시설 체크 포인트와 실전에서 도움이 되는 기준을 살펴본다.

누수와 결로: 건물의 숨은 불치병

모텔 시설 분석에서 가장 중요하게 봐야 할 항목은 누수다. 누수는 단순한 물샘 문제가 아니다. 곰팡이와 악취로 이어지고, 결국 고객 불만과 영업 중단으로 번진다.

• 옥상 및 외벽 방수 상태 점검

누수는 대부분 옥상과 외벽에서 시작된다. 임장 시에는 반드시 옥상에 올라가야 한다. 바닥의 우레탄 방수층을 확인한다. 들뜸이나 균열이 보이면 위험 신호다. 빗물이 스며들 가능성이 높다. 최상층 객실 천장 누수로 이어질 확률도 크다. 외벽도 함께 본다. 균열이 많은 외벽은 비가 올 때마다 물길이 생긴다. 빗물이 벽을 타고 내부로 유입될 가능성을 염두에 둔다.

• 내부 누수 및 결로 흔적 찾기

건물 내부에서는 흔적을 찾는다. 객실 천장만 보면 안 된다. 복도, 로비, 비상계단, 기계실까지 확인한다. 천장과 벽면의 물 얼룩, 곰팡이 자국, 벽지 들뜸을 본다. 특정 부위만 벽지가 덧대어져 있거나 페인트가 유독 새것처럼 보인다면 의심해야 한다. 누수를 임시로 가린 흔적일 가능성이 크다.

결로도 별도로 본다. 외벽과 맞닿은 벽면, 창문 주변, 침대 헤드 뒤, 가구 뒤 벽 모서리가 대표적이다. 결로 곰팡이는 도배로 해결되지 않는다. 단열 공사가 없으면 겨울마다 반복된다. 습기 문제인지, 구조적 단열 결함인지 구분해야 한다. 이러한 판단이 향후 리모델링 비용을 크게 좌우한다.

보일러 및 설비 시설: 모텔의 심장과 혈관

인테리어가 좋아도 난방이 안 되면 끝이다. 온수가 안 나오면 재방문은 없다. 보일러와 기계실은 모텔의 심장이다. 임장 시 반드시 확인해야 한다.

운영중인 무인 모텔의 보일러실

• 보일러 및 주요 설비의 연식 확인

기계실에 들어가면 가장 먼저 명판을 본다. 제조 연월을 확인한다. 보일러 수명은 보통 10년 안팎이다. 10년이 넘었거나 임박했다면 위험 신호다. 겉으로 멀쩡해 보여도 내부는 다르다. 효율은 떨어지고, 고장은 예고 없이 온다.

특히 겨울 성수기 고장은 치명적이다. 이 경우 계약 전 정리가 필요하다. 교체인지, 수리인지, 책임 주체가 누구인지 명확히 한다. 급수 펌프와 배관도 함께 본다. 물자국이나 습기가 보이면 의심한다. 보일러 가동 시 소음이 크면 점검 대상이다.

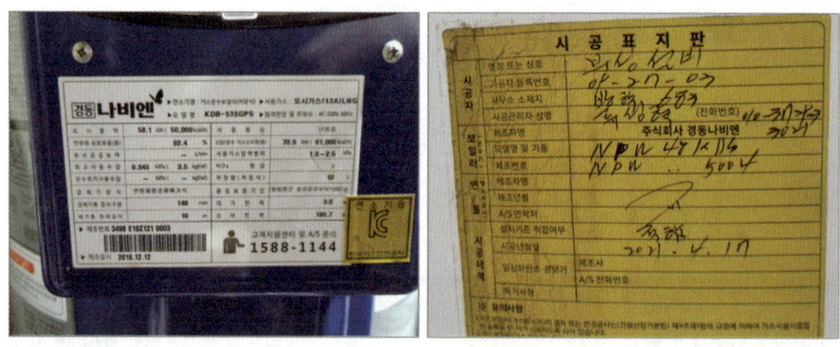

반드시 확인해야 할 보일러 제조일자와 시공일자

• 온수 탱크 용량 및 성능 점검

모텔은 온수 사용이 몰리는 업종이다. 저녁 입실 시간대, 아침 시간대가 핵심이다. 온수 탱크 용량이 부족하면 문제가 바로 나온다. 온수 온도가 떨어진다. 수압이 약해진다. 불만 리뷰가 쌓인다. 임장 중 직접 테스트는 어렵다. 이럴 때는 후기를 본다.

NOL, 여기어때에서 겨울철 후기를 찾는다. "방이 춥다." "따뜻한 물이 안 나온다." "샤워 수압이 약하다." 이 문장이 반복된다면 답은 명확하다. 난방과 온수 설비에 구조적 문제가 있다. 리모델링 전 반드시 비용을 계산해야 한다.

전기 및 통신(인터넷): 오래된 모텔이라면 추가 공사 불가피

오래된 모텔을 리모델링할 때 가장 자주 발목을 잡는 요소가 전기와 통신이다. 스마트TV와 최신 가전을 들여놔도, 기초 인프라가 받쳐주지 않으면 의미가 없다. 전기와 통신은 겉으로 보이지 않지만, 비용과 만족도를 동시에 좌우한다.

• 객실 내 콘센트 및 전기 용량

노후 모텔은 콘센트가 부족한 경우가 많다. 침대 머리맡에 없다. 화장대 주변도 비어 있다. TV, 에어컨, 냉장고 주변도 마찬가지다. 문제는 콘센트를 단순히 늘릴 수 없다는 점이다. 건물 전체 전기 용량이 한계이기 때문이다.

요즘 객실은 전기 소모가 크다. 에어컨, 냉장고, 대형 TV, 드라이기, 온열기구가 동시에 돌아간다. 기존 용량이 이를 못 버티면 차단기가 내려간다. 영업 중 정전은 곧 클레임이다.

이 경우 전기 증설 공사가 필요하다. 전선 교체까지 포함되면 비용은 커진다. 수백만 원에서 수천만 원이 들 수 있다. 임장 단계에서 반드시 감안해야 한다.

• 인터넷 및 통신 배선 상태

2030 고객에게 인터넷은 선택이 아니다. 대형 TV로 넷플릭스와 유튜브를 끊김 없이 보는 환경이 기본이다. 하지만 오래된 모텔은 구조가 다르다. 벽 안에 인터넷선이 없다. 전화선만 깔려 있는 경우도 많다.

이 경우 객실마다 인터넷선을 새로 깔아야 한다. 100Mbps 이상 유무선 환경을 만들려면 공사가 불가피하다. 임장 시 꼭 확인한다. 객실에서 실제로 인터넷이 연결되는지 본다. 속도와 안정성도 체크한다. 이 확인 하나로 추가 공사 여부가 갈린다.

6장

직장인 모텔
실전 운영
꿀팁 대공개

리모델링, 인테리어 비용 최소화 방안

모텔 창업, 특히 낡은 건물을 인수해 리모델링하는 과정은 가장 막막한 단계다. 본업이 있는 직장인 투자자라면 현장에 상주할 수 없다는 제약과 한정된 예산이라는 이중 부담을 동시에 안게 된다. 방향을 잘못 잡으면 예상 견적을 훌쩍 넘는 비용이 들거나, 공사가 지연돼 오픈 전부터 자금 압박을 받게 된다.

운영중인 무인 모텔의 객실 사진

하지만 기준과 전략이 명확하다면 리모델링은 비용이 아니라 투자가 된다. 1970년대에 준공된 오래된 모텔을 에어비앤비 감성의 수익형 숙소로 바꾼 경험을 바탕으로, 비용을 최소화하면서 수익률을 높이는 초가성비 리모델링 전략을 정리한다.

리모델링 준비: 도면이 없다면 몸으로 때워라

리모델링의 출발점은 도면이다. 일반적으로는 건축행정시스템 '세움터'에서 건축물 현황도를 조회하면 구조를 파악할 수 있다. 하지만 우리가 인수한 모텔은 1970년대에 지어진 건물이었다. 전산 도면 자체가 존재하지 않았다.

직접 실측하면서 그린 도면

대신 퇴근 후 아내와 함께 줄자와 레이저 거리 측정기를 들고 직접 실측에 나섰다. 객실 12개와 복도, 카운터까지 모든 공간을 하나씩 재며 기록했다. 인테리어를 전면 철거하는 공사가 아니라 가구 배치와 스타일링을 위한 실측이었기에, 극단적으로 정밀할 필요는 없었다.

실측 데이터를 바탕으로 스케치업으로 간단한 3D 도면을 만들었다. 이 과정에서 방향이 명확해졌다.

"칙칙한 모텔이 아니라, 성수동 카페 같은 에어비앤비 감성으로 간다."

성수·건대 상권의 주 고객층인 2030 세대는 꽃무늬 벽지와 무거운 모텔 가구를 원하지 않는다. 기존 모텔의 낡은 요소는 과감히 버리고, 트렌디한 감성을 채우기로 했다.

실측한 데이터 기반으로 3D 도면을 만들어 직접 구상한 인테리어

공사 방식의 결정: 턴키지만 직영처럼

직장인에게 리모델링의 가장 큰 적은 시간이다. 비용만 보면 공정별로 기술자를 부르는 직영 공사가 유리하지만, 현장 감독이 불가능했다. 공정 하나만 꼬여도 일정 전체가 밀리고, 이는 곧 오픈 지연과 월세 손실로 이어진다. 결국 턴키(일괄 수주) 방식을 선택했다. 대신 조건을 분명히 했다.

- 숙박업 공사 경험이 있는 업체
- 직영 공사에 준하는 견적 구조

예산 상황을 솔직하게 공유하고, 과도한 이윤이 아닌 '실비 + 현장 소장 인건비' 수준으로 조율했다. 결과적으로 숙박업 경험이 풍부한 은인과 같은 대표님을 만나, 거의 재능기부에 가까운 조건으로 공사를 진행할 수 있었다. 나와 같이 직장인이라면 무리하게 직접 하려 하기보다, 신뢰할 수 있는 전문가에게 적정 비용을 지불하고 시간을 사는 편이 장기적으로 이득이다.

비용 절감의 핵심: '선택'과 '집중' 전략

임차 매물에 수억 원을 들여 리모델링한다면 단기 운영에는 좋아 보일 수 있다. 하지만 시설은 결국 노후화되고, 권리금으로 전액 회수하기도 어렵다. 투자금 대비 수익률을 고려하면 선택과 집중이 필수다.

[선택] 과감히 포기한 항목

1. **목공사:** 붙박이 가구 제작을 하지 않았다. 대신 기성 가구를 배치해 비용을 줄이고 공간 활용도를 높였다.

2. **전기공사:** 벽체를 뜯지 않았다. 디자인 멀티탭과 전선 보호관으로 노출 마감했다. 콘센트는 과부하 방지를 위해 2,800W 이하 소비전력 사용 기준을 지켰다.

3. **유선 네트워크 공사:** 객실별 랜 공사를 생략했다. 기업용 인터넷과 무선 AP로 대체했다.

4. **유선 방송·셋톱박스:** 유선 채널 계약 대신 전 객실에 OTT 시청 환경을 구축했다.

5. **키텍(Key-tag) 시스템:** 고가의 키텍 대신 IoT 문열림 센서와 CCTV 조합으로 객실 입실 여부를 관리했다.

6. **객실 전화기:** 프런트 인터폰을 없애고, 휴대폰 듀얼 넘버로 문자와 전화 응대를 통합했다.

[집중] 반드시 투자한 항목

1. **50인치 스마트 TV:** 중소기업 제품이지만 화질과 OTT 접근성이 뛰어난 모델을 선택했다.

2. **매트리스와 침구:** 잠자리는 타협하지 않았다. 호텔 납품 전문 업체 제품으로 세팅했다.

3. **감성 인테리어 소품:** 미드센추리 모던 스타일의 테이블, 조명, 액자로 에어비앤비 감성을 완성했다.

4. **무인 자동화 시스템:** 키오스크, CCTV, 도어락 설치에는 비용을 아끼지 않았다.

소싱과 자가 설치

직장인이라도 자재 수급과 간단한 시공은 충분히 직접 할 수 있다.

- **스마트 소싱:** 기존 에어비앤비 운영 시 사용하던 가구를 재활용하고, 당근마켓으로 가전과 가구를 저렴하게 확보했다. 소모품과 비품은 1688, 다이소를 활용해 원가를 낮췄다.

- **자가 설치:** 도어락 교체, TV 설치, 간단한 타공 작업은 직접 진행했다. 인건비를 아끼는 동시에 공간에 대한 이해도도 높아졌다.

결론은 명확하다. 직장인의 모텔 리모델링은 완벽함이 아니라 최적화를 목표로 해야 한다. 모든 것을 다 고칠 필요는 없다. 고객이 중요하게 느끼지 않는 부분은 버리고, 고객이 체감하는 포인트에만 비용을 쓰는 것. 그것이 낡은 모텔을 가성비 좋은 수익형 숙소로 바꾸는 가장 빠른 방법이다.

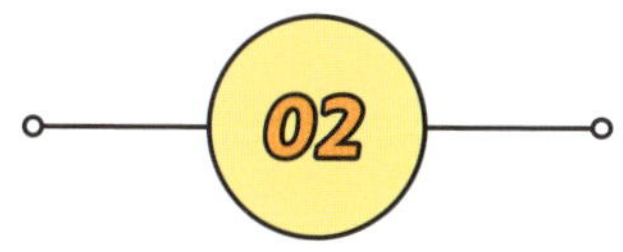

회사 다니며 운영 가능한
자동화 시스템 구축하기

"모텔 운영이라니, 밤새 카운터 지키고 청소해야 하는 것 아닌가요? 회사 다니면서는 무리일 것 같은데요."

모텔 부업을 고민하는 직장인들이 가장 먼저 부딪히는 벽은 시간과 체력 문제다. 아침 일찍 출근해 하루 종일 일하고 퇴근했는데, 다시 모텔로 가서 밤새 카운터를 본다는 상상은 부담스럽다. 자칫하면 부업이 아니라 건강을 갉아먹는 일이 될 수 있다는 걱정도 자연스럽다.

하지만 관점을 바꿔야 한다. 24시간 몸으로 버티는 자영업자가 아니라, 시스템으로 돌아가는 사업가가 되어야 한다. 회사를 다니며 모텔을 실제로 운영해본 경험을 바탕으로, 본업을 유지하면서도 수익을 만들 수 있었던 자동화 구조를 정리한다.

밤잠 설칠 걱정 없는 '무인 운영 시스템' 세팅

직장인 모텔 운영에서 매출보다 중요한 순위는 숙면이다. 밤에 제대로 쉬지 못하면 다음 날 회사 업무에 지장이 생기고, 본업과 부업 모두 흔들린다. 야간 시간만큼은 반드시 기계와 시스템에 위임해야 한다.

똑똑한 지배인, 키오스크 도입

가장 먼저 필요한 장비는 프런트 직원을 대신할 키오스크다. 현재 벤디트사의 키오스크를 사용 중이다. 고객이 직접 객실을 선택하고 결제하거나, 예약 내역을 조회하면 카드키가 발급되는 방식이다. 프런트 인력이 없어도 기본 운영이 가능해진다.

키오스크 업체는 다양하다. 기능과 수수료 구조도 제각각이다. 남들이 쓴다는 이유로 선택하기보다, 현장 결제 비중과 예약 비중 등 내 모텔 운영 방식에 맞춰 업체 미팅을 진행해보는 편이 낫다.

든든한 야간 경비원, 무인 관제 서비스

키오스크만으로 모든 상황이 해결되지는 않는다. 취객이 기기 사용에 어려움을 겪거나, 미성년자 출입을 시도하는 상황은 언제든 발생한다. 자다가 전화를 받고 현장으로 달려가는 운영은 지속 가능하지 않다.

이때 해결책은 무인 관제 서비스다. 벤디트와 연계된 스테이뷰를 이용 중이다. 야간 시간대(23시~익일 08시)에는 관제 센터에서 CCTV를 통해 고객 응대와 문제 처리를 대신한다. 신분증 확인도 원격으로 진행된다.

월 고정 비용이 들지만, 이를 아끼려다 밤잠을 설치는 기회비용과 인건비를 고려하면 충분히 합리적이다. 에어비앤비와 달리 모텔은 야간 무인 관제가 선택이 아니라 필수에 가깝다. 그래야 다음 날 정상적인 컨디션으로 출근할 수 있다.

청소는 '전문가'에게, 고용은 '외주'로: 리스크 관리의 핵심

운영에서 가장 까다로운 부분은 청소 인력 관리다. 평일에 직접 관리가 어려운 직장인이라면, 직접 고용보다 외주 활용이 훨씬 안정적이다. 비용이 다소 높더라도 전문 업체를 선택한 이유는 분명하다.

- **고용 리스크 회피:** 직접 고용한 직원이 당일 결근하면, 직장인 사장은 연차를 쓰고 청소하러 가야 하는 상황에 놓인다. 전문 업체는 즉시 대체 인력을 투입한다.
- **노무 이슈 단순화:** 4대 보험, 주휴수당, 퇴직금 등 복잡한 노무 관리에서 벗어날 수 있다. 세금계산서 처리로 행정이 끝난다.
- **검증된 전문성:** 숙박업 경험이 많은 인력이라 별도 교육 없이도 객실 컨디션을 일정 수준 이상으로 유지한다.

세탁물도 전문 세탁 업체에 맡긴다. 수거와 배송을 분리하면, 청소 인력은 청소에만 집중할 수 있어 전체 효율이 크게 올라간다. 만약 숙박 위주 운영이라면 청소는 시간제 아르바이트도 가능하다. 하지만 대실까지 병행해 청소 수요가 잦다면 전문 업체 상주 인력이 더 효율적이다.

'앉아서 손님 받는' 온라인 마케팅의 힘

기존 모텔 운영자들은 간판 불빛에 의존해 워크인 고객을 기다리는 경우가 많다. 직장인 운영자라면 OTA를 적극 활용해야 한다. NOL, 여기어때 같은 숙박 앱은 기본이다. 네이버 예약, 에어비앤비, 아고다 등 가능한 채널은 모두 열어 둔다. 판로를 넓히는 것이 곧 안정성이다.

OTA 활용의 가장 큰 장점은 '상품 노출 증가'다. 온라인을 통해 미리 예약을 확보해두면, 궂은 날씨나 평일 비수기에도 공실에 대한 불안감을 덜 수 있다. 예약 관리 프로그램(CMS)을 연동하면 여러 채널의 예약 현황을 한눈에 파악할 수 있어 관리 또한 수월하다.

주말 루틴: '과장님'에서 '사장님'으로

평일에는 시스템에 맡기고 본업에 집중한다면, 주말에는 직접 현장을 점검한다. 아무리 자동화가 잘돼 있어도 주인의 세심한 손길이 닿지 않으면 금세 허점이 생기기 마련이다. 나는 주말이면 반드시 모텔에 들러 다음과 같은 루틴을 수행한다.

- **객실 컨디션 점검:** 머리카락, 먼지, 냄새 등 고객 시선에서 다시 확인한다.
- **시설 유지 보수:** 벽지 오염, 가전·가구 상태, 키오스크 작동 여부를 점검하고 간단한 수리는 직접 처리한다.
- **고객 응대:** 고객이 몰리는 시간대에는 직접 응대하며 주차, 짐 보관 문의에 대응한다.

때로는 청소 직원과 함께 침대 시트를 갈기도 한다. 현장의 어려움을 직접 경험하고 신뢰를 쌓는 과정은 직원들이 가게를 더 책임감 있게 관리하도록 만드는 중요한 요소다.

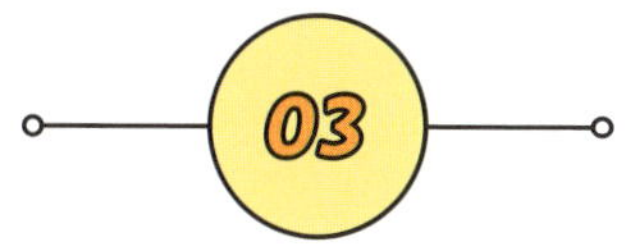

실제 지출 분석을 통한
고정비용 줄이기 전략

"모텔에서 한 달에 몇 천만 원을 번다더라"는 말에 현혹되기 전에, 반드시 고정비 구조부터 이해해야 한다. 실제로 운영해보기 전까지는 이렇게 돈이 새는 구멍이 많은 줄 몰랐다. 특히 직장인에게는 시간이 곧 돈이기 때문에, 직접 몸으로 해결할 수 없는 영역을 비용으로 대체해야 하는 딜레마가 생긴다. 그렇다면 어디서 아끼고, 어디에 써야 할까.

현재 운영 중인 무인 모텔의 실제 월지출 내역을 기준으로, 직장인이 반드시 가져가야 할 고정비 절감 전략을 정리한다.

항목	비용 (부가세 포함)	기존(전 임차인)	현재(운영중인 모텔)	비고
월세	748만 원	-	-	
청소	363만 원	1인 시간제 고용 및 직접 청소	청소직원 1인 상주 (11-23)	노동력 절감
세탁	187만 원	직접 세탁/건조	전문 세탁업체 매일 수거	노동력 절감
전기	50만 원	-	-	
수도	25만 원	-	-	
가스	50만 원	-	-	
넷플릭스	3.4만 원	미사용	넷플릭스 프리미엄 제공	프리미엄 2개 계정 사용

세스코	20만 원	미사용	사용	
키오스크	23.1만 원	주/야간 카운터 2교대	없음(키오스크 대체)	인건비&노동력 절감
야간관제	49.5만 원	야간 상주인원	야간관제업체 이용	인건비&노동력 절감
보험	3.6만 원	-	-	
인터넷	5만 원	딜라이브 객실당 설치	KT 오피스넷 & 무선 WIFI	고정비 절감
세무 기장	8.8만 원	-	-	
기타 (비품, 운영비)	100만 원	-	-	
총계	1636.4만 원			

항목	비용	타 업장	운영중인 모델	비고
플랫폼 등록비	약 30만 원	사용	미사용	지역에 따라 상이
광고비	약 50~500만 원	사용	미사용	1개 업체 기준, 상품에 따라 상이

인건비와 노동력 절감: 밤잠을 지켜주는 '무인 관제 시스템'

지출 구조에서 가장 큰 변화는 주·야간 인건비의 제거다. 기존 모텔 운영 방식이라면 24시간 카운터를 지키기 위해 주간·야간 직원을 2교대로 둬야 한다. 최저시급만 적용해도 한 달 인건비는 최소 400~500만 원 수준이다. 야간 인력은 구하기도 어렵고, 잦은 이탈로 관리 스트레스도 크다. 직장인이 밤새 카운터를 볼 수는 없다.

이 문제는 키오스크 + 야간 무인 관제 서비스 조합으로 해결했다.

- **키오스크(월 23만 원):** 프런트 직원을 대신해 24시간 객실 판매, 체크인·체크아웃을 처리한다.
- **야간 무인 관제 서비스:** 전문 관제 업체가 CCTV로 실시간 모니터링하며, 취객 대응과 신분증 확인 같은 민감한 상황을 원격으로 처리한다.

이 구조 덕분에 매달 수백만 원의 인건비를 절감했다. 밤에 걸려 오는 전화도 사라졌다. 다음 날 컨디션을 유지한 채 출근할 수 있게 된 점이 가장 큰 수익이다. 직장인에게 인건비 절감은 곧 체력과 집중력을 지키는 일이다.

청소와 세탁: '분업화'로 청결 퀄리티를 높여라

지출 내역에서 눈에 띄는 항목이 세탁비다. 월 약 187만 원이 나가며 꽤 큰 비중을 차지한다. "차라리 세탁기를 들여 직접 하면 더 싸지 않을까"라는 생각이 들 수 있다. 하지만 이 비용은 줄여야 할 지출이 아니라, 지켜야 할 투자다.

전문 세탁 업체를 쓰는 이유는 단순하다. 청소 퀄리티를 지키기 위해서다. 모텔 청소는 시간 싸움이다. 퇴실과 입실 사이 제한된 시간 안에 객실을 완벽히 정비해야 한다. 이 과정에서 청소 직원이 빨래를 돌리고, 말리고, 개는 데 에너지를 쓰면 정작 중요한 객실 디테일이 흔들린다.

세탁을 외주로 넘기면 청소 인력은 청소에만 집중한다. 침구 교체, 욕실 물기 제거, 머리카락 확인 같은 기본이 훨씬 탄탄해진다. 다림질까지 된 침구를 바로 사용할 수 있어 고객 만족도도 높다. 기존 세탁 공간을 창고나 휴게 공간으로 전환해 공간 활용도도 좋아진다.

조금 더 비용을 쓰더라도 청결을 포기하지 않는다. 이는 장기적으로 단골을 만드는 가장 확실한 방법이다.

통신비 아끼기: '무선 와이파이'로 비용과 고객을 동시에 잡다

오래된 모텔을 인수할 때 부담되는 항목 중 하나가 통신 공사다. IPTV나 셋톱박스를 설치하려면 객실마다 유선 공사가 필요하다. 노후 건물일수록 공사 범위가 커지고, 비용은 수백만 원 단위로 불어난다. 매달 나가는 객실별 통신 요금도 부담이다.

나는 이 문제를 스마트 TV + 무선 와이파이 + 넷플릭스 조합으로 해결했다. 기업용 인터넷 회선 하나에 무선 AP를 설치해 건물 전체를 커버한다. 복잡한 네트워크 공사 없이 와이파이가 안정적으로 작동한다. 객실별 인터넷 요금을 낼 필요가 없어 통신비는 월 5만 원 수준으로 줄었다.

절약한 비용으로 전 객실에 50인치 스마트 TV와 넷플릭스 프리미엄 계정을 제공했다. 2030 고객은 더 이상 실시간 TV 채널을 보지 않는다. 유튜브와 넷플릭스, OTT를 자기 계정으로 편하게 보는 환경을 원한다. 실제로 객실 점검을 해보면 유튜브는 기본이고, 〈솔로지옥〉, 〈환승연애〉를 시청하는 손님이 많다. 재방문율이 올라가는 이유다.

마케팅비 절감의 기술: '수수료 다이어트'와 '채널 확장'

숙박업에서 마케팅비는 방심하면 가장 먼저 새는 비용으로 '밑 빠진 독에 물 붓기'가 되기가 쉽다. NOL, 여기어때 같은 대형 플랫폼에만 의존하면 광고비와 중개 수수료로 매출의 10~20%가 빠져나간다. 열심히 일해 플랫폼 배만 불리는 구조다. 그래서 나는 마케팅비를 태우는 대신, '판매 채널의 다각화'를 통해 수수료를 다이어트하는 전략을 택했다.

에어비앤비, 네이버 플레이스(예약)처럼 기존 모텔 사장들이 상대적으로 덜 활용하는 채널을 적극적으로 열었다. 그 결과는 분명했다.

- **수수료 절감:** 네이버 예약과 에어비앤비는 대형 숙박 앱 대비 수수료가 낮다. 같은 객실을 팔아도 남는 금액이 다르다.
- **자연 노출 증가:** 광고비를 쓰지 않아도 네이버 검색, 지도 검색을 통해 고객이 유입된다.
- **고객층 확장:** 국내 앱만 쓰면 내국인 위주지만, 글로벌 OTA를 활용하면 외국인 수요까지 흡수할 수 있다.

광고비를 얼마나 써야 할까를 고민하기 전에, 판매 채널을 하나 더 열 수 없을까를 먼저 생각한다. 채널 하나를 추가하는 수고가 수백만 원짜리 광고보다 훨씬 효율적이다.

준비하면
누구나 가능하다

지금까지 내가 공간 대여와 숙박업을 시작하게 된 계기부터 실제로 운영하며 겪었던 시행착오 그리고 축적해온 운영 노하우를 모두 담았다. 직장인으로서 부업을 시작해 공간 사업으로 확장하기까지의 과정과 현실적인 방법을 최대한 구체적으로 정리했다.

숙박업이나 공간 대여는 겉으로 보기에는 규모가 큰 사업처럼 보인다. 그래서 많은 직장인이 "이건 나와는 거리가 먼 일"이라고 생각하며 처음부터 선을 긋는다. 하지만 실제 운영 구조를 들여다보면 생각보다 다른 모습이 보인다.

예약과 결제는 온라인 플랫폼에서 이루어지고, 체크인과 체크아웃은 사전 안내 또는 키오스크를 통해 비대면으로 진행된다. 청소와 관리 역시 외주 인력을 활용하면 된다. 즉, 과거처럼 항상 현장에 있어야 하는 방식이 아니라 시스템을 통해 돌아가는 구조를 만들 수 있는 사업이라는 점이 핵심이다.

물론 아무 준비 없이 시작하면 어려움을 겪을 수 있다. 공간을 찾는 과정, 초기 세팅, 운영 방식, 리뷰 관리까지 신경 써야 할 부분도 분명 존재한다. 하지만 구조를 이해하고 하나씩 설계해나간다면, 직장인이 퇴근 후 시간과 주말을 활용해 충분히 운영 가능한 형태로 만들 수 있다.

핵심은 '사업 규모'가 아니라 '사업 구조'다. 작게 시작하더라도 예약과 운영, 관리가 반복되는 시스템을 만들어 두면 공간은 하나의 수익 구조로 작동하기 시작한다. 그리고 이 구조가 자리 잡으면, 공간은 단순한 장소가 아니라 지속적으로 현금을 만들어내는 자산이 된다.

직장인이 부업을 고민할 때 가장 많이 하는 질문은 "내가 할 수 있을까?"다. 하지만 더 중요한 질문은 이것일지도 모른다. "이 구조를 이해하고 설계할 수 있을까?"

공간 대여나 에어비앤비, 숙박업은 일부 사업가만 할 수 있는 일이 아니다. 방향을 알고, 구조를 이해하고, 작은 실행을 반복할 수 있다면 누구나 시도해볼 수 있는 영역이다. 4부에서 소개한 내용이 모든 정답은 아닐 것이다. 하지만 적어도 공간을 바라보는 시각과 가능성을 조금은 넓혀 줄 수 있기를 바란다. 언젠가 당신도 빈 공간 하나를 보며 이렇게 생각하게 될지도 모른다.

"이 공간도 하나의 수익 구조가 될 수 있지 않을까?"

퇴근 후 **부업으로**
1,000만 원
두 번째 월급 만들기

초판 1쇄 발행 2026년 4월 10일

지은이 강병곤, 최형갑, 이재이
펴낸곳 ㈜골드앤에스
펴낸이 양홍걸

홈페이지 siwonbooks.com
블로그 · 인스타 · 페이스북 siwonbooks
주소 서울시 영등포구 영신로 166 시원스쿨
구입 문의 02)2014-8151
고객센터 02)6409-0878

ISBN 979-11-94687-59-7 03320